外资进入与
中国价值链地位提升

郭娟娟 ——————— 著

上海社会科学院出版社
SHANGHAI ACADEMY OF SOCIAL SCIENCES PRESS

前　言

近年来,随着贸易保护主义的抬头,中国存在被挤出全球价值链的风险。如何提升中国在全球价值链上的分工地位,同时发挥国内各地区比较优势,构建基于内生增长能力的国内价值链,对于中国应对贸易保护主义、缓解全球疫情暴发带来的不确定性以及发展国内经济增长新动力来说既具有现实的研究基础,又有重大的理论价值和政策意义。跨国公司作为参与全球价值链的重要经济体,其主导的国际投资形成了全球价值链的主动脉,深刻影响到全球价值链的广度和深度。此外,外资企业还可以作为本地分工网络中的高附加值环节来参与分工,加快中国完成进口替代到高质量发展与国内价值链攀升的进程。本书重点考察外资进入对中国价值链地位提升的影响及其作用机理,由此不仅可以深入理解外资企业进入对东道国经济增长的影响,也可为提升中国价值链分工地位提供更多动力。

本书总共分为六章。第一章主要介绍选题的现实背景、研究意义,并且明确研究思路、基本内容与研究方法,指出其主要贡献和不足之处;第二章是文献梳理与评述,重点梳理价值链经济效应、影响因素以及外资进入对东道国经济影响的相关文献,并据此进行评述;第三章运用双重差分法实证检验制造业外资进入对企业全球价值链地位提升的影响及作用机理,从企业、行业、地区、国家四个方面对比分析制造业外资进入产生的异质性作用,并考察制度环境在制造业外资进入与企业全球价值链地位提升关系中所发挥的协调作用;第四章考察服务业外资进入对中国制造业企业全球价值链地位提升的影响及其作用机理,并考察不同异质性特征和制度环境在两者关系中发挥的作用;第五章在传统面板模型的基础上,重点采用空间计量模型分析外资进入对中国省级国内价值链地位提升的影响,并考察外资进入通过国内价值链对产业结构升级的作用。通过以上实证检验,主要得出如下结论。

第一,以制造业外资管制放松为表征的外资进入对企业全球价值链地位提升具有显著的促进作用,并且对大规模、私营、一般贸易类型、非劳动密集型、技能密集型以及长三角和珠三角城市群制造业企业的促进作用更大;来自高收入国家的外资企业和市场导向型外资企业更能帮助提升中国制造业企业在全球价值链上的分工地位。同时,外资进入对制造业企业价值链地位提升的效应更多来自政策优惠,而非纯粹的市场准入。另外,制造业外资进入主要通过后向关联效应显著促进企业全球价值链地位提升,也可通过提高行业资源配置效率,推动企业向价值链上游环节攀升。但水平溢出效应和前向关联效应发挥的作用十分有限。此外,完善的制度环境能够强化制造业外资进入对企业全球价值链地位提升的促进作用,并且产权制度发挥的作用大于契约制度。

第二,以服务业外资管制放松来衡量的外资进入显著促进了制造业企业全球价值链地位提升。其中,服务业外资进入对规模较大、私营、一般贸易类型以及非劳动密集型、技能密集型制造业企业全球价值链地位提升的促进作用更为明显;同时,服务业外资进入更有利于服务业发达地区企业、服务业开放程度较高的行业企业、使用服务要素投入更高的企业以及大城市企业全球价值链地位提升。2001年中国加入WTO之后,服务业外资进入更显著促进了中国制造业企业向全球价值链上游环节攀升。另外,服务业外资进入可以通过技术创新效应和成本效应两种渠道促使制造业企业全球价值链地位提升,而前者作用程度更大。此外,完善的制度环境能够强化服务业外资进入对制造业企业全球价值链地位提升的促进作用,并且产权制度的影响大于契约制度。

最后,传统面板实证模型回归结果表明,各省区—行业外资进入对中国国内价值链(NVC)地位提升具有显著的促进作用,在解决内生性问题之后,该结论依然成立。考虑到 NVC 具有较强的空间自相关性,本书又采用空间自回归模型(SAR)进行回归分析,发现各省区国内价值链地位之间存在显著的正相关关系,并且外资进入对各省区国内价值链地位提升具有显著的促进作用,其中省区内 FDI 溢出效应较省区间 FDI 溢出效应更为明显。而当地市场化程度(市场分割程度)更加强化(削弱)了这种现象。进一步地,各省区产业结构升级之间存在显著的正相关关系,并且外资进入通过国内价值链对产业结构升级具有显著的促进作用,其中直接效应较间接效应更为显著,在采用多种方法进行稳健性检验后,结论依旧成立。

本书不仅丰富了外资进入对东道国经济增长相关领域的研究成果,而且为中国价值链地位提升提供了一个新的视角,对应对贸易保护主义、缓解全球疫情暴发带来的不确定性以及发展国内经济增长新动力具有较大的政策借鉴意义。

目 录

前言 …………………………………………………………… 1

第一章 导论 ………………………………………………… 1
第一节 研究背景与意义 ………………………………… 1
一、研究背景 ……………………………………………… 1
二、研究意义 ……………………………………………… 7
第二节 研究思路、结构和研究方法 …………………… 9
一、研究思路 ……………………………………………… 9
二、结构安排 ……………………………………………… 10
三、研究方法 ……………………………………………… 12
第三节 本书的主要创新点和不足之处 ………………… 15
一、本书的主要创新点 …………………………………… 15
二、本书的主要不足之处 ………………………………… 18

第二章 文献回顾与评述 …………………………………… 20
第一节 关于价值链的研究 ……………………………… 20
一、关于全球价值链的研究 ……………………………… 20
二、关于国内价值链的研究 ……………………………… 23
第二节 外资进入对东道国经济的影响 ………………… 26

一、外资进入与技术溢出 …………………………… 26
　　二、外资进入与资源配置 …………………………… 28
　　三、外资进入与企业出口国内附加值 ……………… 30
　第三节　文献评述 ……………………………………… 31
　　一、关于全球价值链的研究 ………………………… 31
　　二、关于国内价值链的研究 ………………………… 32

第三章　制造业外资进入与中国制造业企业全球价值链地位提升 ………………………………………… 35
　第一节　引　言 ………………………………………… 35
　第二节　模型构建、指标说明和数据来源 …………… 39
　　一、模型设定 ………………………………………… 39
　　二、指标说明 ………………………………………… 40
　　三、数据来源 ………………………………………… 45
　第三节　实证结果分析 ………………………………… 48
　　一、平行趋势 ………………………………………… 48
　　二、基准检验 ………………………………………… 52
　　三、稳健性检验 ……………………………………… 53
　　四、异质性讨论 ……………………………………… 73
　第四节　影响渠道分析 ………………………………… 89
　　一、模型构建 ………………………………………… 91
　　二、指标测度 ………………………………………… 92
　　三、结果分析 ………………………………………… 95
　第五节　制造业外资进入、制度环境与企业全球价值链地位提升 ………………………………… 110

第六节　本章小结 …………………………………………… 117

第四章　服务业外资进入与中国制造业企业全球价值链地位
　　　　提升 ………………………………………………………… 120
　　第一节　引　言 …………………………………………… 120
　　第二节　模型构建、指标说明与数据来源 ………………… 123
　　　　一、模型构建 ………………………………………… 123
　　　　二、指标说明 ………………………………………… 124
　　　　三、数据来源 ………………………………………… 129
　　第三节　实证结果分析 …………………………………… 131
　　　　一、基准回归 ………………………………………… 131
　　　　二、稳健性检验 ……………………………………… 132
　　　　三、内生性问题处理 ………………………………… 145
　　　　四、异质性检验 ……………………………………… 149
　　第四节　影响机制检验 …………………………………… 164
　　　　一、模型构建 ………………………………………… 165
　　　　二、计量结果分析 …………………………………… 166
　　第五节　服务业外资进入、制度环境与企业全球价值链
　　　　　　地位提升 ………………………………………… 169
　　第六节　本章小结 ………………………………………… 174

第五章　外资进入与中国国内价值链地位提升：空间溢出效应
　　　　视角的思考 ………………………………………………… 178
　　第一节　引　言 …………………………………………… 178
　　第二节　模型构建、指标与数据来源 ……………………… 182
　　　　一、模型设定 ………………………………………… 182
　　　　二、指标测度 ………………………………………… 183

三、数据来源 ………………………………………… 188
　　　四、空间计量 ………………………………………… 189
　第三节　实证结果分析 …………………………………… 194
　　　一、面板模型回归结果分析 ………………………… 194
　　　二、SAR模型回归结果分析 ………………………… 199
　　　三、稳健性检验 ……………………………………… 206
　　　四、异质性讨论 ……………………………………… 213
　第四节　市场化程度是否重要 …………………………… 228
　　　一、计量模型设定 …………………………………… 229
　　　二、市场化程度指标的度量 ………………………… 229
　　　三、计量结果及分析 ………………………………… 231
　第五节　拓展分析：外资进入、国内价值链与产业结构
　　　　　　升级 ………………………………………… 241
　　　一、模型构建 ………………………………………… 241
　　　二、SAR模型回归结果分析 ………………………… 243
　　　三、稳健性检验 ……………………………………… 249
　第六节　本章小结 ………………………………………… 271

第六章　结论、政策启示与研究展望 …………………………… 275
　第一节　主要结论及政策建议 …………………………… 276
　　　一、主要结论 ………………………………………… 276
　　　二、政策启示 ………………………………………… 281
　第二节　未来可能的研究方向 …………………………… 283

附录 ……………………………………………………………… 287
参考文献 ………………………………………………………… 306
后记 ……………………………………………………………… 333

第一章 导 论

本章主要是对本书的选题进行说明,包括三个小节的内容:第一节为本书的研究背景与研究意义;第二节主要介绍本书的研究思路、结构和研究方法;第三节就本书的主要创新点和不足之处进行陈述。

第一节 研究背景与意义

一、研究背景

《2020年世界发展报告》指出,全球价值链是指将生产过程分割并分布在不同国家。企业依托自身要素禀赋产生的异质性嵌入全球价值链的特定环节中,不再单独生产整个产品。近年来,随着国际分工的深化,产品生产的增值环节(包括设计、研发、制造、组装以及营销等环节)在全球范围内进行切割与布局,价值链向全球延伸,世界经济也由此步入全球价值链(Global Value Chain,GVC)时代。高度专业化可以提升效率,而持久的企业间关系有助于沿价值链的技术扩散,以及资本和生产要素的获取,对促进生产率增长、减少贫困、提供更好的就业具有重要的作用。改革开放40多年以来,中国主要利用资源禀赋和人口红利等要素优势在产品生产的加工、组装环节形成比较优势(蔡昉和王美艳,2014),逐步嵌入由欧美日等发达国家跨国公司主导的全球价值链体系中,中国参与全球价值链的广度和深度不断提升(唐海燕和张会清,2009),国民经济也由此实现了持续快速发展。但值得注意的是,相比发达国家,中国企业所在全球价值链的"分工地位"仍然较低(如图1-1所示)[1],处于获利甚微的全球价值链低端(下游)环节。2008年金融危机以来,外部需求持续疲软,再加上2020年全球新冠肺炎疫情的冲击,全球价值链扩张放缓[2],导致现有的全球价值链回流本国或转移至新的地点(Amiti and Weinstein,2011;Bems et al.,2010;Bussière et al.,2013)。与此同时,中国人口老龄化和环境污染问题凸显,国内生产要素成本急剧飙升,使得要素成本优势越来越难以支撑中国以加工贸易方式带动经济高速增长的发展理念。根据世界银行的相关数据,2006年之后中国低技术劳动力的工资已经超过周边发展中国家,新的"工资洼地"使中国在"逐底竞争"(Sinkovics,2014)中失去优势,存在被挤出全球价值链的风险。而突破和提升价值链分工地位是中国制造业企业提升全球市场竞争力、技术升级、增加分工收益的有效途径(UNIDO,2009;周升起等,2014;岑丽君,2015;马述忠等,2017b),也是避免中国(地区)被挤出价值链的重要保障。党的十九大报告指出要促进中国产业向全球价值链中高端迈进,同时将"实施区域协调发展战略"作为建设现代化经济体系的重要内容。"十四五"规划期间,我国将会继续强化实体经济地位,促进我国产业进一步迈向全球价值链中

---

[1] 同样地,本书还绘制了代表性国家上游参与度的趋势图,发现中国的GVC前向参与度不管是相对于发达国家还是发展中国家,均处于相对较低的水平,与图1-1呈现的结果相吻合。这主要是因为在全球生产网络中发达国家从事位于价值链上游的精密仪器和零部件生产,而发展中国家则利用劳动力充裕的比较优势从事简单零部件生产以及加工组装等下游低端制造环节(马盈盈,2019)。

[2] 参见《2020年世界发展报告》。

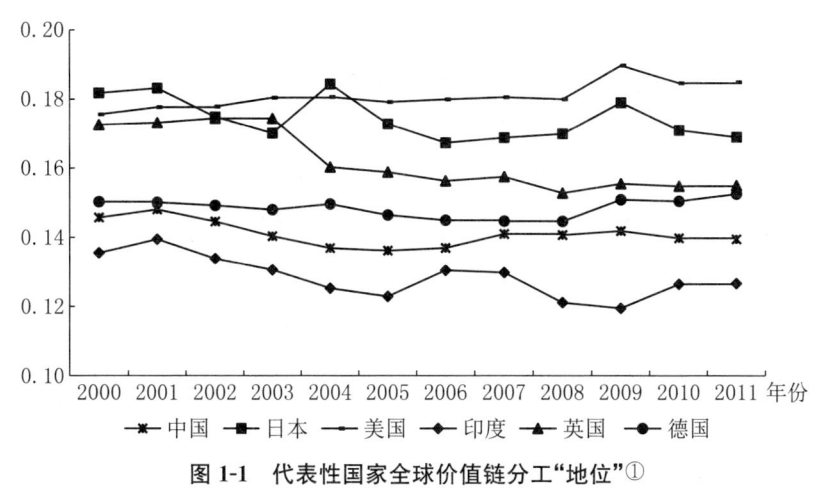

图 1-1　代表性国家全球价值链分工"地位"①

数据来源：WIOD 数据库，经作者计算整理所得。

高端方向，培育世界级先进制造业集群。因此，在当前国内外形势不容乐观的背景下，如何提升中国在全球价值链上的分工地位，同时发挥国内各地区比较优势，构建基于内生增长能力的国内价值链，显得尤为重要。理论上，价值链可以通过错综交织的区际垂直一体化分工网络将各国（地区）经济紧密地联系在一起，使得知识、技术、信息等要素在国家（地区）间充分涌流、渗透。其中，位于价值链上游的企业以供给者的身份参与到价值链分工体系中，主要承担产品设计、品牌创新以及关键零部件生产等高附加值环节，具有较强的产品附加值俘获能力，能够获得更多的利益分配，对实现当地产业结构升级具有重要的作用。因此，如何全面实现中国制造业在国内外价值链中

---

① 参照刘斌等（2015）的做法，运用中间品出口的国内增加值率衡量价值链体系中的"分工地位"。中间品出口的国内增加值率指的是国内增加值（DVA）中来源于第三国的中间品出口国内增加值（DVA_INT_REX）和来源于直接进口国的中间品出口的国内增加值（DVA_INT）占比。比值越大，说明该国企业在全球价值链的"分工地位"越高，企业越接近于价值链的高端环节，其获得的贸易利得越高（Wang et al., 2013）。

的地位升级是当前应对"百年未有之大变局"的关键所在,也是未来形成新发展格局将面临的一个重要的课题。

作为参与全球价值链体系最深的发展中国家之一,全球价值链对中国经济增长所起到的诸多正面效应不容否认(裴长洪,2013),相关理论也得到了越来越多经济学者的支持。中国制造业的快速发展在很大程度上得益于中国深度地融入了全球价值链的国际分工体系(Gereffi and Lee,2012)。吕越等(2017)研究发现,参与全球价值链可以通过中间品效应、大市场效应以及竞争效应改善中国企业生产率。邵朝对和苏丹妮(2017)的研究结果表明,GVC对生产率既产生地区内溢出效应,也产生地区间溢出效应,并且这种空间溢出很大程度上是通过改善邻近地区资源再配置结构实现的。刘维林等(2014)的研究指出,中国制造业通过参与全球价值链分工所获取的国外中间投入推动了出口技术复杂度的提升,而相对于原材料、零部件等产品投入,服务投入对技术提升的贡献更大。与全球价值链分工体系类似,国内价值链是将同一产品的生产过程在地区间拆分为诸多片段,并通过频繁的区际流入和区际流出贸易进行有机结合,这一过程有利于知识、技术、信息等要素沿着"需求—供给溢出"联结的价值链纽带在国内不同地区之间充分流动,进而带动各地区间尤其是技术落后的欠发达地区与技术前沿的发达地区间的知识技术溢出和技术差距收敛(Taglioni and Winkler,2016)。有鉴于此,探究中国国内外价值链地位提升的动力因素及其作用机理,对于中国应对贸易保护主义、发展经济增长新动力既具有现实基础,又有重大的理论价值和政策意义。

作为经济全球化的主导力量之一,跨国公司可以在全球范围内进行生产要素与资源的配置,通过对外直接投资将价值链中的部分环节分配到全球最适合的地区进行经营活动,实现公司利益的最大化。联合国贸发会议(UNCTAD)数据显示,现阶段跨国公司主导的全球价值链占到全球贸易的80%左右,几乎每一条全球价值链的形成都离不开跨国公司的国际投资行为。从某种意义上可认为,跨国公司主导的国际投资形成了全球价值链的主动脉,直接决定了全球价值链的广度和深度(白光裕和庄芮,2015)。而外资进入国内价值链的不同环节,对东道国国内价值链的影响也必定存在明显差异。因此,关注价值链与国际投资之间的关系,可以为发展中国家通过吸引外资实现国内外价值链地位提升提供相应的理论指导。改革开放以来,中国主要通过吸引外资参与到发达国家组织的价值链体系中,引资数量呈现大幅度上升趋势,并且其增长幅度较全球FDI流入水平更高(如图1-2所示)。中国FDI的大量流入得益于2001年加入WTO后的引资政策,自1995年中国商务部颁布《外商投资产业指导目录》(以下简称《指导目录》)以来,《指导目录》先后在1997、2002、

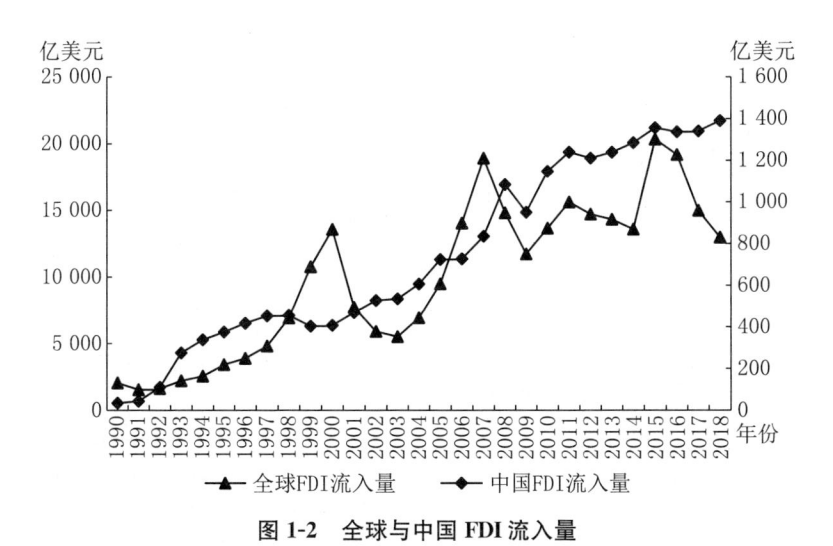

图1-2 全球与中国FDI流入量

数据来源:1991—2019年《世界投资报告》。

2004、2007、2011、2015、2017 和 2019[①] 年经历了大小 8 次修订,呈现出外资进入程度愈来愈高的趋势(如图 1-3 所示)。尤其是 2012 年党的十八大以后,外资企业设立实现了由"逐案审批"向"负面清单"管理的重大转变。与 2019 年版相比,2020 年版外商投资准入负面清单进一步缩减,全国负面清单条目由 40 条减至 33 条,自贸试验区负面清单条目由 37 条减至 30 条。2017—2020 年,中国已经连续 4 年修订外资准入负面清单,清单条目由 93 条减至 33 条,限制措施累计减少了近 2/3。经济合作与发展组织(OECD)的统计数据显示,2013 年以来中国对外资限制程度迅速下降,下降幅度在主要

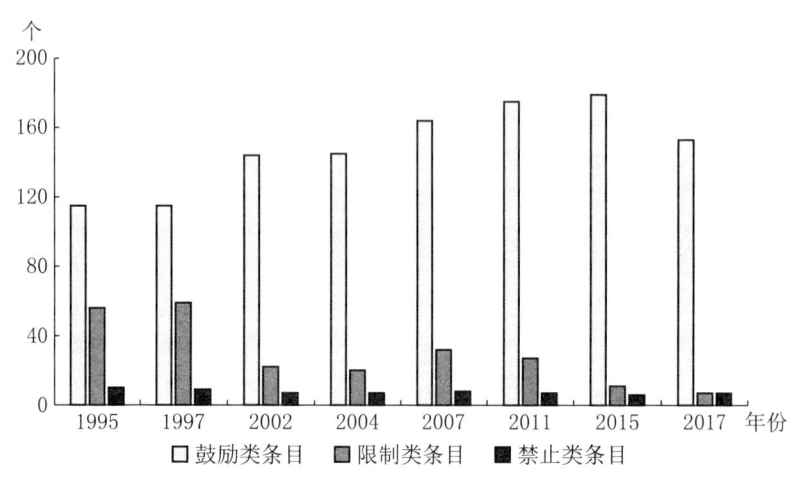

图 1-3　鼓励、限制、禁止类行业数量变化趋势

资料来源:参见韩超和朱鹏洲 2018 年发表的《改革开放以来外资准入政策演进及对制造业产品质量的影响》。

[①] 2019 年版目录全称为《鼓励外商投资产业目录(2019 年版)》,包括两个子目录:一是全国鼓励外商投资产业目录,适用于全国,属于外商投资产业促进政策;二是中西部地区外商投资优势产业目录,主要适用于中西部地区、东北地区,属于外商投资区域促进政策。2019 年版目录体现了《外商投资法》精神,统一列出了鼓励和引导外商投资的具体行业、领域、地区,是对中国外商投资促进政策的优化提升。

经济体中位居前列。2021年1月,新版《鼓励外商投资产业目录》正式实施,进一步扩大了鼓励外商投资的范围,增加了127个鼓励行业的领域,预示着中国进一步放宽外资行业准入门槛,对外开放水平迈向更高的阶段。

基于价值链发展带来的正向经济效应及中国对外资管制政策放松的背景,本书主要考察外资进入对中国全球价值链和国内价值链地位提升的影响及作用机理。根据Ohno(2009)赶超工业化的理论框架,虽然中国已经具备了相对完整的工业体系,但在高技术领域仍然需要国外资本代表的先进技术深度嵌入国内分工网络,再通过技术吸收促使中国完成从工业化第二阶段到第三阶段的跃升过程。同时,外资企业不仅是新知识和竞争压力的来源,而且可以作为本地分工网络中的高附加值环节来参与分工,加快中国完成进口替代到高质量发展与价值链地位提升的过程(Fernandes and Paunov,2012)。通过本书的研究,不仅可以更为深入地理解外资进入对东道国经济增长的影响,也可以为推动中国价值链地位提升提供一个新的视角,并为大力发展全球价值链和国内价值提供重要的政策依据。

二、研究意义

一方面,目前关于全球价值链的研究,大部分文献从融资约束、产业政策以及制造业服务化等国内因素方面入手,忽略了对外开放的作用。而现有关于国内价值链的文献大多考察了国内价值链嵌入的经济效应,对于国内价值链地位提升影响因素的考察尚有不足。考虑到中国自2001年加入WTO之后的引资政策修订,吸引更多的外资企业进入中国市场(Lu et al.,2017),外资企业不仅是新知识和竞争压力的来源,而且可以作为本地分工网络中的高附加值环节来参与分工,加快中国完成进口替代到高质量发展与价值链攀升的进程。由此,本书以外资进入为出发点,考察其对中国价值链地位提升的影响及其作用机制,不仅可为中国快速提升国内外价值链地位提供一个新的视角,而且对于从理论上认识中国融入国内外价值链,具有重要的借鉴作用。

另一方面,改革开放以来,中国主要利用资源禀赋和人口红利等要素优势在产品生产的加工、组装环节形成比较优势,逐步嵌入由欧美日等发达国家跨国公司主导的全球价值链,中国参与全球价值链的广度和深度不断提升,国民经济也由此实现了持续快速发展。但相比发达国家而言,中国仍然处于微笑曲线的低端位置,处于获利甚微的价值链下游环节。近几年来,随着国内外经济形势不断恶化,全球价值链呈现收缩状态。与此同时,中国国内生产要素成本急剧飙升,使得要素成本优势越来越难以支撑中国经济持续高速增长,存在被挤出全球价值链的风险。在国内外形势不容乐观的情形下,如何提升中国在全球价值链上的地位,同时发挥国内各地区比较优势,培育国内分工合作进而提升各地区在国内价值链上的位置,对于中国应对贸易保护主义、发展经济增长新动力既具有现实基础,又有重大的政策借鉴意义。

最后,跨国公司主导的国际投资形成了全球价值链的主动脉,深刻影响到全球价值链的广度和深度。而外资进入国内价值链的不同环节,对东道国国内价值链的影响也存在明显差异。为此,本书全面分析外资进入对中国国内外价值链地位提升的影响及其作用机理,认为外资进入不仅有利于中国制造业企业全球价值链地位提升,而且对中国国内价值链地位提升也具有显著的促进作用。该结论不仅为中国实现全球价值链和国内价值链对接提供了一个可借鉴的方案,而且为中国进一步加快外资进入我国的进程,扩大外资市场准入提供了重要依据。

第二节 研究思路、结构和研究方法

一、研究思路

本书从外资进入视角出发,全面评估了其对中国价值链地位提升的影响和相关的影响机理,并利用中国工业企业数据库、中国海关数据库以及30个省区区域间投入产出表等分别对外资进入与中国制造业企业全球价值链地位提升和中国国内价值链地位提升之间的关系进行检验,并识别其中的因果关系,具体如下。

首先,本书对价值链相关研究进行分类梳理,主要包括全球价值链的经济效应及影响因素、国内价值链的经济效应及影响因素。然后对外资进入对东道国经济影响的研究文献进行归纳综述,主要包括外资进入与技术溢出的关系、外资进入与资源配置的关系以及外资进入与出口国内附加值的关系,并在此基础上发现已有文献存在的问题,提出本书的研究主题及创新之处。该章内容是全书的理论基础。

其次,本书采用中国工业企业数据库、中国海关数据库以及产品关税数据库的合并数据,实证检验了外资进入对中国制造业企业全球价值链地位提升的影响,主要包括以制造业外资管制放松为表征的外资进入对中国制造业企业全球价值链地位提升的影响及其作用机理和以服务业外资管制放松为表征的外资进入对中国制造业全球价值链地位提升的影响及其作用机理。利用30个省区区域间投入产出表测度国内价值链指标,在采用传统面板实证模型进行回归检验的基础上,构建空间计量模型,重点检验了外资进入对中国国内价值链地位提升的空间关联效应和溢出效应,进而揭示外资进入在国内价值链地位提升中所发挥的作用,以此为依据提出相应的政策建议。

最后,总结上述实证结论,并据此提出相应政策建议。同时提出目前本书存在的不足之处,并指出未来可以研究的方向。

二、结构安排

针对研究的主要内容,全书总共分为六章进行阐述,具体如下。

第一章为导论部分,从目前中国所处的国内外环境以及党的十九大倡导产业向全球价值链中高端地位升级和实施区域协调发展战略现实性出发引出本书的研究内容,明确研究的意义和研究方法,在此基础上阐述本书的主要思想,然后对本书的整体结构安排进行说明,并提出主要创新点及不足之处。

第二章是文献梳理与评述。主要包括三个方面的内容:一是详细梳理全球价值链经济效应及影响因素的研究和国内价值链经济效应及影响因素的研究;二是归纳阐述外资进入对东道国经济发展的影响,涉及外资进入对技术溢出的影响、外资进入对资源配置的影响,以及外资进入对企业出口国内附加值的影响;最后,针对已有文献进行相应的评述与总结,并提出本书的研究主题与创新之处。

第三章是基于2000—2007年中国工业企业数据库、中国海关数据库与产品关税数据的合并数据,从企业层面考察制造业外资进入对中国制造业企业全球价值链地位提升的影响。首先,提出研究该问题的现实意义和迫切性。其次,构建实证计量模型,描述相关指标的构造及数据来源。再次,分析以制造业外资管制放松为表征的外资进入,采用双重差分法(DID)对制造业外资进入与中国制造业企业全球价值链地位提升之间的关系进行讨论,主要包括三个方面:其一,进行制造业外资进入对中国制造业企业全球价值链地位提升影响的实证回归检验,涉及基准回归、稳健性检验和异质性分析;其二,就制造业外资进入对企业全球价值链地位提升的影响机制进行检验,主要包括技术溢出效应(水平溢出效应、前向关联效应和后向关联效应)和资源配置效应(企业的进入、退出和行业的资源配置效率);其三,考察制度环境(包括产权制度和契约制度)在制造业外资进入与企业全球价值链地位提升关系中的调节作用。最后是本章的结论。

第四章是利用 2000—2007 年中国工业企业数据库、中国海关数据库、产品关税数据以及投入产出表信息,构建服务业外资管制放松指标来衡量外资进入,从企业层面考察服务业外资进入对中国制造业企业全球价值链地位提升的影响。主要包括:其一,研究该问题的现实背景与意义;其二,构建实证计量模型,测度相关指标以及阐述数据来源;其三,实证考察服务业外资进入对中国制造业企业全球价值链地位提升的影响,具体包括如下几点。首先,进行服务业外资进入对中国制造业企业全球价值链地位提升的基准回归、稳健性检验和内生性问题处理;其次,从企业特征、行业特征、地区特征以及时间特征等四个方面考察服务业外资进入对中国制造业企业全球价值链地位提升的异质性影响。此外,实证检验服务业外资进入通过技术创新效应和成本效应两种渠道对制造业企业全球价值链地位提升的影响。考察制度环境(包括产权制度和契约制度)在服务业外资进入与企业全球价值链地位提升关系中的调节作用。最后得出本章的结论。

第五章利用 2002、2007、2010 和 2012 年中国 30 个省区区域间投入产出表,实证检验外资进入对中国国内价值链地位提升的影响。首先,提出本章的研究背景。其次,分别构建传统面板数据实证模型和空间计量模型,测度实证相关指标,阐述数据来源。再次,实证检验外资进入对中国国内价值链地位提升的影响,主要包括如下几点:

其一,采用OLS(普通最小二乘法)、固定效应以及GLS检验方法对省区—行业层面面板数据进行实证检验,并采用1995年《外商投资产业指导目录》测算的工具变量以及国家经济发展水平(人均国内生产总值)与1995年外资管制放松程度的乘积变量解决内在性问题;其二,通过引入静态(动态)空间权重矩阵,采用空间自回归模型(SAR)检验外资进入与中国国内价值链地位升级之间的空间关联和溢出效应,并通过改变计量模型、变量形式等进行一系列稳健性检验;其三,从技术吸收能力、外资进入程度以及地区异质性三个方面考察外资进入对中国国内价值链地位提升的差异化影响;其四,深入研究市场化程度对外资进入与国内价值链相关关系的作用;其五,进行拓展分析,采用空间自回归模型(SAR)实证检验外资进入通过提升国内价值链地位对中国产业结构升级的作用,并使用空间误差模型(SEM)、中介效应模型、空间滞后模型以及其他方法进行稳健性检验。最后为本章小结。

第六章为本书的最后一个部分,主要针对全书的分析结论进行总结,在此基础上,提出具有针对性的政策建议,并指出目前本书研究存在的不足之处以及未来可能的研究方向。

全书研究框架如图1-4所示。

三、研究方法

本书基于中国价值链急需向中高端攀升及外资管制政策逐步放松为研究背景,实证考察外资进入分别对中国制造业企业全球价值链和中国国内价值链地位提升的影响及其作用机理。为得到较为准确的结论,除了利用较为可靠的数据外,本书力图运用以下多种研究方法,对这些问题进行深入细致的分析。

第一,文献研究法。本书第二章不仅梳理了有关全球价值链和

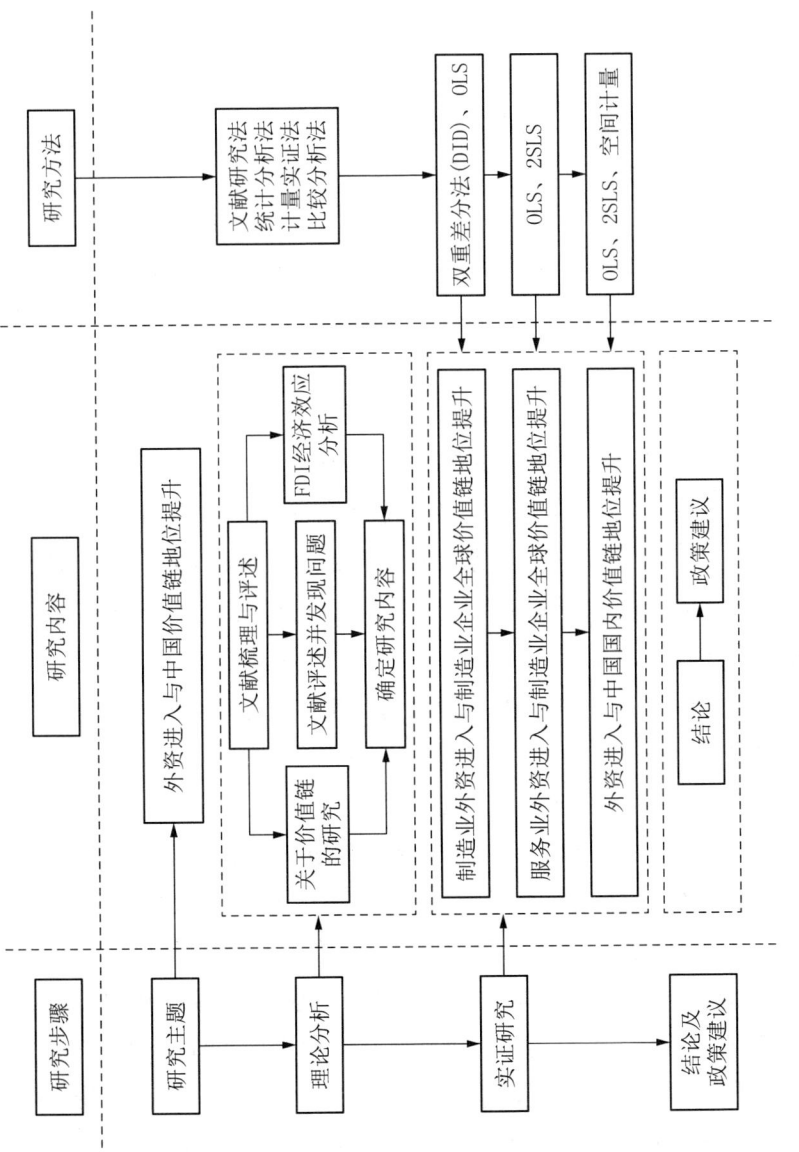

图 1-4 全书研究框架

国内价值链的相关研究,而且还归纳总结了外资进入对东道国经济影响的文献,并对上述两类文献进行了简要评述。通过对已有研究的梳理与评述,可以发现其存在的问题与不足,引出本书的研究主题,进而突出本书研究的重要性及贡献。

第二,统计分析法。统计描述虽然是一种比较简单的分析工具,却因其直观性而在本书的研究中扮演着非常重要的作用。一方面,可以通过指标的统计性描述,反映实证模型所用指标测度方法的合理性和准确性;另一方面,可以通过图示统计性描述,初步确定变量之间存在的相关关系,从而为后期实证模型的构建及结果分析提供一定的现实依据。

第三,计量实证方法。为提高研究结论的可靠性和严谨性,本书综合了多种不同的计量方法来对各个研究主题进行实证检验。在第三章中,为考察制造业外资进入对中国制造业企业全球价值链地位提升的影响,重点分析以制造业外资管制放松为表征的外资进入,采用双重差分法(DID)对制造业外资进入与企业全球价值链因果关系进行实证检验,并在此基础上检验制造业外资进入对企业全球价值链地位提升的作用机理。该方法在很大程度上缓解了实证模型存在的内生性问题,使得研究结论更为稳健、可信。在第四章中,以服务业外资管制放松来衡量服务业外资进入,进而考察其对中国制造业企业全球价值链地位提升的影响。首先采用普通最小二乘法(OLS)估计方法实证检验两者之间的相关关系,并采用广义最小二乘法(2SLS)对模型中可能存在的内生性问题进行解决,使得结果更为可信。在第五章中,为考察外资进入对中国国内价值链地位提升的影响,在采用普通面板计量模型的基础上,重点采用空间计量模型对两者之间的关系进行实证检验,主要涉及空间自回归模型(SAR)和空间误差模型(SEM),有助于缓解采用普通计量方法导致的计量偏差。在第五章拓展部分,采用交互项估计外资进入通过提高国内价值链地位对产业结构升级产生的影响后,又进一步构建中介效应模型对其进行稳健性检验,所得结论更加稳健。

第四,比较分析法。比较分析法在第三章、第四章和第五章均有所涉及,具体如下:第三章比较制造业外资进入对不同所有制类型企业、不同贸易方式企业、不同行业密集度企业以及不同地区制造业企业全球价值链地位提升的差异化影响,并区分外资来源国以及外资动机在其中产生的异质性作用;第四章比较服务业外资进入对不同所有制类型企业、不同贸易方式企业、不同行业密集度企业、不同地区企业以及不同时间段制造业企业全球价值链地位提升的差异化影响;第五章通过比较不同技术水平、外资进入程度样本,区分地区发展水平样本,实证检验外资进入对中国国内价值链地位升级的异质性影响。

第三节 本书的主要创新点和不足之处

一、本书的主要创新点

自中国加入 WTO 以来,随着国际化分工的深化,产品生产的增值环节在全球范围内进行切割与布局,价值链向全球延伸,世界经济由此步入全球价值链时代。在此背景下,对全球价值链的考察逐步成为国际经济学研究领域的热点。但不容忽视的是,全球价值链体系主要由发达国家所主导,发展中国家制造业企业始终处于获利甚微的价值链低端(下游)环节。2008 年国际金融危机以来,贸易保护主义抬头,全球价值链链条收缩,国内劳动力生产成本提高。在此背景下,如何提升中国在全球价值链上的地位,使其成为价值链条中不可替代的主体并构建以本土企业为主的国内价值链,是中国经济高质量发展必须解决的课题。因此,党的十九大报告指出,中国应将促使产业向全球价值链中高端迈进和实施区域协调发展目标提升到重要的战略高度。跨国公司作为价值链重要的参与主体,其对价值链具有举足轻重的影响。自加入WTO之后,中国呈现外资进入进程不断加快的趋势。特别是2019年《外商投资法》的颁布,建立了外资准入前国民待遇加负面清单的引资模式,预示着中国进一步放宽外资行业准入门槛,引进外资的幅度迈向新的阶段。基于此背景,本书旨在考察外资进入对中国价值链地位提升的影响,并解释其中的作用机理。相比已有文献,本书的贡献主要体现在以下几个方面。

第一,研究视角方面。通过对已有相关文献的梳理与评述,发现目前关于全球价值链的研究文献,大部分从融资约束、产业政策以及制造业服务化等国内因素方面入手,忽略了对中国制造业企业国际分工地位不断提升的主要力量之一——对外开放的作用的分析。而现有关于国内价值链的文献大多考察了国内价值链的经济效应,对于国内价值链地位提升影响因素的考察尚有不足。考虑到中国自2001年加入WTO之后的引资政策修订,吸引更多的外资企业进入中国市场(Lu et al.,2017),外资企业不仅是新知识和竞争压力的来源,而且可以作为本地分工网络中的高附加值环节来参与分工,加快中国完成进口替代到高质量发展与价值链攀升的进程(Fernandes and Paunov,2012)。由此,本书以外资进入为出发点,考察其对中国价值链地位提升的影响及其作用机制,不仅丰富了外商直接投资与东道国经济增长等研究领域的研究,而且为中国快速提升国内外价值链地位提供了一个新的视角。

第二,研究内容方面。首先,由于数据的可获得性及测算难度问题,现有关于价值链的文献大多以全球价值链为主,并且主要集中于宏观层面,而忽略了国内价值链这一课题研究的重要性。2008年国际金融危机之后,外部需求急剧萎缩,全球价值链呈现收缩状态,致使现有的全球价值链回流到本国或转移至新地点。与此同时,国内生产要素成本急剧飙升,导致中国在全球价值链低端加工生产的发展模式难以为继。如何提升中国在国内外价值链上的地位,均具有重要的现实意义。有鉴于此,本书从外资管制放松和外资进入程度入手,全面考察了外资进入对中国制造业企业全球价值链地位和中国国内价值链地位提升的影响及作用机理,以期为中国价值链向中高端地位攀升提供合理而详细的政策建议。其次,目前关于外资进入的研究大多聚焦于制造业外资进入,服务业市场开放对制造业及中国经济发展的潜在影响一直被低估。服务要素作为制造业重要的投入品,对制造业企业的影响不容小觑。近几年,随着服务业的开放,其对制造业的影响逐渐被国内外学者所关注,但其中多以服务贸易开放为研究主题,关于服务业外资开放的研究相对匮乏。为此,本书以服务业外资管制放松为切入点,实证检验了服务业外资进入对中国制造业企业全球价值链地位提升的影响及其作用机制。这既是对既有研究的补充,也可为中国进一步实施服务业开放政策提供一定的理论借鉴。

第三,实证研究方面。首先,关于FDI的微观企业研究,多数文章采用中国工业企业数据库中外商资本金和中国港澳台地区资本金来衡量外资指标以探讨其对企业绩效的影响,但该做法可能存在反向因果关系,从而导致实证结果存在一定的偏差。为此,本书参照Lu et al.(2017)的做法,以《外商投资产业指导目录》中行业对于外资进入政策的变化为依据,将外资管制放松称为外资开放过程,以此来构建外资进入指标,并根据此政策冲击构建DID模型来检验制造业外资进入对中国制造业企业全球价值链地位提升的影响。该方法在很大程度上缓解了模型存在的内生性问题,使得实证结果更为稳健、可信。其次,关于宏观层面外资进入经济效应的实证考察,目前的研究大多采用传统的面板数据进行实证分析,引入空间计量方法的研究相对较少。传统的面板数据通常假定各个地区的经济效益是相互独立的,忽略了外资进入存在的空间溢出效应。同时,一个省区的 NVC 不仅受到自身 FDI 技术溢出效应的影响,还受到周边地区 FDI 的影响。而且,由于 NVC 的链式循环过程本质上是一个价值增值的过程,在 NVC 联结的分工网络中,各参与地区通过增加值流动产生真实经济联系,而隐含在增加值中的知识、技术和信息要素也必然随着这些增加值的流动被传播和扩散。因此,NVC 具有很强的空间自相关性,如果忽略这种空间相关的影响,模型估计将是有偏差的或产生错误的参数检验(Anselin,1988)。为此,本书在利用 2000—2013 年省区—行业层面数据、采用普通面板模型进行实证回归的基础上,构建了省区空间计量模型,重新进行实证检验,不仅可以测度相邻地区对本地区的空间关联和溢出效应,而且能够降低相反因果关系存在的可能性,使得实证结果更为稳健。

二、本书的主要不足之处

其一,就研究内容而言,由于缺乏国内企业之间详细的进出口贸易数据,本书并不能参照构建制造业企业全球价值链指标的方法构建企业国内价值链指标,只能利用中国 30 个省区区域间非竞争型投入产出表来测度省区层面国内价值链指标,这就导致本书对外资进入与国内价值链地位提升之间关系的研究缺乏企业异质性角度的分析,进而不能就该方面提出合理而详细的政策建议。另外,虽然本书分别考察了外资进入对中国全球价值链地位提升和对国内价值链地位提升的影响,但两者并不是独立的。跨国企业在嵌入全球价值链的同时也可能参与了国内生产分工体系,如何利用跨国公司参与全球价值链来带动中国本土企业国内价值链地位提升是一项重要而复杂的研究课题。囿于目前数据的可得性,本书并没有涉及对该问题的讨论。希望在未来,相关数据进一步丰富之后可以做相应的实证检验。

其二,就实证样本而言,由于2007年之后中国工业企业数据库与中国海关数据库某些重要指标数据缺失严重,本书主要选取的实证样本回归区间是2000—2007年。毋庸置疑,该做法存在一定的问题,虽然2008年国际金融危机之后,全球FDI流入量有所下降,但近两年,随着全球投资治理的改革,各国投资管制政策不断放松,FDI也强劲复苏,中国FDI流入大幅上升。因此,仅采用2000—2007年的数据进行回归可能会削弱本书数据上的说服力。为缓解该数据样本对实证结论的影响,本书进一步补充了2007年之后相关指标缺失的数据,重新对2000—2010年样本区间做了稳健性检验,发现结果依然稳健。虽然相关指标缺失年份根据已有趋势进行了补充,但与真实数据也可能存在一定的偏差,从而影响实证结论的准确性。日后若能获得2007年之后更高质量的中国工业企业数据库、海关数据库或其他能够解决本书研究主题问题的数据库资料,可进一步进行外资进入对中国制造业企业全球价值链地位提升影响等相关问题的研究。

第二章 文献回顾与评述

鉴于本书旨在考察外资进入对中国价值链地位提升的影响,因此,本章在梳理已有文献时主要从以下几个方面展开:第一节详细梳理有关价值链的研究文献,包括全球价值链相关文献和国内价值链相关文献,主要集中于全球价值链和国内价值链的影响因素及其产生的经济效应两个角度;第二节重点阐述外资进入对东道国经济影响的文献,为使该部分文献梳理切合本书研究主题,主要归纳了其中涉及外资进入对技术溢出的影响、外资进入对资源配置的影响以及外资进入对企业出口国内附加值的作用的相关文献;最后,就已有研究文献进行总结评述,指出目前研究的不足,进而突出本书研究的创新之处。

第一节 关于价值链的研究

一、关于全球价值链的研究

伴随着国际分工格局和贸易模式的迅速变革,全球价值链研究迅速升温,并接连取得突破性的进展。全球价值链的兴起已经成为推动全球贸易扩张以及促进各国经济发展的核心模式(Baldwin and

Lopez-Gonzaler，2013）。早期关于全球价值链的研究大多集中在指标测算方面，大量国内外学者从宏观产业和微观企业层面对一国参与垂直专业化分工程度（VS）或出口中包含的国内附加值（DVA）进行了较为完善的测度（Hummels et al.，2001；Koopman et al.，2012；Dean et al.，2011；Upward et al.，2013；Kee and Tang，2016；Ma et al.，2015；张杰等，2013；吕越等，2015、2017），从而为后续的研究奠定了基础。《2020年世界发展报告》指出，全球价值链可以提升效率，而持久的企业间关系有助于沿价值链的技术扩散以及资本和生产要素的获取，对促进各国生产率增长、减少贫困、提供更好的就业具有重要的作用。同时，大部分文献也发现来自发达国家的中间品进口及产品出口，可以通过"进口中学习"效应或者"出口中学习"效应，促进发展中国家本土企业生产效率提升以及经济增长（Amiti et al.，2012）。但也有文献得出了相反的结论，认为这种促进作用可能是短暂的，是不可持续的（Glass and Saggi，2001）。Schmitz（2004）研究发现，发展中国家对全球价值链体系较为深度的依赖，可能不利于其自主创新能力的提升以及经济可持续发展。而中国作为参与全球价值链体系最深的发展中国家之一，全球价值链的兴起对其经济增长的诸多积极效应不容否认（裴长洪，2013）。中国制造业快速发展的主要原因之一在于中国深度地融入了全球价值链的国际分工体系（Gereffi and Lee，2012）。吕越等（2017）研究发现，参与全球价值链可以通过中间品效应、市场效应以及竞争效应促使中国企业生产率提升。邵朝对和苏丹妮（2017）的实证结果表明，GVC对生产率不仅可以产生地区内溢出，也可能产生地区间溢出，而这种空间溢出效应在较大程度上是通过改善邻近地区资源再配置结构实现的。刘维林等（2014）研究指出，中国制造业可以通过参与全球价值链分工所获取的国外中间投入促使出口技术复杂度的提升,并且服务投入对出口技术复杂度提升的促进作用较原材料、零部件等产品投入更为明显。此外,大规模进口国外关键零配件、核心原材料以及先进生产设备,可以弥补中国企业出口决策行为中的"生产率差距",即可以产生"出口引致进口"机制(巫强和刘志彪,2009;Feng et al.,2016)。

鉴于全球价值链对经济发展的诸多好处,一些学者开始致力于探究影响企业全球价值链嵌入程度及价值链地位提升的主要因素。Manova 和 Yu(2012)研究发现,融资约束对企业在价值链中的参与模式具有一定的影响,融资约束较大的企业更倾向于从事价值链低端的活动,通过进口国外中间品进行简单的加工组装参与价值链分工体系,对企业利润的获取和竞争力的提升具有负面效应。Chor 等(2014)采用中国的海关数据、工业企业数据和中国投入产出表,测算了中国企业在全球价值链中的上游度(即反映企业处于生产环节的不同阶段或价值链位置的指标),并考察了企业的异质性因素与企业处于价值链不同位置的关系,发现效率和资本密集度与企业在全球价值链中的位置密切相关。吕越等(2015)综合 Upward 等(2013)、张杰等(2013)及 Kee 和 Tang(2016)的做法,估算了企业在全球价值链中的嵌入程度,并考察了效率和融资约束对企业参与全球价值链的影响。其研究结果表明,高效率企业更倾向于嵌入全球价值链,融资约束对企业融入全球价值链具有负面效应,并且融资约束对企业参与 GVC 的消极影响仅体现在企业是否参与 GVC 的决策上,而效率对企业的 GVC 参与程度也存在显著影响。刘斌等(2016b)运用投入产出表、中国工业企业数据和海关进出口企业数据等合并数据,系统分析了制造业服务化对中国企业价值链升级的影响,发现制造业服务化不仅对中国企业价值链的参与程度具有促进作用,而且显著提升了中国企业在价值链体系中的分工地位。许和连等(2017)研究得出了中国制造业投入服务化与企业出口DVAR之间呈"U"型关系的结论。马述忠等(2017b)基于中国工业企业数据和海关数据,实证考察了加工贸易企业的融资约束对其全球价值链地位提升的影响,发现高生产率企业从事全球价值链较高环节的进料加工,低生产率企业从事较低环节的来料加工;高价值链环节更可能面临融资约束困境,因而融资约束小的企业位于价值链的较高环节,即融资约束小和生产率高的企业向高价值链环节攀升的概率更大,并且两者相互促进,推动企业趋向位于较高的全球价值链环节。黎峰(2020)通过建立双重价值链嵌入下的综合理论分析框架,发现加入WTO以来,中国制造业部门全球价值链位置呈"先抑后扬"的发展趋势。其中,国内价值链分工和资源整合是推动中国制造业部门全球价值链升级的重要因素。除此之外,还有部分学者从宏观层面探究了价值链地位提升的影响因素。杨连星和罗玉辉(2017)利用2003—2011年行业层面数据,采用两步系统GMM方法实证分析了对外直接投资(OFDI)对中国全球价值链的影响,发现行业和国家层面的OFDI逆向技术溢出对中国全球价值链升级具有显著的促进效应,但对于技术密集型行业,尤其是高新技术密集型行业而言,逆向技术溢出效应的促进效应并不十分显著。刘海云和毛海鸥(2016)将OFDI对出口增加值的影响分为规模效应和结构效应,认为在规模效应方面,中国制造业的水平OFDI和垂直OFDI均促进了出口增加值提升,但垂直OFDI的促进作用较水平OFDI更大。而在结构效应方面,水平OFDI可以通过跨国产业转移、要素跨行业流动等渠道优化中国制造业出口增加值结构。

二、关于国内价值链的研究

国内价值链(National Value Chain, NVC)是一个与全球价值链

(GVC)相对应的概念,是由国内本土企业主导和治理,立足于国内市场,整合国内原材料供应、零部件生产、成品组装和物流配送等环节而形成的专业化网络生产模式(刘志彪和张少军,2008;黎峰,2016)。与全球价值链分工体系类似,国内价值链是将同一产品的生产过程在地区间拆分为诸多片段,并通过频繁的区际流入和区际流出贸易进行有机结合,这有利于知识、技术、信息等要素沿着"需求—供给溢出"联结的价值链纽带在国内不同地区之间充分流动、渗透,进而带动各地区间,尤其是技术落后的欠发达地区与处于技术前沿的发达地区间的知识技术溢出和技术差距收敛(Taglioni and Winkler,2016)。邵朝对和苏丹妮(2019)通过研究发现,国内价值链贸易缩小了地区间技术差距,而在考虑国内价值链贸易之后,区际双边贸易则扩大了地区间技术差距,说明国内价值链贸易主导了区际贸易的技术差距缩减效应。Rumelt(1975)认为核心功能延伸和资源共享能够显著地促进企业绩效的提升,即国内价值链延长有利于国内企业更好地发挥分工带来的比较优势,促进企业生产率提高,进而提升企业的创新能力。吕越和包雅楠(2019)也发现提高国内价值链长度确实能够显著促进企业创新行为与创新强度。刘志彪和张少军(2008)率先提出利用区域之间分工合作推动价值链攀升的国内价值链战略。此后,围绕这一概念,越来越多的学者将国内价值链作为推动全球价值链地位攀升的主要推动力之一。黎峰等(2020)研究指出,加入WTO以来,国内价值链分工与资源整合是推动中国制造业部门全球价值链地位提升的重要因素。袁凯华等(2019)率先按照增加值来源的不同,进行国内价值链与出口价值攀升的量化研究,发现中国制造业的本国增加值并未因出口规模的快速扩张而大幅下降,这一反常现象主要来自国内价值链的延伸,随着区际贸易壁垒的下降,中国制造业出口不仅可以充分整合区域间的资源,推动价值链攀升,而且能够有效弥补区域内部的竞争实力不足,带动出口规模提升。进一步地,刘志彪和张少军(2008)指出国内价值链可以充分发挥国内外产业,特别是国内循环的产业间的关联效应,带动上下游产业的发展,最终实现产业升级。而赵放和曾国屏(2014)通过理论推导却发现,当产业处于GVC低端时,构建国内价值链可能出现高技术行业升级对低技术行业升级"挤出"大于"互补"的联动效应,从而抑制本地相应生产性服务业的发展。

在国内价值链影响因素方面,黎峰(2017a)将国内价值链分工细分为嵌套于全球价值链的国内价值链分工(NVC_1)和基于内生能力的国内价值链分工(NVC_2),通过实证检验发现进口贸易对国内价值链分工具有一定的作用,对NVC_1的发展产生积极效应的同时,对NVC_2的培育具有负面效应。黎峰(2017b)又进一步探讨了外资进入对中国国内价值链分工的影响,发现外资进入规模的扩大对中国国内价值链的构建具有负面的影响,并且外资的市场兼并行为更加不利于国内专业化分工的开展。另外,外资进入及其市场兼并行为对国内价值链分工具有替代效应,并且对国内价值链上游环节的打击力度更大。陆铭和陈钊(2009)也认为外资进入促使地方政府利用国际市场规模经济效应的同时放弃了国内市场规模经济效应,倾向于以地方保护和市场分割来促进地方经济发展。范爱军等(2007)、刘小勇和李真(2008)的实证分析也得出了上述结论。与之不同的是,陈敏等(2008)的研究指出,在对外开放程度较低时期,外资进入会进一步加剧市场分割,但随着对外开放步伐的不断加快和深化,外资进入有利于促进国内市场一体化,进而推动国内价值链的构建及其地位攀升。

第二节　外资进入对东道国经济的影响

国际直接投资理论侧重于解释跨国公司对外直接投资动因及其决定因素,虽然未能直接回答跨国公司对外投资在经济系统中的重要性以及对经济系统产生何种影响,但可以通过将跨国投资理念进行模型化,来分析外资进入对东道国经济的影响。如 Helpman 等(2004)认为,企业进入东道国市场是跨国公司的专有资产在东道国创造利润的过程。Helpman(1984、1985)、Helpman 和 Krugman(1985)在要素比例理论的框架下,研究垂直型跨国公司对经济的影响,该模型可以用于分析跨国公司生产转移效应。由于现有文献中,直接研究外资进入对价值链地位提升影响的文献寥寥无几。因此,在国际直接投资理论体系下,结合本书研究的主题,本书将从以下几个方面来梳理外资进入对东道国所产生的经济效应,以期为考察外资进入与中国价值链地位提升之间的关系提供理论依据。

一、外资进入与技术溢出

在技术溢出方面,大部分学者都赞同外资进入对东道国存在技术溢出或者技术转移效应(Aitken and Harrison,1999;Keller and Yeaple,2009;Baltabaev,2014)。这些研究认为外资进入能够通过技术溢出效应、示范效应与培训效应等渠道促使中国经济增长与技术升级(Javorcik,2004;Harding and Javorcik,2012;Du et al.,2014;谢申祥等,2014、2015)。但同时,学术界也普遍认为外资技术转移效应或者技术溢出效应的发挥依赖于三方面因素的影响:一是内外资企业的特征,如双方企业的出口特征(Sinani and Meyer,2004)、双方企业所有制和股权特征(Javorcik and Spatareanu,2008;

Buckley et al.，2007）、外资企业来源国特征（Javorcik and Spatareanu，2008）、双方企业技术差距（Sadayuki，2005；范承泽等，2008）以及内资企业规模和技术水平（Griffith et al.，2004；Nicolini and Resmini，2006）等；二是双方行业的特征，如行业技术水平（Keller and Yeaple，2009）和行业层面市场结构特征（陈涛涛和狄瑞鹏，2008）；三是双方国家的特征，如政府政策（Du et al.，2014）、制度差异（Ouyang and Fu，2012）、国家经济发展水平（Aghion et al.，2009；Blalock and Gertler，2008）、金融市场发展程度（Alfaro et al.，2004）以及双方国家地理距离（Branstetter，2001）等。

在渠道方面，技术溢出可以分为水平溢出效应、前向关联效应和后向关联效应。其中，水平溢出效应是指外资企业对东道国与该企业生产同类产品的其他企业的外部性影响。国内企业可以向在同一行业经营的外资企业学习，通过观察外国企业或雇用前外资企业的雇员，能够了解提高产品质量和标准化的程序、营销技能，同时也可以通过研究外资企业的出口情况来了解各种出口的盈利，进而促使其投资致力于提高质量、开发新产品，甚至转向生产不同的产品类型。前向关联效应是指外资企业对处于其价值链下游的东道国企业所产生的影响，外国企业在上游行业的存在可以为本地生产者提供更多样化和更高质量的中间产品和资本产品，从而促使其提高生产能力和产品质量，扩大产品范围。后向关联效应则是指外资企业对处于其价值链上游的东道国企业所产生的影响，为了寻求更便宜和更高质量的投入，下游行业的外资企业可以为当地供应商提供专业知识、培训和质量改进的激励，甚至可能在开发新产品和更高质量产品方面进行合作。由此产生的产品升级和性能的提高不仅可以反映在国内企业对外资企业的销售方面，也可以反映在当地企业的出口上。对比三种溢出效应所产生的大小，目前仍未统一，但大部分文献认为,相较于水平溢出效应,外资进入对东道国企业的影响可能更多地体现在与其处于上下游关系的内资企业上,即外资企业更可能通过行业关联效应对上下游内资企业产生后向溢出和前向溢出(Rodríguez-Clare,1996;Javorcik,2004;Du et al.,2014;Jabbour and Mucchielli,2007;杨红丽和陈钊,2015),如许和连等(2007)、Javorcik和Spatareanu(2008)支持外资进入的后向溢出效应;Dries和Swinnen(2004)、Xu和Sheng(2012)以及孙浦阳等(2015)支持外资进入的前向溢出效应。

二、外资进入与资源配置

目前为止,外资进入产生的资源配置效应并没有像溢出效应那样受到重视,但这并不意味着该渠道的影响是可以忽略不计的。毛其淋和许家云(2016)研究发现,外资进入有助于通过行业内水平溢出效应、行业间前后向关联效应减缓高成本加成率企业的退出,加剧低成本加成率企业的退出,进而改善中国的资源配置效率。Driffield(2001)指出外资进入的直接效应是加剧国内市场的竞争。但外资进入的竞争效应并不如预期剧烈,包群等(2015)检验了外资进入对本土企业市场存活的影响,发现外资虽然加剧了行业内竞争,迫使同行业内资企业更容易退出,但也通过上下游关联效应为内资企业创造了新的存活机会与市场空间。邓子梁和陈岩(2013)研究发现,外资进入使得国有企业面临更大的生存风险,但高生产率、规模较大、有外资股份的国有企业却可以通过外资有效降低其生存风险。陈甬军和杨振(2012)较为系统地考察了外资进入导致的竞争和反竞争效应,发现在细分行业中,外资的竞争效应占主导,但是在部分产业中,外资表现出了反竞争效应。在外资进入的第一阶段,外资的竞争效应占主导地位,随着外资的积累以及本土化经验的提升,外资可能表现出反竞争效应,强化自身垄断势力。在外资与劳动力市场方面,Hoi 和 Pomfret(2010)对越南、Epstein 和 Braunstein(2002)对中国的研究均发现外资进入有利于提高劳动者工资水平。盛丹(2013)对中国制造业企业劳动者议价能力、李磊等(2015)对中国服务业行业就业性别以及工资差距的考察,也均支持上述结论。邵敏和包群(2012)系统考察了外资进入对中国本土企业工资水平的影响,发现外资进入对中国劳动力价格扭曲有一定的矫正作用。具体地,外资进入加大了对劳动力的需求,加之外资企业本身工资水平较高,外资进入可以通过"新增劳动力需求渠道"和"工资溢出渠道"改善国内劳动力价格扭曲的情况。但与此同时,各地竞相引入外资的做法可能会导致"工资和劳动条件向下竞争"(Neumayer and Soysa, 2006)、弱化劳动者权益的现象出现,从而进一步压低工人工资,加大国内工资扭曲。在外资与产品市场方面,外资进入对东道国市场化程度提高具有积极的影响,而市场化程度越高,越有利于降低劳动力市场扭曲;另一方面,外资进入加剧了国内产品市场竞争,致使内资企业盈利能力降低,进而降低劳动力租金分成(McDonald and Solow, 1981)。此外,外资进入导致的国内产品市场竞争也会提高国内劳动力需求弹性,从而降低劳动者议价能力,加剧劳动力价格向下扭曲(Slaughter, 2001)。最后,外资进入对企业融资约束也存在一定影响。Guariglia 和 Poncet(2008)从宏观层面考察了外资进入对中国金融扭曲以及经济增长的作用,发现 FDI 的"替代性"削减了金融扭曲对中国经济增长的负面效应。Héricourt 和 Poncet(2009)从微观层面证实了外资进入对中国私营企业融资约束的缓解作用,认为外资通过向国内企业注入资金缓解企业的资金难题。

三、外资进入与企业出口国内附加值

在全球价值链背景下,产品的生产等不再由一国(地区)独立完成,而是由多个国家(地区)合作完成,产品内分工成为各国(地区)分工的重要形式,不同国家(地区)依据自身的要素禀赋和相对优势嵌入全球价值链,在全球价值链中扮演不同的角色。跨国公司通过国际直接投资促成了全球价值链的形成,并极大地推动了中国出口贸易的增长(柴敏,2006;黄玖立和冼国明,2010;刘修岩等,2011),在一定程度上成就了中国的"出口增长奇迹"。然而,也有一些学者认为,外资进入在促进出口快速增长的同时,却可能会导致中国出口贸易陷入低品质"粗放型"增长的陷阱(Xu and Lu,2009;李坤望等,2014)。Cramer(1999)进一步指出,发展中国家受自身比较优势的限制,在国际生产分工中往往被嵌入在全球价值链的低端生产环节,受到发达国家跨国公司行为的钳制,进而会被长期"低端锁定",难以获取相应的附加值。在全球价值链背景下,仅从贸易规模来判断中国贸易的真实收益尤为偏颇,因此越来越多的文献开始从增加值的视角将 FDI 与出口国内附加值结合起来,以探究中国真实的贸易收益情况。Kee 和 Tang(2016)在测度中国出口国内附加值的基础上探究了影响中国出口国内附加值变化的三方面因素,包括汇率水平、国内投入品供应商所面临的关税,以及 FDI。张杰等(2013)基于异质性企业视角研究了 FDI 对企业出口国内附加值的影响,发现 FDI 的进入是导致外资企业出口国内附加值增长的主要推动因素,但其并未对影响机制进行深入探究。唐宜红和张鹏杨(2017)在已有研究的基础上,进一步考察了 FDI 通过影响全球价值链嵌入对 DVAR 的影响,发现 FDI 对提高 DVAR 具有显著的促进作用,但在全球价值链嵌入这一机制下该作用并不显著。张鹏杨和唐宜红(2018)又从全球价值链升级视角研究了外资进入对企业出口国内附加值的影响效果及其作用路径,其研究结果表明,FDI对提升出口国内附加值存在积极的影响,这在一定程度上是由于FDI推动企业全球价值链升级带来的。虽然FDI在促进全球价值链升级中存在"天花板"效应,但目前中国仍未达到"天花板"效应的拐点。此外,毛其淋和许家云(2018)还识别和比较了外资进入的不同溢出渠道对本土企业出口DVAR的影响,发现外资进入的水平溢出渠道对本土企业出口国内附加值的增加具有抑制作用,但通过前向关联渠道和后向关联渠道能够提高本土企业出口国内附加值,从而使得外资进入整体上对本土企业的出口升级具有显著的促进作用。

第三节　文献评述

通过对已有文献的梳理,本书认为现有研究可能存在以下两个方面的不足:其一是关于全球价值链研究方面的不足;其二是关于国内价值链研究方面的不足。

一、关于全球价值链的研究

其一,现有研究虽然涉及中国制造业企业价值链嵌入度乃至价值链地位提升的影响,但大部分研究从融资约束、产业政策以及制造业服务化等国内因素方面入手,忽略了对中国制造业企业国际分工地位不断提升的主要力量之一——对外开放的作用的研究。党的十九大报告明确提出,为进一步提升发展质量,需要"更多地主动参与和推动经济全球化进程,发展更高层次的开放型经济"。对外开放是过去40多年中国取得瞩目成就的重要原因,其中不断扩大外资开放市场、积极吸引和利用外资发挥了重要的引导作用。有鉴于此,从外资管制放松角度入手探究外资进入对制造业企业价值链地位提升的影响及其作用渠道,可以系统地考察对外开放在促进经济高质量发展方面的作用。其二,现有几篇文献虽然涉及开放(FDI和OFDI)对全球价值链地位提升的影响,但其研究仅限于宏观层面,未涉及外资进入对中国企业的个体行为的影响。众所周知,企业是国际化分工的直接参与者,是整个经济体的重要组成部分,其在全球价值链中的位置直接关系到中国在国际上的地位和竞争力。因此,从外资进入这一全球化而非国内视角考察中国制造业企业全球价值链地位提升问题,不仅可以深化外资开放对企业参与国际分工作用的理解,而且可以为进一步推进外资管制政策放松进程,扩大外资市场准入提供重要的借鉴。其三,长期以来,制造业一直是中国吸收外商直接投资的主要部门,目前关于外资进入的研究也大多聚焦于制造业外资进入视角,服务业市场开放对制造业及中国经济发展的潜在影响一直被低估。服务要素作为制造业重要的投入品,毋庸置疑也会影响制造业的生产绩效。近几年,服务业开放对制造业的影响才逐渐被国内外学者所关注,其中多以服务贸易开放为研究主题,关于服务业外资进入的研究相对匮乏。从政策层面研究服务业外资进入对中国制造业的影响、作用机理及其作用效果的差异,特别是从企业异质性、行业异质性、地区异质性以及服务业类别角度分析不同企业在这一过程的得失,既可对既有研究加以补充,也可为中国进一步实施服务业开放政策提供一定的理论借鉴。

二、关于国内价值链的研究

中国自改革开放以来,通过积极参与全球价值链,提升了资源配置效率,国民经济由此实现了持续快速发展。但2008年国际金融危机之后,外部需求急剧萎缩,全球贸易发生坍塌,全球价值链呈现收缩状态(Amiti and Weinstein,2011;Bems et al.,2010;Bussière et al.,2013)。与此同时,国内生产要素成本急剧飙升,导致中国以加工贸易为主的发展模式难以为继。越来越多的学者开始关注全球价值链的国内基础,即国内价值链。国内价值链是指一国国内贸易和生产网络的相互依存关系(Kowalski and Lopez-Gonzalez,2019)。随着中国近年来成功实施进口替代战略,国内增加值比率不断提升,国内价值链越来越呈现对全球价值链的替代作用。由此,关于国内价值链的研究也不断涌现。通过上述对国内价值链文献的梳理,可知现有文献存在以下两个方面的不足。其一,现有关于国内价值链的文献大多只考察了国内价值链的经济效应,对于国内价值链地位提升影响因素的考察尚有不足。在国内外形势不容乐观的情形下,如何充分发挥国内各地区比较优势,培育国内分工合作,进而构建国内价值链并促使其向价值链高端环节攀升,对于中国应对贸易保护主义、发展经济增长新动力既具有现实基础,又有重大的理论价值和政策意义。本书即要从外资进入视角入手,考察其对国内价值链地位提升的影响,以期填补国内价值链影响因素研究领域的空白。其二,宏观层面外资进入经济效应的实证考察,目前的研究大多采用传统的面板数据进行实证分析,引入空间计量方法的研究相对较少。而传统的面板数据通常假定各个地区的经济效益是相互独立的,忽略了外资进入存在的空间溢出效应。近年来,一些学者采用空间截面数据对 FDI 的区位选择影响因素(Coughlin,2000;王剑,2004)进行空间实证分析,由于这些研究均采用某一年的截面数据,其估计结果存在较大的随机性和偶然性(苏桔芳和胡日东,2008)。同时,一个省区的 NVC 不仅受到自身 FDI 技术溢出效应的影响,而且还受到周边地区 FDI 的影响。由于 NVC 的链式循环过程本质上是一个价值增值的过程,在NVC联结的分工网络中,各参与地区通过增加值流动产生真实经济联系,而隐含在增加值中的知识、技术和信息要素也必然随着这些增加值的流动被传播和扩散。因此,NVC具有很强的空间自相关性,如果忽略这种空间相关的影响,模型估计将是有偏差的或产生错误的参数检验(Anselin,1988)。鉴于已有研究的不足,本书第五章在利用2000—2013年省区—行业层面数据,采用普通面板模型进行实证回归的基础上,又进一步构建了省区空间计量模型进行实证检验,不仅可以测度相邻地区对本地区的空间关联和溢出效应,而且能够降低相反因果关系存在的可能性,使得实证结果更为稳健、可信。

第三章 制造业外资进入与中国制造业企业全球价值链地位提升

第一节 引 言

近年来,随着国际化分工的深化,产品生产的增值环节(包括设计、研发、制造、组装以及营销等)在全球范围内进行切割与布局,价值链向全球范围内延伸,世界经济由此步入全球价值链时代(毛其淋和许家云,2018)。作为参与当前全球价值链体系最深的发展中国家之一,全球价值链对中国经济增长所起到的诸多正面效应不容否认(裴长洪,2013),也被国内外越来越多的学者所认可。Gereffi 和 Lee(2012)研究指出,中国制造业的快速发展在很大程度上得益于中国深度地融入了全球价值链的国际分工体系。其中,位于全球价值链上游的企业具有较强的产品附加值俘获能力,可以获得更多的利益分配,对实现自身竞争力和当地产业结构升级具有重要的作用。但遗憾的是,中国长期嵌入由发达国家跨国公司所主导的全球价值链分工体系之中,位于微笑曲线的低端位置,处于获利甚微的全球价值链下游环节[①],迫切需要升

[①] 2016 年 12 月,商务部等 7 个部门联合下发的《关于加强国际合作提高中国产业全球价值链地位的指导意见》也指出,目前中国相关产业总体仍处于全球价值链的中低端。

级。考虑到这种情况,2017年11月,党的十九大报告指出要促进中国产业向全球价值链中高端迈进。2019年中央经济会议也进一步提出要推动制造业高质量发展,促进产业迈向全球价值链中高端。2020年两会期间,习近平总书记强调要"逐步形成以国内大循环为主体、国内国际双循环相互促进的新发展格局"。因此,如何通过深化对外开放实现国内发展,并利用国内发展促进对外开放是我国现阶段须高度重视的一项课题。而作为国民经济的主体,如何提升制造业企业参与全球价值链的分工地位,是提升我国制造业全球市场竞争力、促进技术升级、增加分工收益的关键所在。

  作为经济全球化的主导力量之一,跨国公司在全球范围内进行生产要素与资源的配置,通过对外直接投资将价值链中的部分环节分配到全球最适合的地区进行经营活动,进而实现公司利益的最大化。联合国贸发会议(UNCTAD)数据显示,现阶段跨国公司主导的全球价值链占到全球贸易的80%左右,可谓直接决定了全球价值链的广度和深度(白光裕和庄芮,2015)。因此,关注全球价值链与国际投资之间的关系,可以为中国通过吸引外资实现全球价值链地位提升提供相应的理论和指导。自1995年中国《外商投资产业指导目录》(以下简称《指导目录》)发布以来,《指导目录》先后在1997、2002、2004、2007、2011、2015、2017和2019年进行了逐次修订,呈现出外资管制不断放松的趋势。尤其是2012年党的十八大以后,外资企业设立实现了由"逐案审批"向"负面清单"管理的重大转变。与2019年版相比,2020年版外商投资准入负面清单进一步缩减,全国负面清单条目由40条减至33条,自贸试验区负面清单条目由37条减至30条。2017—2020年,中国已经连续4年修订外资准入负面清单,清单条目由93条减至33条,限制措施累计减少了近2/3。经济合作与发展组织(OECD)的统计数据显示,2013年以来中国对外资限制程度迅速下降,下降幅度在主要经济体中位列前茅。2021年1月,新版《鼓励外商投资产业目录》正式实施,进一步扩大了鼓励外商投资的范围,增加了127个鼓励行业的领域,预示着中国进一步放宽外资行业准入门槛,对外开放迈向更高的阶段。在2021年3月,商务部更是编制发布了《"十四五"利用外资发展规划》,为"十四五"时期进一步扩大开放、积极利用外资提供了指导。外资管制政策的放松加速了全球资本在中国流动,外资企业与本土制造业企业交流更加频繁,深刻影响着中国制造业企业的要素禀赋、技术升级模式和市场竞争结构(Javorcik,2004;Harding and Javorcik,2012;Du et al.,2014),对中国制造加速向科技、创新、绿色、智能和高端转型具有重要的推动作用。本章考察制造业外资进入对中国制造业企业全球价值链地位提升的影响程度及作用机理,旨在探究制造业企业向高端生产环节攀升的动力,以期为当前背景下推动制造业高质量发展提供参考。

相比已有文献,本章可能存在以下几个方面的创新。其一,研究视角方面。处于同一生产链条上的企业,其知识、信息、技术等可以在企业之间进行传递。外资企业拥有较高的生产技术、先进的管理经验,因此,从外资管制放松视角出发,考察制造业外资进入对价值链链条上企业的影响具有重要的现实意义。而大部分文献在考察外资进入经济效应时仅从溢出效应理论出发,忽略了资源配置效应在其中发挥的作用。因此,本书在考察外资进入对企业全球价值链地位提升影响的作用机理时,同时考察了溢出效应和资源配置效应,丰富了相关领域的研究。其二,研究指标方面。目前关于全球价值链地位提升的测度,宏观层面多采用来自第三国和进口国的中间品出口的国内增加值占总的国内增加值的比例来衡量;微观层面则采用出口技术复杂度、出口产品质量或出口国内附加值等指标来表示,忽略了从企业自身参与价值链生产环节角度的考量。苏丹妮等

(2020)认为,以供应者身份参与全球价值链分工体系的上游环节企业可以获得更多的利益分配,进而有助于企业从事研发创新活动和高质量产品的生产。因此,企业全球价值链的"上游环节参与度"可以从另一个角度来体现企业全球价值链升级,从该角度来刻画全球价值链升级,对该领域具有补充作用。另外,较为成熟的文献多从国家、地区、行业等中观和宏观角度来衡量价值链地位高低,"上游环节参与度"则允许直接从微观层面更为细致和精确地度量企业全球价值链参与情况,进而也允许我们从微观层面开展更多中国企业全球价值链参与方面的研究。其三,研究方法方面。多数文章采用外商资本金和中国港澳台地区资本金来衡量外资进入以探讨其对企业绩效的影响,但该做法可能会由于反向因果关系导致实证结果存在偏差。本书以2002年我国《指导目录》中行业对于外资进入政策的变化为依据,构建外资管制放松指标以衡量外资进入程度,并根据该政策冲击构建DID模型来检验外资进入对中国制造业企业全球价值链地位提升的影响,很大程度上缓解了模型存在的内生性问题,使得结论更为稳健、可信。

本章接下来的部分安排如下:第二节构建实证模型,并对指标和数据来源进行详细说明;第三节为基准回归分析部分,包括对制造业外资进入与企业全球价值链地位提升的关系进行基准检验、构建一系列稳健性检验以确保结论的可靠性,以及从企业、行业、地区、国家四个方面分析制造业外资进入对企业全球价值链地位提升的差异化影响;第四节为影响渠道分析,检验制造业外资进入通过技术溢出效应和资源配置效应两种主要渠道对企业全球价值链地位提升的影响;第五节进一步考察制度环境对制造业外资进入与企业全球价值链地位提升之间关系的调节作用,并比较产权制度和契约制度的作用程度;最后一部分为本章小结。

第二节 模型构建、指标说明和数据来源

一、模型设定

为探究制造业外资进入(制造业外资管制放松)对中国制造业企业全球价值链地位提升的影响,本节基于2002年《外商投资产业指导目录》较大幅度修订的政策变动,构建如下双重差分(Difference in Difference,DID)模型,以进行实证检验:

$$gvcupgrate_{ijt} = \alpha + \beta treat_j \times post_t + \sum \gamma M_{jt}$$
$$+ \sum \kappa N_{it} + \mu_i + \mu_t + \varepsilon_{ijt} \quad (3.1)$$

其中,i 代表制造业企业,j 代表4位码制造业行业,t 代表年份,因变量 $gvcupgrate_{ijt}$ 表示在 t 年行业 j 中 i 企业的全球价值链上游参与度,用来衡量制造业企业全球价值链地位提升指标;$treat_j$ 是用以识别发生政策变动4位码制造业行业的变量,外资开放程度增大的行业赋值为1,外资开放程度不变的行业赋值为0;$post_t$ 是用以识别外资管制放松政策冲击的时间,由于2002年调整的《指导目录》自2002年4月1日开始执行,借鉴 Lu 等(2017)的处理方法,将2002年以后各年份赋值为1,将2002年以前各年份赋值为0,将2002年赋值为3/4;$\sum N_{it}$ 和 $\sum M_{jt}$ 分别表示企业层面和行业层面的控制变量。其中,企业层面的控制变量主要包括企业年龄(age_{it})、企业年龄的平方项($agesq_{it}$)、企业规模($size_{it}$)、企业全要素生产率(tfp_{it})、企业资本劳动比(kl_{it})、企业是否受到补贴($subsidydum_{it}$)、企业的所有制形式(soe_{it}、$foreign_{it}$);行业层面的控制变量主要包括

行业竞争程度(hhi_{jt})。β 为本书最关注的系数,若 $\beta>0$,则认为制造业外资进入对制造业企业全球价值链地位提升具有促进作用;反之,则认为制造业外资进入不利于企业向全球价值链上游环节攀升。μ_i 和 μ_t 分别为企业固定效应和时间(年份)固定效应,ε_{ijt} 为随机扰动项。模型回归结果的标准误差经行业—年份层面聚类调整以缓解可能存在的组内相关问题。

二、指标说明

(一)被解释变量:企业全球价值链地位提升

Gereffi 等(2005)指出全球价值链是指某一商品跨越国界的设计、生产、组装、营销、售后服务等一系列环节的组合。许多学者认为,若一国(地区)通过向其他国家(地区)提供中间品参与国际分工,则该国(地区)就位于价值链体系的高附加值环节;反之,若一国(地区)通过大量进口别国或地区的中间品来生产和出口最终品参与国际分工,该国(地区)就位于价值链体系的低附加值环节(Wang et al.,2013;樊茂清和黄薇,2014;王直等,2015)。因此,刘斌等(2016)以来自第三国的中间品出口的国内增加值和来自直接进口国的中间品出口的国内增加值占总的国内增加值的比例来衡量宏观层面全球价值链地位升级。具体到微观企业层面,苏丹妮等(2020)认为,位于上游环节的企业以供应者的身份参与到全球价值链分工体系中,在全球价值链中主要承担产品设计、品牌创新以及关键零部件生产等高附加值环节。因此,处于价值链上游环节的企业往往具有较强的产品附加值俘获能力,能够获得更多的利益分配,进而有助于企业从事研发创新活动和高质量产品的生产(Gereffi,2005;Backer and Miroudot,2013)。类比刘斌等(2016b)对行业层面全球价值链升级指标的测度方式,本书采用"上游环节参与度"来衡量企业全球价值链地位提升具有一定的合理性。为进一步验证实证结论的稳健性,本书在接下来的稳健性部分又构建了出口国内附加值(陈旭等,2019)和企业出口技术复杂度(刘斌等,2016b)等指标用来衡量制造业企业全球价值链地位的提升,对实证模型重新进行检验,发现其结论并无实质性变化。

关于制造业企业全球价值链上游参与度的测算,本书将结合产业层面的测算方法,用间接增加值出口份额来表示,即企业中间品出口中经一国加工后再次出口给第三国所包含的本国增加值占该企业总出口的比例(苏丹妮等,2020)。由于缺乏企业间接增加值出口的相关数据,本书用相关产业层面的间接增加值出口份额来近似替代企业层面的该指标。因此本书构造的制造业企业全球价值链地位提升变量可表示为如下:

$$gvcupgrate_{ijtp} = \frac{EXP_{ijtp}^{total}|_{BEC} \times \left(1 - \frac{IMP_{ijtp}^{total}|_{BEC} + D_{ijtp}|_{BEC} + (\theta_1 - \theta_2) \times EXP_{ijtp}^{total}}{EXP_{ijtp}^{total}}\right) \times \theta_3}{EXP_{ijtp}^{total}}$$

(3.2)

$$gvcupgrate_{ijto} = \frac{EXP_{ijto}^{total}|_{BEC} \times \left(1 - \frac{(IMP_{ijto}^{total}|_{BEC}/Y_{ijt}) \times EXP_{ijto}^{total} + D_{ijto}|_{BEC} + (\theta_1 - \theta_2) \times EXP_{ijto}^{total}}{EXP_{ijto}^{total}}\right) \times \theta_3}{EXP_{ijto}^{total}}$$

(3.3)

$$gvcupgrate_{ijtm} = \omega_p \times \frac{EXP_{ijtp}^{total}|_{BEC} \times \left(1 - \frac{IMP_{ijtp}^{total}|_{BEC} + D_{ijtp}|_{BEC} + (\theta_1 - \theta_2) \times EXP_{ijtp}^{total}}{EXP_{ijtp}^{total}}\right) \times \theta_3}{EXP_{ijtp}^{total}} + \omega_o \times$$

$$\frac{EXP_{ijto}^{total}|_{BEC} \times \left(1 - \frac{(IMP_{ijto}^{total}|_{BEC}/(Y_{ijt} - EXP_{ijtp}^{total})) \times EXP_{ijto}^{total} + D_{ijto}|_{BEC} + (\theta_1 - \theta_2) \times EXP_{ijto}^{total}}{EXP_{ijto}^{total}}\right) \times \theta_3}{EXP_{ijto}^{total}}$$

(3.4)

上述三个公式依次为加工贸易、一般贸易、混合贸易三类制造业企业的全球价值链上游参与度。其中，i、j、t、p、o、m 表示企业、行业、时间、加工贸易、一般贸易和混合贸易；EXP_{ijtx}^{total} 表示企业出口总额，用企业出口交货值衡量；$IMP_{ijtx}^{total}|_{BEC}(x=p,o)$ 和 $EXP_{ijtx}^{total}|_{BEC}(x=p,o)$ 分别表示企业实际中间产品进口额和出口额，BEC 用来识别产品是否为中间品或资本品，x 为贸易方式。Y_{ijt} 表示企业销售额；$D_{ijtx}|_{BEC}(x=p,o)$ 为企业资本折旧累积额；ω_p、ω_o 分别为混合贸易企业中加工和一般贸易出口份额；$\theta_n(n=1,2,3)$ 分别为企业所在行业间接进口比例、返回增加值比例以及企业中间产品的间接出口比例。由于缺乏企业相关数据，用相关行业层面的指标进行近似替代。

（二）核心解释变量：制造业外资进入

外资进入之初，为指导外商投资方向与中国国民经济和社会发展规划相适应，1995 年 6 月国家计划委员会、国家经济贸易委员会与对外贸易经济合作部共同制定了《指导外商投资方向暂定规定》；并且根据该规定和国家经济技术发展情况，定期编制和适时修订《外商投资产业指导目录》（简称《指导目录》）。根据《指导目录》的划分内容，可将外商投资项目分为鼓励、允许、限制和禁止四类。其中，鼓励类、限制类和禁止类的外商投资项目列入《指导目录》，未列入《指导目录》的外商投资项目均为允许类外商投资项目。本书参照 Lu 等（2017）的做法，将外资管制放松称为外资开放过程，以此来作为外资进入的衡量指标。

具体而言，中国自 1995 年首次编制《指导目录》以来，分别经历 1997、2002、2004、2007、2011 年等多次修订调整。鉴于本章研究样本期间为 1998—2007 年，而 2007 年修订版《指导目录》于 2007 年

12月起开始施行,因此本书所研究的时间段主要经历了2002年和2004年的两次《指导目录》调整。为履行加入WTO时所做出的承诺,中国2002年的《指导目录》修订相较1997年《指导目录》做了较大幅度调整,而2004年的《指导目录》则在2002年基础上做了微调[①],因此本书主要考察2002年《指导目录》调整引起的外资进入对中国制造业企业全球价值链地位提升的影响。

由于《指导目录》中列入的是产业名称目录,而中国工业企业数据库中提供的是行业[②]代码目录,为便于数据合并,本书根据2002年《国民经济行业分类》国家标准(GB/T 4754—2002)将《指导目录》中的产业名称目录手动调整并归为标准的4位行业代码目录。值得注意的是,由于《指导目录》中的产业较为详细,因此在将《指导目录》产业归并为4位码行业过程中可能面临多个细分产业隶属于同一个4位码行业,而同一个4位码行业的不同细分行业可能面临不同外资管制调整的问题。针对该问题,本书进一步借鉴Lu等(2017)的做法,将所有细分产业只发生外资开放程度增大(至少有一种)或外资开放程度不变的同一个4位码行业定义为外资开放程度增大的行业;将所有细分产业只发生外资开放程度减少(至少有一种)或外资开放程度不变的同一个4位码行业定义为外资开放程度减少行业;将所有产业的外资开放程度都不变的同一个4位码行业定义为外资开放程度不变的行业;将既包含外资开放程度增大又包括外资开放程度减少的细分产业的同一个4位码行业定义为外资开放程度混合

---

① 具体来看,2004年《指导目录》在2002年《指导目录》的基础上,在鼓励类项目中新增加了2个产业(2002年允许类转为2004年鼓励类),减少了7个产业(2002年鼓励类转为2004年允许类),限制类和禁止类均未发生变化,总体变动幅度为2.12%(9/424)。

② 为了便于区分概念并保持行文一致,本书在阐述《指导目录》内容时采用"产业"概念,表示较为细分的产业,而经《国民经济行业分类》标准调整后则采用"行业"概念表示4位码行业。

变动行业。

由此可得,在424个制造业4位码行业中,共有126个行业的外资开放程度发生变动,其中有113个外资开放程度增大的制造业行业,9个外资开放程度减小的制造业行业,4个外资开放程度混合变动的制造业行业,其余298个行业为外资开放程度不变的制造业行业[①]。鉴于本章主要研究制造业外资进入对企业全球价值链地位提升的影响,因此剔除外资开放程度减小与外资开放程度混合变动的样本(占总行业样本的3%)[②],并将外资开放程度增大的制造业行业作为处理组,而外资开放程度不变的制造业行业作为对照组,2002年为外资管制放松的政策变动年份。

(三)其他控制变量

对于企业全要素生产率(tfp),本书将OP法(Olley and Pakes,1996)测算的全要素生产率纳入实证模型中。其中,资本存量根据Brandt等(2012)的方法进行测算,其间涉及Brandt-Rawski Investment Deflator指数,由于该指数只构造到2006年,参考龚关和胡关亮(2013)的做法,本书将2007年的指数采用国家统计局的投资指数进行替代。资本劳动比(kl)用资本存量与从业人员数的比值取对数值来衡量。企业规模($size$)采用企业年均从业人数的对数值来衡量;企业年龄(age)用当年年份与企业开业年份的差的对数值来衡量;企业是否受到补贴($subsidydum$),若受到补贴则$subsidydum=1$,否则

[①] 由Lu等(2017)的研究整理可得,在424个制造业4位码行业中,外资开放程度增大行业、减少行业、不变行业分别为112个、7个和300个,外资开放程度混合变动行业为5个。由于在1997年《指导目录》中的产业名称调整为标准4位行业代码过程中存在一定的主观判断性,因此可能引起行业目录分类的差异,从整理结果看,本书的整理结果与Lu等(2017)文中结果近乎一致。

[②] 为了考察剔除外资开放程度减小部分样本对回归结果的影响,本书在后文稳健性检验中将此部分重新纳入对照组进行了检验。

$subsidydum=0$；企业所有制类型(soe、$foreign$)依据企业控股比例对企业所有制进行划分，若企业的中国港澳台地区资本与外商资本占总资本超过25%，则定义为外资企业，即 $foreign=1$(聂辉华等，2012)；若国有资本与集体资本占实收资本比重高于50%，则定义为国有企业，即 $soe=1$(杨光和孙浦阳，2017)。行业竞争程度(hhi)计算公式如下：

$$hhi_{jt} = \ln \sum_{i \in \Delta_j}(sale_{ijt}/sale_{jt})^2 = \ln \sum_{i \in \Delta_j} S_{ijt}^2 \qquad (3.5)$$

其中，$sale_{ijt}$ 为企业 i 在 t 年的销售额，$sale_{jt}$ 表示制造业行业 j 在 t 年的总销售额，$sale_{ijt}/sale_{jt}$ 表示企业 i 在 t 年的行业市场占有率。该指数越小，表明市场竞争程度越高，反之则表明市场垄断程度越高。

三、数据来源

本章研究使用的样本数据主要有三个来源：其一是产品层面的进口关税数据；其二是产品层面的海关贸易数据；其三是企业层面的生产数据。

其中，产品层面的进口关税数据来自 WTO 的 Tariff Download Facility 数据库，主要用于测算企业层面的进口关税指标。产品层面的海关贸易数据来自中国海关总署，时间跨度为 2000—2007 年。该套数据记录了各个月度通关企业的每一笔产品层面(HS 8 位码)的交易信息，为了研究的需要，本书将月度数据加总至年度数据。海关贸易数据库的主要优势在于对每笔产品层面的进出口交易信息都有详实的记录，主要包括如下几个方面的内容：第一是关于进出口企业的基本信息，例如企业代码、企业名称、企业地址、企业联系信息(包括联系人、电话、邮编等)以及企业所有制类型等；第二是产品层面的进出口信息,包括交易额、交易数量、交易产品的计量单位、HS 8 位数产品编码、贸易状态(进口或出口)等;第三是有关贸易类型和交易对象的信息,包括贸易类型(一般贸易或加工贸易)、运输方式(公路、铁路、航空运输等 6 类)以及出口目的国或进口来源国等。本章使用的第三套数据是企业层面的生产数据,来自国家统计局的中国工业企业数据库,其统计调查对象涵盖了全部国有工业企业以及规模以上(主营业务收入大于 500 万元)非国有企业,时间跨度为 2000—2007年。该数据库包含了丰富的企业层面的信息,例如企业名称、法人代码、4 位码行业类型、企业开业时间、从业人员数、出口交货值、固定资产、总资产、负债额、销售额等上百个指标,是目前国内可获得的规模最大的微观企业样本数据。

需要特别说明的是,由于生产数据与海关贸易数据中所记载的企业代码的编码体系完全不同①,因此无法直接根据企业代码将两套数据库进行合并,本书借鉴 Yu(2015)的方法将这两套数据库进行合并。具体分两步进行:首先,根据企业的中文名称和年份进行匹配,由于企业在所在地工商管理部门登记注册时不允许重复使用其他企业已有的名称,因此如果两套数据库中企业在同一年份拥有相同的企业名称,则这两家企业实为同一家企业;其次,在原样本中剔除已经匹配成功的样本,剩余的样本进一步按照企业所在地的邮编、企业电话号码的最后 7 位数和企业联系人信息来识别两套数据库中是否存在相同的企业。至此,得到本书实证所用的数据样本。

与现有国内外文献保持一致,本书选取制造业企业作为研究对象,即在原始样本中删除采掘业、电力、燃气及水的生产和供应业数据。由

---

① 其中,生产数据中的企业代码是 9 位数,而海关贸易数据中的企业代码则是 10 位数。

于中国在 2002 年颁布了新的《国民经济行业分类》,并于 2003 年开始正式实施,本书采用 Brandt 等(2012)提供的方法对中国工业行业分类(CIC)4 位码进行调整,将所有行业转换成 2003 年版本的行业代码标准。另外,由于该数据库存在样本匹配混乱、指标缺失、指标大小异常、测度误差显著、样本选择偏差、变量定义模糊等问题,本书进一步参照 Feenstra 等(2014)和 Yu(2015)的做法,对异常样本进行删除,最终得到 243 735 个观测值。表 3-1 为变量的统计性描述。

表 3-1　变量的统计性描述

变量	样本量	平均值	标准差	最小值	最大值
处理组($treat=1$)					
$gvcupgrate$	54 790	0.018 8	0.049 5	0	0.987 6
age	54 790	2.073 3	0.728 8	0	7.601 9
$agesq$	54 790	4.829 8	3.252 2	0	57.788 9
$size$	54 790	5.213 0	1.210 1	2.079 4	11.452 6
$subsidydum$	54 790	0.234 1	0.423 5	0	1
kl	54 623	4.235 8	1.301 2	−4.548 6	10.048 5
hhi	54 790	3.348 1	0.938 1	0	6.403 8
tfp	53 055	3.226 7	1.012 8	−5.272 7	10.399 1
$foreign$	54 790	0.556 1	0.496 8	0	1
soe	54 790	0.069 7	0.254 6	0	1
o	54 790	0.508 0	0.499 9	0	1
p	54 790	0.077 5	0.267 4	0	1
对照组($treat=0$)					
$gvcupgrate$	188 945	0.011 0	0.036 7	0	0.998 9
age	188 945	1.986 9	0.704 8	0	7.597 9
$agesq$	188 945	4.444 7	2.940 5	0	57.728 1
$size$	188 945	5.284 8	1.122 3	2.079 4	11.925 1
$subsidydum$	188 945	0.201 0	0.400 8	0	1
kl	188 370	3.639 4	1.376 1	−5.627 6	10.113 3

续表

变量	样本量	平均值	标准差	最小值	最大值
对照组($treat=0$)					
hhi	188 945	4.107 4	1.252 5	0	6.403 8
tfp	184 306	3.079 1	0.941 6	−7.034 0	8.895 6
$foreign$	188 945	0.606 6	0.488 5	0	1
soe	188 945	0.046 8	0.211 2	0	1
o	188 945	0.453 4	0.497 8	0	1
p	188 945	0.107 2	0.309 4	0	1

注：表中数据为作者整理所得。

为了避免由于变量存在共线性，导致实证结果存在偏误，本书在正式进行实证检验之前，列出了样本变量的相关系数矩阵，如表 3-2 所示。很明显，除企业年龄（age）与企业年龄的平方项（$agesq$）的相关系数为 0.958 8 外，其余解释变量之间的相关性较低，均未超过 0.7，共线性干扰因素的影响基本可以忽略。另外，核心解释变量交叉项 $treat \times post$ 与因变量之间的相关系数符号为正值，似乎在一定程度上支持了制造业外资进入对企业全球价值链地位提升具有促进作用这一假说。当然，这种正相关性是否具有统计意义上的显著性，还有待于计量回归的进一步检验。

第三节　实证结果分析

一、平行趋势

为准确识别制造业行业外资管制放松政策对企业全球价值链地位提升的影响，在正式进行实证估计之前，本书首先需要考察样本是

表 3-2　样本变量的相关系数矩阵

变量	gvcupgrate	age	agesq	size	subsidydum	kl	hhi	tfp	foreign	soe	o	p
gvcupgrate	1											
age	0.029 1	1										
agesq	0.030 6	0.958 8	1									
size	−0.050 0	0.264 4	0.289 6	1								
subsidydum	0.051 2	0.078 7	0.080 6	0.126 0	1							
kl	0.042 8	0.050 5	0.052 7	−0.090 3	0.060 7	1						
hhi	−0.090 6	−0.067 4	−0.081 2	0.021 6	−0.034 7	−0.248 6	1					
tfp	−0.011 4	−0.046 3	−0.067 0	−0.060 6	0.021 6	0.051 5	−0.072 4	1				
foreign	−0.086 2	−0.113 1	−0.155 2	−0.075 7	−0.113	−0.005 1	0.060 9	0.004 4	1			
soe	0.025 7	0.232 0	0.285 8	0.169 4	0.061 6	0.048 3	−0.099 6	−0.073 5	−0.280 7	1		
o	0.164 2	−0.019	0.004 5	−0.182 9	0.048 4	−0.043 4	−0.073 9	0.024 5	−0.404 7	0.087 2	1	
p	−0.069 9	0.002 4	−0.007 4	0.056 3	−0.122 3	−0.115 2	0.054 4	−0.119 5	0.195 6	−0.051 6	−0.311 6	1

注：表中相关系数矩阵由作者根据 Stata 计算所得。

否满足平行趋势假说。倍差法估计的前提是在政策冲击发生之前，实验组和对照组具有平行趋势，即在 2002 年外资管制放松政策实施之前，实验组和对照组的全球价值链地位提升趋势相一致。本书采用 2000—2007 年制造业企业全球价值链上游嵌入度指数的平均值，通过图示法初步考察实验组和对照组的全球价值链地位提升情况（如图 3-1 所示）。

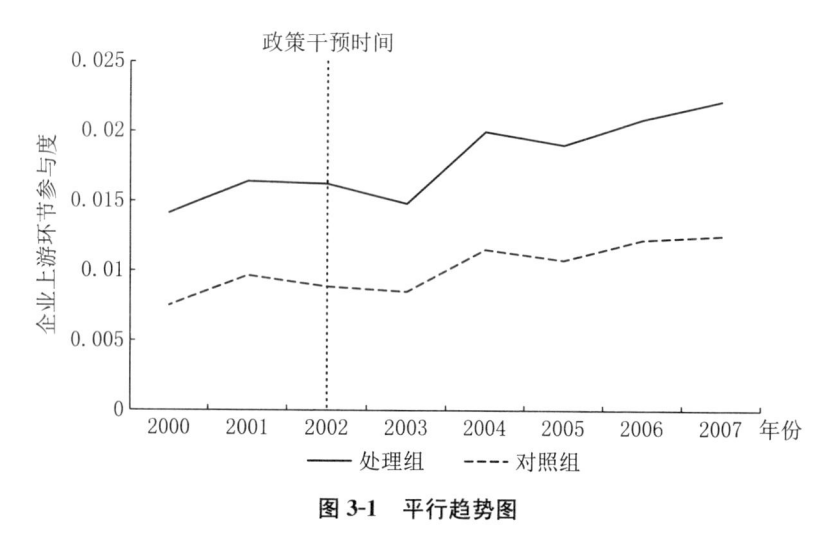

图 3-1 平行趋势图

来源：作者采用 Excel 绘制所得。

图 3-1 横轴表示外资管制放松政策时期，虚竖线代表外资管制放松政策实施开始时期，虚竖线左侧代表外资管制政策未放松时期，虚竖线右侧代表外资管制政策放松时期。图中纵坐标表示全球价值链地位提升趋势。从图 3-1 可知，虚竖线左侧未放松外资管制时期，实验组和对照组的全球价值链上游嵌入度指数曲线基本平行，说明在外资管制放松之前实验组和对照组的全球价值链地位提升趋势基

本一致。而虚竖线右侧,即外资管制放松之后,实验组全球价值链上游嵌入度曲线斜率较对照组全球价值链上游嵌入度曲线斜率更陡,表明本书选取的实验组和对照组能够满足平行趋势检验,即采用倍差法进行实证检验是合理的。

图3-2进一步表明,在外资管制放松政策实施前一年(2001)、当年(2002)和后一年(2003),其对企业全球价值链的影响系数均不显著,而在2003年之后,外资进入的估计系数值显著为正,并且呈上升趋势。这表明外资管制放松政策实施之前实验组和对照组的全球价值链趋势基本一致,实验组和对照组能够满足平行趋势检验,与图3-1所呈现的结论相一致。并且,外资进入对制造业企业全球价值链的促进作用具有时滞性,该作用在2004年开始显现,之后逐步增强,并且具有一定的持续性。

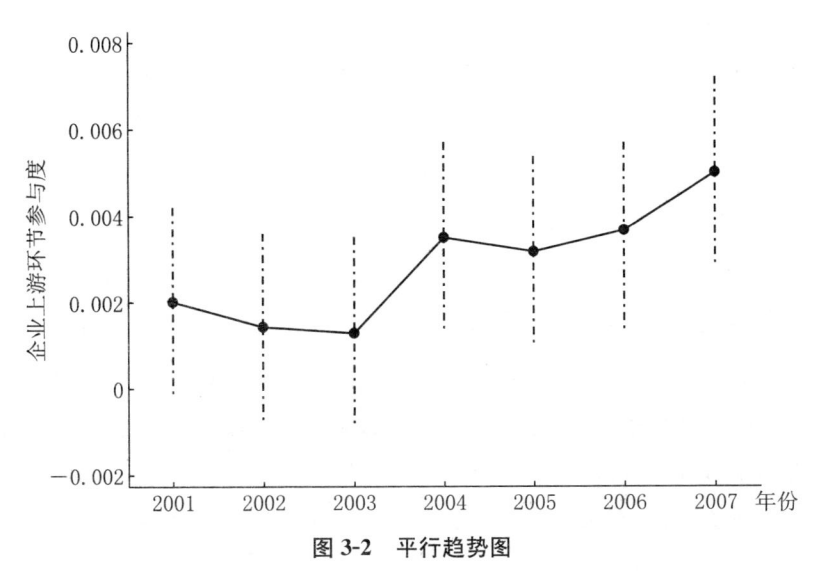

图 3-2 平行趋势图

来源:作者采用Stata绘制所得。

二、基准检验

表 3-3 第(1)至(4)列显示了制造业外资进入对企业全球价值链嵌入度①的影响。其中,第(1)列在控制时间固定效应和企业固定效应之后仅加入了交叉项 $treat \times post$ 估计量;第(2)至(4)列在此基础上又加入了企业层面和行业层面影响制造业企业全球价值链嵌入度的控制变量。本书发现,倍差法估计量 $treat \times post$ 在各个回归中的系数估计值均为正数且显著性均没有发生实质性变化,说明回归结果具有较好的稳健性。从第(4)列完整的回归结果可以看出,倍差法估计量 $treat \times post$ 的系数符号为 0.024 4,并且在 1% 的统计性水平上显著,表明在控制时间固定效应、企业固定效应以及加入其他层面的影响因素之后,与未放松外资管制行业的制造业企业相比,放松外资管制行业的制造业企业全球价值链嵌入度显著提高了 0.024 4 个单位。在确定制造业外资进入有利于提高企业在全球价值链上的嵌入度之后,本书将重点考察制造业外资进入对企业全球价值链地位提升的作用,相应实证检验结果见表 3-3 第(5)至(8)列。第(5)列为控制时间固定效应和企业固定效应之后,仅加入倍差法估计量 $treat \times post$ 的估计结果;第(6)至(8)列在控制时间固定效应和企业固定效应之后,又纳入企业层面和行业层面影响企业全球价值链地位提升的影响因素。上述各列回归结果显示,倍差法估计量 $treat \times post$ 在各列中的估计系数均为正数,并且通过了 1% 显著性水平上的检验,表明制造业外资进入显著提高了中国制造业企业全球价值链地位。

从第(4)列和第(8)列完整控制变量的回归结果可以看出以下几

---

① 限于篇幅原因,本书在正文中未列出全球价值链嵌入度的测算公式,感兴趣的读者可以与作者联系。

点。年龄越大的企业，其价值链嵌入度和向上游环节攀升的幅度越大，但达到一定程度之后开始下滑，即呈倒"U"型变化趋势。可能的原因是企业随着年龄增长有效地通过"干中学"提升生产效率水平，但当企业年龄过大时，其创新动力也往往较低，导致其参与国际分工以及向价值链高端攀升呈先上升后下降的趋势。规模较大的企业价值链嵌入程度较大，这可能是因为规模越大的企业越有可能发挥规模经济优势以降低生产成本，参与价值链分工。而企业规模对价值链地位提升的影响未能通过10%显著性水平上的检验。获得政府补贴的企业嵌入价值链程度较深，并且更容易向价值链上游延伸，原因是这类企业具有更多的资金进行设备更新和研发创新。资本密集度对企业价值链嵌入程度具有显著的正向作用，但对企业价值链地位提升具有显著的负向作用。与之前研究结论有所不同的是，全要素生产率对企业价值链嵌入程度和价值链地位提升均具有显著的负向作用，这可能是由于全要素生产率与企业价值链嵌入程度和价值链地位之间存在反向因果关系所导致的。另外，企业融资约束和行业竞争程度对企业价值链嵌入程度和价值链地位提升的影响十分有限。相比国有企业，外资企业价值链嵌入程度更深，但企业所有制形式对企业价值链地位提升的影响并不存在较大差别。贸易方式对企业价值链嵌入程度和价值链地位提升的影响存在明显区别，其中，加工贸易企业价值链嵌入程度更高，而一般贸易企业更容易向价值链上游延伸。

三、稳健性检验

上述基准回归结果表明制造业外资进入能够显著促使企业向全球价值链上游环节攀升，为保证这一结果的可靠性和稳健性，本书将从以下几个方面进行稳健性检验，以确保实证结果的准确性。

表 3-3 基准回归检验

变量	价值链嵌入程度				价值链地位提升			
	(1)	(2)	(3)	(4)	(5)	(6)	(7)	(8)
$treat \times post$	0.025 6***	0.025 8***	0.025 7***	0.024 4***	0.001 9***	0.002 1***	0.002 0***	0.001 9***
	(0.004 1)	(0.004 2)	(0.004 2)	(0.004 0)	(0.000 7)	(0.000 7)	(0.000 7)	(0.000 7)
age		0.020 0***	0.020 1***	0.022 5***		0.002 5***	0.002 5***	0.002 6***
		(0.002 5)	(0.002 5)	(0.002 5)		(0.000 6)	(0.000 6)	(0.000 6)
$agesq$		−0.005 0***	−0.004 9***	−0.005 4***		−0.000 5***	−0.000 5***	−0.000 5***
		(0.000 6)	(0.000 6)	(0.000 6)		(0.000 1)	(0.000 1)	(0.000 1)
$size$		0.007 9***	0.007 9***	0.010 4***		−0.000 3	−0.000 3	0.000 3
		(0.000 9)	(0.000 9)	(0.000 9)		(0.000 2)	(0.000 2)	(0.000 2)
$subsidydum$		0.004 2***	0.004 2***	0.004 6***		0.000 6**	0.000 6**	0.000 8***
		(0.000 8)	(0.000 8)	(0.000 8)		(0.000 3)	(0.000 3)	(0.000 3)
kl		0.002 3***	0.002 3***	0.002 9***		−0.000 6***	−0.000 6***	−0.000 3***
		(0.000 6)	(0.000 6)	(0.000 6)		(0.000 2)	(0.000 2)	(0.000 2)
tfp		−0.003 6***	−0.003 6***	−0.003 1***		−0.000 8***	−0.000 8***	−0.000 7***
		(0.000 5)	(0.000 5)	(0.000 5)		(0.000 1)	(0.000 1)	(0.000 1)
hhi		0.000 2	0.000 2	−0.000 1		0.000 2	0.000 2	0.000 2
		(0.000 8)	(0.000 8)	(0.000 8)		(0.000 2)	(0.000 2)	(0.000 2)

续表

变量	价值链嵌入程度				价值链地位提升			
	(1)	(2)	(3)	(4)	(5)	(6)	(7)	(8)
foreign			0.003 9***	0.004 1***			−0.000 1	0.000 1
			(0.001 5)	(0.001 5)			(0.000 4)	(0.000 4)
soe			−0.005 6***	−0.005 4***			−0.001 0	−0.001 1
			(0.001 7)	(0.001 7)			(0.000 7)	(0.000 7)
o				0.017 2***				0.009 9***
				(0.001 7)				(0.000 6)
p				0.121 0***				0.003 0***
				(0.004 8)				(0.000 3)
常数项	0.129 1***	0.071 7***	0.069 6***	0.027 8***	0.011 4***	0.014 0***	0.014 0***	0.004 7***
	(0.003 5)	(0.007 8)	(0.007 8)	(0.008 3)	(0.000 3)	(0.001 8)	(0.001 8)	(0.001 8)
R²	0.610 9	0.615 7	0.615 8	0.628 8	0.390 9	0.396 7	0.396 7	0.401 6
样本量	243 735	236 735	236 735	236 735	243 735	236 735	236 735	236 735

注：***、**、* 分别表示参数的估计值在1%、5%、10%的统计水平上显著；括号内为稳健标准误差；标准误差均在4位码行业—年份层面进行聚类。

(一) 两期倍差法估计

在前文的研究中,本书所构建的倍差法模型实际上属于多期倍差法。然而多期倍差法往往存在序列相关问题,进而可能会高估倍差法估计量的显著性水平(Bertrand et al.,2004)。为此,本书借鉴毛其淋和许家云(2017)的做法,重新构建两期倍差法模型对上述结论进行稳健性分析。将样本期划分为外资管制放松政策颁布之前的阶段(2000—2001年)和外资管制放松政策颁布之后的阶段(2002—2007年)。在每一阶段,对每一家企业的变量求算术平均值,然后纳入实证模型重新对其进行实证回归检验,两期倍差法的估计结果见表3-4第(1)列。其结果显示,倍差法估计量 $treat \times post$ 的估计系数为正,并且通过了5%显著性水平上的检验,表明制造业外资管制放松政策颁布显著提高了制造业企业全球价值链地位提升,与基准回归检验结果相一致。

(二) Heckman 两步法

是否参与全球价值链生产体系的选择行为也会影响企业所处的价值链地位,需要考虑选择行为的影响,以避免由于样本选择偏差带来的偏误。因此,为验证上述基准回归检验结果的稳健性,本书又重新采用 Heckman 两步法对模型进行再估计,估计结果见表3-4第(2)、(3)列。其中,第(2)列为选择方程,第(3)列为结果方程。实证结果显示,逆米尔斯比率($mills$)为负,在5%的统计性水平上显著,表明存在样本选择偏差,选取 Heckman 两步法估计有其合理性。第(3)列结果显示,在控制时间固定效应、行业固定效应以及地区固定效应之后,核心解释变量制造业外资进入($treat \times post$)对企业全球价值链地位提升影响的估计系数为0.0021,并且通过了1%显著性水平上的检验,与前述分析结果一致,进一步验证了本书实证结论的稳健性。

表 3-4　改变实证方法和固定效应的稳健性检验

变量	两期倍差法 (1)	Heckman 两步法 (2)	Heckman 两步法 (3)	(4)	(5)	改变固定效应 (6)	改变固定效应 (7)	改变固定效应 (8)
$treat \times post$	0.001 7*** (0.000 7)	0.036 9*** (0.009 7)	0.002 1*** (0.000 5)	0.002 4*** (0.000 5)	0.002 4*** (0.000 5)	0.002 8*** (0.000 6)	0.002 8*** (0.000 6)	0.002 9*** (0.000 6)
age	0.003 2*** (0.001 2)	0.029 8 (0.027 2)	0.001 1 (0.001 4)	0.002 5*** (0.000 4)	0.002 5*** (0.000 4)	0.002 6*** (0.000 4)	0.002 6*** (0.000 4)	0.002 5*** (0.000 4)
$agesq$	−0.000 6** (0.000 3)	−0.000 4 (0.006 0)	−0.000 5* (0.000 3)	−0.000 3*** (0.000 1)	−0.000 3*** (0.000 1)	−0.000 4*** (0.000 1)	−0.000 4*** (0.000 1)	−0.000 4*** (0.000 1)
$size$	0.000 7 (0.000 5)	0.080 8*** (0.003 8)	−0.000 4 3*** (0.000 2)	−0.000 5*** (0.000 1)	−0.000 5*** (0.000 1)	−0.000 4*** (0.000 1)	−0.000 5*** (0.000 1)	−0.000 4*** (0.000 1)
$subsidydum$	0.001 6** (0.000 7)	0.127 8*** (0.009 6)	0.001 3*** (0.000 5)	0.003 3*** (0.000 3)	0.003 2*** (0.000 3)	0.003 3*** (0.000 3)	0.003 2*** (0.000 3)	0.003 8*** (0.000 3)
kl	−0.000 3 (0.000 4)	−0.013 7*** (0.003 3)	0.000 4** (0.000 2)	−0.001 2*** (0.000 1)	−0.001 2*** (0.000 1)	−0.001 2*** (0.000 1)	−0.001 2*** (0.000 1)	−0.001 2*** (0.000 1)
tfp	−0.001 3*** (0.000 3)	−0.029 7*** (0.004 3)	−0.002 5*** (0.000 2)	−0.001 9*** (0.000 1)	−0.001 9*** (0.000 1)	−0.001 9*** (0.000 1)	−0.001 9*** (0.000 1)	−0.002 0*** (0.000 1)

续表

变量	两期倍差法 (1)	Heckman两步法 (2)	Heckman两步法 (3)	改变固定效应 (4)	改变固定效应 (5)	改变固定效应 (6)	改变固定效应 (7)	改变固定效应 (8)
hhi	0.000 3 (0.000 3)	−0.006 4 (0.004 7)	0.001 5*** (0.000 2)	0.000 4 (0.000 3)	0.000 4 (0.000 3)	−0.016 2*** (0.001 1)	0.045 6 (0.034 7)	−0.026 7*** (0.000 9)
$foreign$	0.000 7 (0.001 0)	0.105 3*** (0.009 3)	−0.000 8* (0.000 5)	0.000 3 (0.000 2)	0.000 4 (0.000 2)	0.000 3 (0.000 2)	0.000 4 (0.000 2)	−0.000 2 (0.000 2)
soe	−0.001 8 (0.001 5)	−0.083 0*** (0.019 6)	−0.000 6 (0.001 0)	−0.001 7*** (0.000 5)	−0.001 6*** (0.000 5)	−0.001 6*** (0.000 5)	−0.001 5*** (0.000 5)	−0.001 7*** (0.000 5)
o	0.005 2*** (0.000 9)	0.513 7*** (0.009 2)	0.011 1*** (0.000 5)	0.008 8*** (0.000 5)	0.008 8*** (0.000 5)	0.008 8*** (0.000 5)	0.008 8*** (0.000 5)	0.009 1*** (0.000 5)
p	0.001 2*** (0.000 6)	0.216 1*** (0.015 9)	−0.006 0*** (0.000 9)	−0.001 3*** (0.000 2)	−0.001 3*** (0.000 2)	−0.001 3*** (0.000 2)	−0.001 3*** (0.000 2)	−0.001 7*** (0.000 2)
$lupstreamdum$		1.713 6*** (0.007 9)						
$mills$			−0.001 1** (0.000 4)					
常数项	0.005 0 (0.003 5)	−2.068 6*** (0.057 9)	0.023 4*** (0.003 2)	0.014 8*** (0.001 4)	0.014 4*** (0.002 2)	0.054 7*** (0.003 6)	−0.124 2 (0.100 6)	0.086 9*** (0.002 9)

续表

变量	两期倍差法	Heckman 两步法			改变固定效应			
	(1)	(2)	(3)	(4)	(5)	(6)	(7)	(8)
时间固定效应	控制	控制	控制	控制	否	否	否	控制
企业固定效应	控制	否	否	否	否	否	否	否
行业固定效应	否	控制	控制	控制	控制	控制	否	否
地区固定效应	否	控制	控制	控制	否	控制	否	否
行业×时间固定效应	否	否	否	否	否	否	控制	否
地区×时间固定效应	否	否	否	否	控制	否	控制	否
行业×地区固定效应	否	否	否	否	否	否	否	控制
R^2	0.392 1	157 771	93 919	0.162 6	0.163 7	0.176 3	0.177 9	0.174 5
样本量	242 806	157 771	93 919	236 735	236 735	236 735	236 735	236 735

注：***，**，* 分别表示参数的估计值在 1%，5%，10% 的统计水平上显著，括号内为稳健标准误差；除第（2）至（3）列之外，其余列标准误差均在 4 位码行业一年份层面进行聚类。

(三) 改变固定效应的检验

在基准回归检验中,本书发现控制了企业固定效应和时间固定效应之后,制造业外资进入对企业全球价值链地位提升具有显著的促进效应。为了进一步验证控制不同固定效应之后该实证结论的稳健性,本书又改变了实证模型中的固定效应方式,重新对其进行回归检验,其结果见表 3-4 第(4)至(8)列。第(4)列为控制时间固定效应、行业固定效应和地区固定效应之后的实证结果,发现交互项 $treat \times post$ 的估计系数为 0.002 4,并且通过了 1% 显著性水平上的检验。第(5)列控制了行业固定效应和地区×年份固定效应,第(6)列控制了地区固定效应和行业×年份固定效应,第(7)列控制了行业×年份固定效应和地区×年份固定效应,第(8)列控制了时间固定效应和地区×行业固定效应,发现各列交互项 $treat \times post$ 的估计系数均显著为正,再次证实了制造业外资进入有利于促使企业全球价值链地位提升这一结论。

(四) 改变政策实施时间

由于 2002 年调整的《指导目录》自 2002 年 4 月 1 日开始执行,在基准回归检验中,本书借鉴 Lu 等(2017)的处理方法,将 2002 年以后各年份赋值为 1,将 2002 年以前各年份赋值为 0,将 2002 年这一年赋值为 3/4。为保证基准回归检验结果的稳健性,本书重新改变 $post$ 的划分方式,具体为:将 2002 年及以后各年份赋值为 1,将 2002 年以前各年份赋值为 0,然后重新构造 $treat \times post$ 并对其进行实证检验,结果见表 3-5 第(1)列。由第(1)列结果可见,倍差法估计量 $treat \times post$ 的估计系数为 0.001 5,并且通过了 5% 显著性水平上的检验,表明制造业外资管制放松政策显著提高了企业全球价值链上游参与度,即有利于制造业企业向全球价值链上游环节攀升,这与之前的基本估计结果是一致的。

（五）改变对照组

根据本书数据统计,在 424 个制造业 4 位码行业中,共有 126 个行业的外资开放程度发生了变动。其中,有 113 个外资开放程度增大的制造业行业,9 个外资开放程度减小的制造业行业,4 个外资开放程度混合变动的制造业行业,其余 298 个制造业行业为外资开放程度不变的行业。在基准回归检验中,本书剔除了外资开放程度减小和外资开放程度混合变动的制造业行业,将 113 个外资开放程度增大的制造业行业作为实证模型中的实验组,将 298 个外资开放程度不变的制造业行业作为实证模型中的处理组。实证结果显示,制造业外资开放程度增大的制造业企业的价值链地位提升幅度相比制造业外资开放程度不变的制造业企业的价值链地位提升幅度要大。为进一步验证该结论的稳健性,本书参照 Lu 等(2017)的做法,将制造业外资开放程度减小的制造业行业重新纳入实证回归样本中,将其与外资开放程度不变的制造业行业同时归纳为处理组,相应实证检验结果见表 3-5 第(2)、(3)列。其中,第(2)列倍差法估计量 $treat \times post$ 的系数符号为正且在 1‰ 的统计性水平上显著,表明在控制了企业固定效应、时间固定效应和其他影响因素之后,放松外资管制的制造业行业企业在全球价值链地位上显著提高了 0.001 8 个单位,即制造业外资进入有利于企业价值链地位提升,与基准回归结果一致。进一步地,在第(2)列的基础上,第(3)列又按照上述部分的方法改变了政策实施时间,将 2002 年及以后各年份赋值为 1,将 2002 年以前各年份赋值为 0,发现倍差法估计量 $treat \times post$ 的估计系数仍显著为正,与基准回归结果一致。

（六）改变聚类方式

上述分析均是基于 4 位码行业—年份层面聚类所得出的结果进行的,为保证以上实证结果的稳健性,本书将聚类方式调至更高的层

表 3-5 改变 post、对照组以及聚类方式的稳健性检验

变量	改变 post (1)	改变对照组 (2)	改变对照组 (3)	(4)	改变聚类方式 (5)	改变聚类方式 (6)
$treat \times post$	0.001 5** (0.000 7)	0.001 8*** (0.000 7)	0.001 5** (0.000 7)	0.001 9** (0.000 8)	0.001 9** (0.000 8)	0.001 9** (0.000 9)
age	0.002 6*** (0.000 6)	0.002 7*** (0.000 6)	0.002 7*** (0.000 6)	0.002 6*** (0.000 9)	0.002 6*** (0.000 8)	0.002 6*** (0.000 9)
$agesq$	−0.000 5*** (0.000 1)	−0.000 5*** (0.000 1)	−0.000 5*** (0.000 1)	−0.000 5*** (0.000 2)	−0.000 5*** (0.000 2)	−0.000 5*** (0.000 2)
$size$	0.000 3 (0.000 2)	0.000 3 (0.000 2)	0.000 3 (0.000 2)	0.000 3 (0.000 3)	0.000 3 (0.000 3)	0.000 3 (0.000 3)
$subsid\_ydum$	0.000 8*** (0.000 3)	0.000 7*** (0.000 3)	0.000 7*** (0.000 3)	0.000 8*** (0.000 3)	0.000 8*** (0.000 3)	0.000 8*** (0.000 3)
kl	−0.000 3* (0.000 2)	−0.000 3* (0.000 2)	−0.000 3* (0.000 2)	−0.000 3* (0.000 2)	−0.000 3* (0.000 2)	−0.000 3* (0.000 2)
tfp	−0.000 7*** (0.000 1)	−0.000 7*** (0.000 1)	−0.000 7*** (0.000 1)	−0.000 7*** (0.000 2)	−0.000 7*** (0.000 1)	−0.000 7*** (0.000 1)
hhi	0.000 2 (0.000 2)	0.000 2 (0.000 2)	0.000 2 (0.000 2)	0.000 2 (0.000 3)	0.000 2 (0.000 2)	0.000 2 (0.000 2)

续表

变量	改变 post (1)	改变对照组 (2)	改变对照组 (3)	改变聚类方式 (4)	改变聚类方式 (5)	改变聚类方式 (6)
$foreign$	0.000 1 (0.000 4)	0.000 1 (0.000 4)	0.000 1 (0.000 4)	0.000 1 (0.000 4)	0.000 1 (0.000 4)	0.000 1 (0.000 4)
soe	−0.001 1 (0.000 7)	−0.001 1 (0.000 7)	−0.001 1 (0.000 7)	−0.001 0 (0.000 9)	−0.001 0 (0.000 7)	−0.001 0 (0.000 9)
o	0.009 9*** (0.000 6)	0.009 9*** (0.000 6)	0.009 9*** (0.000 6)	0.009 9*** (0.001 3)	0.009 9*** (0.000 8)	0.009 9*** (0.000 8)
p	0.003 0*** (0.000 3)	0.002 9*** (0.000 3)	0.002 9*** (0.000 3)	0.003 0*** (0.000 6)	0.003 0*** (0.000 8)	0.003 0*** (0.000 7)
常数项	0.004 7*** (0.001 8)	0.004 5** (0.001 8)	0.004 5** (0.001 8)	0.004 7** (0.002 3)	0.004 7** (0.002 1)	0.004 7* (0.002 5)
R^2	0.401 6	0.400 6	0.400 6	0.401 6	0.401 6	0.401 6
样本量	236 735	239 997	239 997	236 735	236 735	236 735

注：***、**、*分别表示参数的估计值在1%、5%、10%的统计水平上显著；括号内为稳健标准误差；除第(4)至(6)列之外，其余列标准误差均在4位码行业—年份层面进行聚类。

面,分别在 4 位码行业、城市以及省区层面进行聚类,重新对基准检验模型进行回归检验,相应结果见表 3-5 第(4)至(6)列。可以发现,倍差法估计量 $treat \times post$ 的系数均为正数,并且都在 5% 的统计性水平上显著,再次验证了基准回归检验结果的稳健性。

(七) 替换外资进入的测算方式

为验证基准回归检验结果的稳健性,此处改变核心指标外资进入的测算方式。第一种中,本书将所有细分产业只发生外资开放程度增大(至少有一种)或外资开放程度不变的同一个 4 位码制造业行业赋值为 1,否则赋值为 0,其具体含义为:若指标取 1,则该行业受到了来自政府的鼓励,即该行业的外资开放程度更高;若取值为 0,则该行业受到了来自政府的管制,即该行业的外资管制程度更高,开放程度更低。本书采用 $DFRI1$ 标记该变量,并预测其系数为正,相应实证结果见表 3-6 第(1)列。第二种中,由于政府不仅可以通过鼓励方式来干预行业外商直接投资,同时还可以采用限制的方式对外商投资进行管制。因此,本书第二种替换指标采用制造业行业外商投资的限制程度的反向指标进行衡量,将存在被限制的子类行业(至少有一种)或外资限制程度不变的同一个 4 位码制造业行业赋值为 1,否则取 0,其具体含义为:若指标取值 1,则该制造业行业受到了来自政府的限制,表明该行业的外资管制程度更高;若指标取值为 0,则该制造业行业受到了来自政府的鼓励,表明该行业的外资开放程度更高,本书采用 $DFRI2$ 标记该变量,并预测其系数为负,相应的实证结果见表 3-6 第(2)列。最后一种,由于政府对于外商投资的引导与管理是通过鼓励、限制和禁止手段同时进行的,因此,本书将行业受到禁止的信息也纳入指标构建当中。具体方式是:将 4 位码制造业行业内子类行业受到禁止的赋得分值为 2,受到限制的赋得分值为 1,受到鼓励的赋得分值为 −1,将行业内在 3 个政策状态中的得分值进行加总得到的数值作为4位码行业所受到限制指标的度量,标记为$DFRI3$。该指标越大,说明外资进入程度越小;反之,则外资进入程度越大。本书预测该变量估计系数为负,相应结果如表3-6第(3)列所示。

第(1)列结果显示,$DFRI1$的估计系数为0.002 0,并且在5%的显著性水平上通过了检验,说明受到政府鼓励引资的制造业行业企业更容易向全球价值链上游环节延伸,即制造业外资进入显著促进了企业全球价值链地位提升。第(2)、(3)列结果表明,$DFRI2$和$DFRI3$的估计系数分别为-0.006 8和-0.001 1,并且均通过了1%显著性水平上的检验,表明制造业外资管制程度越大,企业向价值链高端攀升的动力越小,反向表明制造业外资进入对企业全球价值链地位提升具有显著的促进作用,与基准回归检验结果一致。

(八) 替换企业价值链地位提升的测算方式

借鉴陈旭等(2019)的做法,本书进一步采用出口国内附加值指标来衡量制造业企业全球价值链地位攀升。而关于企业出口国内附加值指标的测度,本书采用邵朝对和苏丹妮(2019)的测算方法[①]进行构建,相应结果见表3-6第(4)列。通过观察可以发现,交叉项$treat \times post$的估计系数为0.014 8,并且在1%显著性水平上通过了检验,表明制造业外资进入对企业出口国内附加值具有显著的促进作用。进一步地,Humphrey和Schmitz(2002)提出了以企业为中心、由低级到高级的四层次升级模式,分别是工艺流程升级、产品升级、功能升级和链条升级。其中,产品升级是价值链升级的"关键节点"。为此,本书进一步采用产品出口技术复杂度来衡量企业的产品升级(刘斌等,2015、2016a),以此来验证上述实证结果的稳健性和准确性,相应检验结果见表3-6第(5)列。在加入各种固定效应和控制

---

① 限于篇幅有限,测算公式未在正文中列出,具体公式可联系作者。

表 3-6　改变核心指标测算方式的稳健性检验

变量	替换外资进入变量			替换价值链升级指标	
	(1)	(2)	(3)	(4)	(5)
$treat \times post$	0.002 0**			0.014 8***	0.780 2***
	(0.000 9)			(0.003 7)	(0.132 7)
DFRI1		−0.006 8***			
		(0.002 3)			
DFRI2			−0.001 1***		
			(0.000 3)		
DFRI3					
age	0.003 0***	0.003 0***	0.003 0***	0.040 8***	1.682 9***
	(0.000 6)	(0.000 6)	(0.000 6)	(0.004 7)	(0.145 6)
agesq	−0.000 6***	−0.000 6***	−0.000 6***	−0.001 0	−0.282 0***
	(0.000 2)	(0.000 2)	(0.000 2)	(0.001 1)	(0.032 4)
size	0.000 4	0.000 4	0.000 4	0.028 5***	0.718 1***
	(0.000 2)	(0.000 2)	(0.000 2)	(0.001 0)	(0.039 7)
subsidydum	0.000 8***	0.000 8***	0.000 8***	0.044 6***	0.858 5***
	(0.000 3)	(0.000 3)	(0.000 3)	(0.002 2)	(0.061 0)
kl	−0.000 3	−0.000 3	−0.000 3	−0.024 7***	−0.904 6***
	(0.000 2)	(0.000 2)	(0.000 2)	(0.000 9)	(0.038 7)
tfp	−0.000 7***	−0.000 7***	−0.000 7***	−0.020 2***	−0.718 5***
	(0.000 1)	(0.000 1)	(0.000 1)	(0.001 1)	(0.034 8)

续表

变量	替换外资进入变量			替换价值链升级指标	
	(1)	(2)	(3)	(4)	(5)
hhi	0.000 4	0.000 3	0.000 2	−0.001 3	0.381 6***
	(0.000 2)	(0.000 2)	(0.000 2)	(0.002 4)	(0.148 5)
foreign	0.000 1	0.000 1	0.000 1	0.042 5***	−0.859 8***
	(0.000 4)	(0.000 4)	(0.000 4)	(0.002 6)	(0.069 4)
soe	−0.001 3*	−0.001 3*	−0.001 3*	−0.005 6	−0.623 8***
	(0.000 7)	(0.000 7)	(0.000 7)	(0.004 3)	(0.108 2)
o	0.010 3***	0.010 3***	0.010 3***	0.429 9***	−1.660 8***
	(0.000 6)	(0.000 6)	(0.000 6)	(0.004 5)	(0.071 3)
p	0.003 1***	0.003 1***	0.003 0***	0.228 8***	−6.867 4***
	(0.000 3)	(0.000 3)	(0.000 3)	(0.007 1)	(0.221 1)
常数项	0.002 7	0.003 2*	0.003 3*	0.040 4***	21.461 5***
	(0.001 9)	(0.001 9)	(0.001 9)	(0.014 1)	(0.652 8)
R^2	0.393 2	0.393 2	0.393 2	0.320 8	0.208 9
样本量	268 017	268 017	268 017	236 601	236 735

注：***、**、*分别表示参数的估计值在1%、5%、10%的统计水平上显著；括号内为稳健标准误差；各列标准误差均在4位码行业—年份层面进行聚类。

价值链地位提升的控制变量之后,发现倍差法估计量 $treat \times post$ 的系数为 0.780 2,并且在 1% 统计性水平上通过了检验,说明外资管制放松政策的颁布显著促进了制造业企业出口技术复杂度的提升,与上述实证结果相吻合,再次验证了基准检验结果的稳健性。

(九) 剔除其他政策的干扰

为准确估计制造业外资开放对企业价值链地位提升的作用,模型中还需要控制样本期间内其他政策可能对因变量产生的影响,以防止实证结论出现偏差。如 1998—2003 年中国国有企业改革加快,为了控制国企改革对因变量的影响,本书参照蒋灵多等(2018)的做法,在模型中加入 2000 年各行业国有企业占比($soeshare_{i2000}$)与年份 μ_t 的交互项,结果见表 3-7 第(1)列。发现 $treat \times post$ 的估计系数显著为正,表明剔除国企改革政策的干扰之后,制造业外资进入促进企业价值链地位向上游阶段攀升的结论依然成立。为了进一步剔除中国加入 WTO 关税削减对因变量可能产生的影响,本书在表 3-7 第(1)列的基础上又加入了 2000 年企业进口关税税率[①]($tariff_{2000}$)与年份 μ_t 的交互项,其实证结果见表 3-7 第(2)列。结果显示,同时剔除国企改革和关税削减政策的干扰后,$treat \times post$ 的估计系数仍为正且通过了 5% 显著性水平上的检验,即制造业外资进入显著提高企业价值链地位提升这一结论依然成立。

此外,由于 2004 年《指导目录》在 2002 年基础上做了微调,为了排除该《指导目录》颁布对实证结果的干扰,本书剔除 2004 年之后的数据重新进行实证检验,其结果见表 3-7 第(3)列。其中,倍差法估

---

① 关税数据来自 WTO 相关网站,由于 WTO 的网站上没有 2000 年的中国关税数据,但却可以查阅到 1996 年和 1997 年的数据,已知中国在 1997 年至 2000 年间不曾大幅度下调关税,故借鉴余淼杰(2011)的做法,此处使用 1997 年的关税数据替代 2000 年的关税数据。下一章处理方法与此相同。

计量 $treat \times post$ 的系数为 0.001 5,并且通过了 10% 显著性水平上的检验,说明制造业外资进入对企业全球价值链地位提升确实具有显著的促进作用,再次验证了基准回归检验结果的稳健性。

(十) 改变实证样本

表 3-7 第(4)、(5)列分别为剔除外资企业和全资企业样本之后的实证回归结果。其结果显示,倍差法估计量 $treat \times post$ 的系数分别为 0.003 1 和 0.002 2,并且通过了 10% 和 5% 显著性水平上的检验,说明制造业外资进入对内资企业全球价值链地位提升仍具有促进作用,这也与已有文献认为外资进入确实有利于东道国经济增长这一结论是相吻合的。此外,本书进一步延长了实证回归样本,采用 2000—2010 年[①]面板数据对制造业外资进入与企业全球价值链地位提升之间的关系进行了考察,其实证结果见表 3-7 第(6)列。发现倍差法估计量 $treat \times post$ 的估计系数为 0.001 6,并且通过了 5% 显著性水平上的检验;第(7)列为采用企业出口技术复杂度作为价值链地位提升测量指标的稳健性检验,发现交叉项 $treat \times post$ 的估计系数并未发生实质性变化,这表明延长企业样本并未改变制造业外资进入与企业全球价值链地位提升之间的关系,从而证明了基准回归检验结果的稳健性。

(十一) 安慰剂检验

最后,为了检验估计得到的外资管制放松政策效应是否源于其他不可观测因素,本书对处理组样本与政策实施时间进行安慰剂检验,即在所有制造业行业样本中随机抽取 113 个制造业行业作为外资开放程度增大行业,以此作为处理组,得到虚假的 $false\_treat$ 变量;在 2001 年至 2006 年(除 2002 年外)随机抽取某一年作为外资管

[①] 相应缺失指标借鉴余淼杰(2011)的做法进行补充。

表 3-7 剔除其他政策干扰与改变实证样本的稳健性检验

变量	剔除其他政策干扰 (1)	剔除其他政策干扰 (2)	剔除其他政策干扰 (3)	剔除部分样本 (4)	剔除部分样本 (5)	2000—2010 (6)	2000—2010 (7)
$treat \times post$	0.001 8** (0.000 7)	0.001 8** (0.000 7)	0.001 5* (0.000 9)	0.003 1* (0.001 6)	0.002 2** (0.001 0)	0.001 6** (0.000 8)	0.325 4** (0.148 0)
age	0.002 6*** (0.000 6)	0.002 6*** (0.000 6)	0.003 0*** (0.001 0)	0.002 5** (0.001 3)	0.002 2** (0.000 9)	0.004 8*** (0.000 9)	1.137 8*** (0.121 0)
$agesq$	−0.000 5*** (0.000 1)	−0.000 5*** (0.000 1)	−0.000 6*** (0.000 2)	−0.000 4 (0.000 3)	−0.000 5** (0.000 2)	−0.000 9*** (0.000 2)	−0.229 3*** (0.029 7)
$size$	0.000 3 (0.000 2)	0.000 3 (0.000 2)	0.000 5 (0.000 5)	0.000 7 (0.000 5)	0.000 5 (0.000 4)	0.001 8*** (0.000 4)	0.658 9*** (0.043 6)
$subsidydum$	0.000 8*** (0.000 3)	0.000 8*** (0.000 3)	0.000 8* (0.000 5)	0.000 9* (0.000 5)	0.000 9*** (0.000 4)		
kl	−0.000 3** (0.000 2)	−0.000 3** (0.000 2)	0.000 0 (0.000 3)	−0.000 5 (0.000 3)	−0.000 2 (0.000 2)	−0.000 9*** (0.000 2)	0.156 1*** (0.024 7)
tfp	−0.000 6*** (0.000 1)	−0.000 6*** (0.000 1)	−0.000 4 (0.000 3)	−0.001 0*** (0.000 3)	−0.000 8*** (0.000 2)	0.000 4 (0.000 3)	0.171 0*** (0.027 2)
hhi	0.000 3 (0.000 2)	0.000 3 (0.000 2)	0.000 3 (0.000 3)	0.000 2 (0.000 4)	0.000 1 (0.000 3)	0.000 6 (0.000 6)	0.125 3*** (0.033 1)
$foreign$	0.000 1 (0.000 4)	0.000 1 (0.000 4)	−0.000 1 (0.000 7)			0.000 0 (0.000 5)	0.138 7* (0.072 7)

续表

变量	剔除其他政策干扰			剔除部分样本			2000—2010	
	(1)	(2)	(3)	(4)	(5)	(6)	(7)
soe	−0.001 1	−0.001 1	−0.001 1	−0.000 7	−0.000 7	−0.001 4*	−0.023 7
	(0.000 7)	(0.000 7)	(0.001 0)	(0.000 8)	(0.000 7)	(0.000 7)	(0.109 7)
o	0.009 9***	0.009 9***	0.008 5***	0.007 8***	0.009 1***	0.016 1***	−0.800 9***
	(0.000 6)	(0.000 6)	(0.000 8)	(0.000 7)	(0.000 6)	(0.001 0)	(0.055 2)
p	0.003 0***	0.003 0***	0.002 7***	0.000 9	0.001 5***	0.004 6***	−4.972 6***
	(0.000 3)	(0.000 3)	(0.000 5)	(0.000 9)	(0.000 5)	(0.000 4)	(0.155 1)
$ysoeratio_{2000}$	0.002 9**	0.002 9**					
	(0.001 4)	(0.001 4)					
$ymfnratio_{2000}$		0.001 6					
		(0.091 2)					
常数项	0.003 7**	0.003 7**	0.002 3	0.005 6	0.006 3**	−0.010 3***	19.987 5***
	(0.001 9)	(0.001 9)	(0.003 5)	(0.004 1)	(0.002 8)	(0.003 5)	(0.388 4)
R^2	0.401 8	0.401 8	0.430 8	0.351 8	0.379 4	0.270 0	0.753 3
样本量	235 658	235 658	105 062	96 156	149 232	337 200	337 200

注：***、**、*分别表示参数的估计值在1%、5%、10%的统计水平上显著；括号内为稳健标准误差；各列标准误差均在4位码行业—年份层面进行聚类。

制放松的年份①,得到虚假的 $false\_post$ 变量,然后,将虚假的 $false\_treat$ 变量与虚假的 $false\_post$ 变量相乘,最终得到虚假的交互项变量 $false\_treatpost$,将其纳入实证模型中重新进行回归分析。重复抽样和回归分析500次,得到 $false\_treatpost$ 的500个估计系数,将其分布情况呈现于图3-3。结合表3-2中估计得到的基准回归系数0.001 890 3(用竖虚线标出),发现基准模型估计得到的系数显著不同于安慰剂检验得到的系数,因此排除了制造业外资进入促使企业全球价值链地位提升效应源于不可观测因素的可能性。

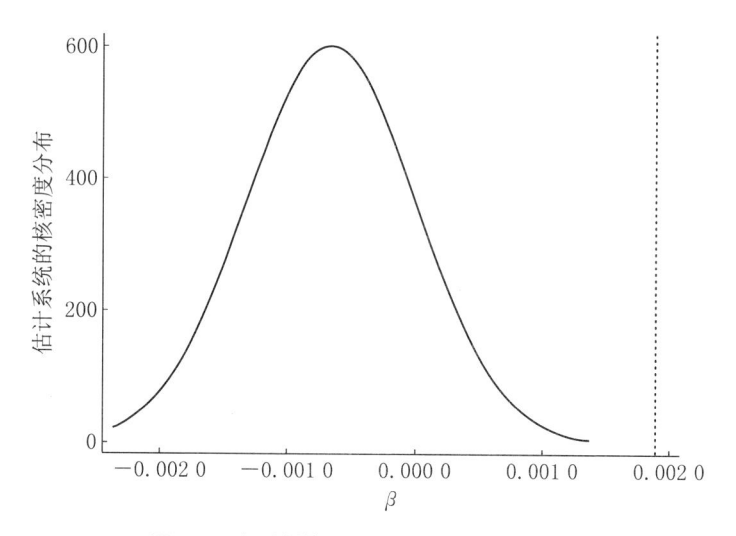

图 3-3　安慰剂检验估计系数的核密度分布

来源:作者采用 Stata 绘制所得。

综上可知,不管是改变实证方法、聚类方法、固定效应形式、指标测度形式、实证检验样本还是剔除其他因素进行稳健性检验,本书的

---

① 企业价值链地位升级分析的数据年份为2000—2007年,由于DID模型估计要求政策实施年份前后至少有一年数据,因此文中随机抽取的政策年份为2001—2006年。

估计结果均未发生实质性变化,即本书的研究结论具有较强的可信度和稳健性。

四、异质性讨论

外资进入对不同类型企业的影响可能存在显著差异,为考察这种异质性所产生的影响,本书主要从以下几个方面就制造业外资进入对企业全球价值链地位提升的影响进行异质性检验,借鉴 Wright(1976)的思路,构建如下异质性分析模型:

$$gvcupgrate_{ijt} = \theta_0 + \sum_{k \in K} \theta_1 treat_j \times post_t \times H_k + \sum_{k \in K-1} \theta_2 H_k \\ + \sum \gamma M_{jt} + \sum \vartheta N_{it} + \mu_i + \mu_t + \varepsilon_{ijt} \quad (3.6)$$

其中,H_k 表示异质性样本虚拟变量,主要包括企业规模大小、企业所有制类型、企业贸易方式、企业所属行业类别、企业所属区域类型、外资企业来源国以及外资企业进入中国的动机等二值变量。K 为分组总数,比如,在按照行业类别分组中,将行业分为劳动密集型行业和非劳动密集型行业两类,则 $K=2$;以此类推。在公式(3.6)中,本书比较关注的系数为 θ_1,其余变量与基准模型含义相同,相应实证结果见表 3-8 至表 3-10。

(一) 企业规模

一般而言,规模越大,企业越有可能具有良好的市场表现和较好的生存概率,所以相比规模较小的企业,制造业外资进入可能对规模较大企业全球价值链地位提升的促进作用更大。为验证该假设的合理性,本书将企业按照规模大小划分为两组,若企业规模超过样本企业规模的 75% 分位,则称之为大规模企业($hsizedum=1$);若企业规模小于样本企业规模的 75% 分位,则称之为小规模企业($lsizedum=$

1),然后将其分别与交叉项 $treat \times post$ 相乘形成三重交互项 $hsize \times treat \times post$ 和 $lsize \times treat \times post$,实证结果见表 3-8 第(1)列。其中,三重交叉项 $hsize \times treat \times post$ 的估计系数为0.002 1,通过了5%显著性水平上的检验;$lsize \times treat \times post$ 的估计系数为0.001 8,同样在5%的显著性水平上通过了检验,但其系数大小低于前者,说明相比小规模企业而言,制造业外资进入更有利于促使大规模制造业企业全球价值链地位升级,验证了上述假设的合理性。其可能的原因在于:大规模企业具备较强的技术吸收能力和采购先进技术设备的能力,有足够的资金从事高风险的研发创新活动;规模较大的企业更容易缓解外资进入带来的风险,在规模经济、风险承担和融资渠道等方面具有比较优势,从而保障了企业持续的研发投入(Schumpeter,1942),有利于企业从事价值链上游环节的活动。

(二) 企业所有制形式

为考察制造业外资进入对不同所有制企业全球价值链地位升级的影响,本书将所有企业样本划分为外资企业、国有企业(或集体企业)以及民营企业,表 3-8 第(2)列显示了制造业外资进入对三种不同所有制类型制造业企业全球价值链地位提升作用的实证结果。其中,外资进入对私营企业($private \times treat \times post$)全球价值链地位提升的估计系数为 0.003 3,在 1%的统计性水平上显著;对国有企业($soe \times treat \times post$)全球价值链地位提升的估计系数为 0.003 4,仅通过了 10%显著性水平上的检验;而对外资企业($foreign \times treat \times post$)全球价值链地位提升的估计系数虽为正但并不显著,说明制造业外资进入对私营企业全球价值链地位提升的促进作用最大,其次是国有企业,而对外资企业的促进作用最小。其可能的原因在于:私营企业本身具有较高的生产率和人力资本水平,可以较容易通过学习效应获得外资技术溢出和管理经验,因而其向全球价值链上游攀

表 3-8　区分企业特征的异质性检验

变　量	按照企业规模划分 (1)	按照所有制形式划分 (2)	按照贸易方式划分 (3)
$hsize \times treat \times post$	0.002 1** (0.000 9)		
$lsize \times treat \times post$	0.001 8** (0.000 8)		
$soe \times treat \times post$		0.003 4* (0.001 7)	
$foreign \times treat \times post$		0.001 2 (0.000 7)	
$private \times treat \times post$		0.003 3*** (0.001 1)	
$o \times treat \times post$			0.004 8*** (0.001 1)
$p \times treat \times post$			0.001 7** (0.000 8)
$m \times treat \times post$			−0.000 7 (0.000 8)
age	0.002 6*** (0.000 6)	0.002 6*** (0.000 6)	0.002 6*** (0.000 6)
$agesq$	−0.000 5*** (0.000 1)	−0.000 5*** (0.000 1)	−0.000 5*** (0.000 1)
$size$	0.000 2 (0.000 3)	0.000 3 (0.000 2)	0.000 4 (0.000 2)
$subsidydum$	0.000 8*** (0.000 3)	0.000 8*** (0.000 3)	0.000 8*** (0.000 3)
kl	−0.000 3** (0.000 2)	−0.000 3** (0.000 2)	−0.000 3** (0.000 2)
tfp	−0.000 7*** (0.000 1)	−0.000 7*** (0.000 1)	−0.000 6*** (0.000 1)
hhi	0.000 2 (0.000 2)	0.000 2 (0.000 2)	0.000 2 (0.000 2)

续表

变量	按照企业规模划分 (1)	按照所有制形式划分 (2)	按照贸易方式划分 (3)
$foreign$	0.000 1 (0.000 4)	0.000 5 (0.000 4)	0.000 1 (0.000 4)
soe	−0.001 0 (0.000 7)	−0.001 0 (0.000 7)	−0.001 0 (0.000 7)
o	0.009 9*** (0.000 6)	0.009 9*** (0.000 6)	0.008 8*** (0.000 6)
p	0.003 0*** (0.000 3)	0.002 9*** (0.000 3)	0.002 6*** (0.000 3)
$hsize$	0.000 3 (0.000 3)		
常数项	0.005 2*** (0.001 9)	0.004 4** (0.001 8)	0.004 9*** (0.001 8)
R^2	0.401 6	0.401 7	0.401 9
样本量	236 735	236 735	236 735

注：***、**、* 分别表示参数的估计值在 1%、5%、10% 的统计水平上显著，括号内为稳健标准误差；标准误差均在 4 位码行业—年份层面进行聚类。

升的幅度较大。而对于国有企业而言，其具有较为丰富的资源，并能在政策上获得较多的支持，利用该先天优势可以通过外资的技术溢出效应和自主创新效应实现技术模仿和技术赶超，从而使其生产环节亦可以向价值链上游环节延伸。相比私营企业和国有企业，外资企业多为加工贸易类型企业，通过进口国外中间品进行简单加工之后再出口到原产国，因而其较难向价值链高端攀升。

(三) 贸易方式

贸易方式反映的是企业在全球市场中如何选择自己的经营方式与地位，涉及企业对于相关制造过程是否具备所有权、是否具有自主设计能力以及其生产目标等系列因素。因此,不同贸易模式的企业,可能由于经营目标不同以及接触到相关生产技术和竞争环境的差异而处于价值链的不同环节。为此,本书将样本企业划分为三种贸易类型:一般贸易类型企业($o=1$)、加工贸易类型企业($p=1$)以及混合贸易类型企业($m=1$),以考察其对于制造业外资进入的反应,相应结果见表3-8第(3)至(6)列。第(3)列结果显示,三重交互项 $o \times treat \times post$ 的估计系数为0.004 8,在1%的显著性水平上通过了检验;$p \times treat \times post$ 的估计系数为0.001 7,通过了5%显著性水平上的检验;$m \times treat \times post$ 的估计系数为$-0.000\ 7$,未能通过10%显著性水平上的检验,表明在不同所有制类型企业中,制造业外资进入对一般贸易类型企业价值链地位提升的促进作用最大,其次是加工贸易类型企业,而对混合贸易类型企业的影响最小。

(四) 行业类别

1. 区分劳动与非劳动密集型制造业行业的检验

由于不同行业企业生产及进出口的产品类型不同,外资进入对不同行业企业参与价值链环节的影响也存在一定的差异,本书参照Lall(2000)及洪世勤和刘厚俊(2013)的做法,将全体制造业划分为两种,分别是劳动密集型行业($labor=1$)和非劳动密集型行业($nlabor=1$),然后将两虚拟变量分别与 $treat \times post$ 相乘,进一步得到三重交叉项 $labor \times treat \times post$ 和 $nlabor \times treat \times post$。表3-9第(1)列的结果显示,$labor \times treat \times post$ 的估计系数为0.001 1,未能通过10%显著性水平上的检验,说明制造业外资进入对劳动密集型行业企业向全球价值链上游环节攀升的促进作用十分有限;与之不同的是,$nlabor \times treat \times post$ 的估计系数为0.002 3,并且通过了1%显著性水平上的检验,即制造业外资放松政策更有利于非劳动密集型行业企业向全球价值链上游环节延伸。可能的原因在于,相比劳动密集型产品,资本密集型或技术密集型产品(非劳动密集型产品)的技术含量更高,从事该行业的企业更具有技术模仿能力和创新意识,而劳动密集型行业企业主要从事低附加值的加工组装工作,工序较为单一,较少涉及技术创新,因此制造业外资进入更加显著地促进了非劳动密集型行业企业的技术进步,从而有利于其向价值链高端攀升。这一结果与前文所述企业贸易方式对制造业外资进入作用的异质性影响结果如出一辙。

2. 区分技能与非技能密集型制造业行业的检验

人力资本的高低决定了企业的技术吸收能力和知识扩散能力状况,发展中国家可能由于人力资本不足和层次较低,从而制约企业对先进技术的吸收,影响价值链攀升的能力(Caselli and Coleman, 2006)。为此,参照 Bai 等(2018)的做法,本书将样本划分为技能密集型行业和非技能密集型行业,以考察制造业外资进入对不同技能水平劳动密集型行业企业的差异化影响。具体做法是利用 2004 年经济普查数据,将 2004 年本科以下学历工人在该企业总就业中所占的比例($s\_/l$)按照 4 位码行业代码进行加总,该比值越大,行业非技能工人越多,称其为非技能劳动力密集型[①]行业;该比值越小,行业技能工人越多,称其为技能劳动力密集型行业,表 3-9 第(2)列显示了该实证检验结果。其中,三重交叉项 $skill \times treat \times post$ 的估计系数为正,并且通过了 5% 显著性水平上的检验;$unskill \times treat \times post$ 的估计系数为 0.002 6,仅在 10% 的统计性水平上显著,表明制造业外资进入有利于促使技能密集型行业企业向全球价值链高端攀升,但对非技能密集型行业企业价值链地位升级的作用效果十分有限,

---

[①] 按照 4 位码行业对 $s\_/l$ 加总,数值大于 75 分位的行业为非技能劳动力密集型行业($\bar{s}$),反之为技能劳动力密集型行业(s)。

同时也表明人力资本水平越高,企业越有可能从事价值链高端环节的活动。

(五)划分经济带

由于发展政策、地理位置等方面的不同,中国各区域经济活动分布极为不均衡,外资企业主要分布在中国三大城市群(长三角城市群、珠三角城市群、京津冀城市群),其他地区的外资企业数量相对较少。为分析制造业外资进入对不同区域企业价值链地位提升的影响,本书将样本划分为两组:长三角城市群、珠三角城市群以及京津冀城市群归为一组($region1=1$),其余城市归为一组($region2=1$),将两虚拟变量分别与 $treat\times post$ 相乘得到三重交叉项,相应结果见于表3-9第(3)列。其中,$region1\times treat\times post$ 和 $region2\times treat\times post$ 的系数分别为0.0017和0.0022,并且均通过了5%显著性水平上的检验,说明制造业外资进入对两组企业价值链地位提升均具有正向促进作用,但其差异性并不十分明显,猜测可能是由于京津冀城市群发展不均衡所导致的。为此,本书重新对全部样本进行分组:将长三角城市群、珠三角城市群归为一组($region3=1$),其余城市归为一组($region4=1$),然后再次对模型(5)进行实证回归,其结果见于表3-9第(4)列,显示制造业外资进入对长三角城市群和珠三角城市群企业价值链地位提升的促进作用更为显著,而对其余城市企业价值链地位提升的影响系数仅通过了10%显著性水平上的检验。这在一定程度上说明京津冀城市群相对于长三角城市群和珠三角城市群还有一定的差距,其减弱了外资进入对组别1($region1$)企业全球价值链地位提升的促进作用。对此,本书的分析如下。其一,北京凭借首都的区位优势汇聚了各方资源,金融、文化等高端产业集聚,但河北却与其相差甚远。从目前情况来看,京津与冀之间形成了一个巨大的"贫困带",二元结构明显。而长三角和珠三角城市之间基础设施连接顺畅,产业布局各有优势,区域间的融合与互补发展相对协调。其二,京津冀三地拥有互补相关、各自独立的产业体系。尽管北京具有科技、信息优势,天津有先进制造业优势,河北有重工业优势,但京津冀之间近几年来,围绕着基础设施建设、制造业、产业平台搭建等竞争激烈。相对而言,长三角、珠三角域内城市的合作氛围良好,分工协作效应已经呈现。其三,京津冀发展源自行政力量,而非市场驱动。当行政命令使各种资源不断地流向北京市、天津市时,首位城市应该起到的"涓流效应"并未出现。相对而言,珠三角是最早对外开放的区域,也意味着其最早实行市场化,区域内行政分割力量小,资源要素自由流动。而长三角作为外向型经济的另一代表,市场化程度也非常高。

(六) FDI的异质性

1. 区分外资来源国

截至目前,本书假设外国子公司的知识外溢与其原籍国无关。然而,来自高收入国家和低收入国家的跨国公司可能具有不同程度的技术复杂度,因此具有不同的潜力,可作为知识外部性的来源。为此,本书按照世界银行的划分标准,将样本企业划分为三种类型:外资来自高收入国家(地区)的企业、外资来自中收入(包括中高收入水平和中低收入水平)国家(地区)的企业、外资来自低收入国家(地区)的企业。为排除差异化外资来源国对实证结果的干扰,本书在模型(5)中又加入了外资来源国的固定效应,相应实证结果见表3-9第(5)列。其结果显示,来自高收入国家的外资对中国制造业企业价值链地位提升的影响系数为正,并且通过了5%显著性水平上的检验,而来自中低收入国家的外资对制造业企业价值链地位提升的影响并不显著,这是因为高收入国家(地区)大多数是发达国家(地区),而发达国家的外资具有较高的质量水平,其能够产生较大的技术溢出效应,

表 3-9　区分行业、地区及国家特征的异质性检验

变　量	区分行业类型		区分行业类型		划分经济带		区分外资类型	
	劳动与非劳动	技能与非技能					外资来源国	外资动机
	(1)	(2)	(3)	(4)	(3)	(4)	(5)	(6)
$labor \times treat \times post$	0.001 1 (0.001 2)							
$nlabor \times treat \times post$	0.002 3*** (0.000 9)							
$skill \times treat \times post$		0.001 8** (0.000 8)						
$unskill \times treat \times post$		0.002 6* (0.001 4)						
$region1 \times treat \times post$			0.001 7** (0.000 8)					
$region2 \times treat \times post$			0.002 2** (0.001 1)					
$region3 \times treat \times post$				0.001 8** (0.000 8)				
$region4 \times treat \times post$				0.002 0* (0.001 1)				

续表

变量	区分行业类型		划分经济带		区分外资类型	
	劳动与非劳动	技能与非技能			外资来源国	外资动机
	(1)	(2)	(3)	(4)	(5)	(6)
$hincome \times treat \times post$					0.001 8** (0.000 9)	
$mincome \times treat \times post$					0.000 2 (0.005 4)	
$lincome \times treat \times post$					0.049 4 (0.031 5)	
$market \times treat \times post$						0.001 3* (0.000 8)
$cost \times treat \times post$						0.000 8 (0.001 0)
age	0.002 6*** (0.000 6)	0.002 6*** (0.000 6)	0.002 6*** (0.000 6)	0.002 6*** (0.000 6)	0.002 4*** (0.000 8)	0.002 8*** (0.000 6)
agesq	−0.000 5*** (0.000 1)	−0.000 5*** (0.000 1)	−0.000 5*** (0.000 1)	−0.000 5*** (0.000 1)	−0.000 5* (0.000 3)	−0.000 6*** (0.000 2)
size	0.000 3 (0.000 2)	0.000 3 (0.000 2)	0.000 3 (0.000 2)	0.000 3 (0.000 2)	0.000 4 (0.000 3)	0.000 2 (0.000 2)
subsidydum	0.000 8*** (0.000 3)	0.000 8*** (0.000 3)	0.000 8*** (0.000 3)	0.000 8*** (0.000 3)	0.000 5 (0.000 4)	0.000 6** (0.000 3)

续表

变量	区分行业类型		划分经济带		区分外资类型	
	劳动与非劳动	技能与非技能			外资来源国	外资动机
	(1)	(2)	(3)	(4)	(5)	(6)
kl	−0.000 3**	−0.000 3**	−0.000 3**	−0.000 3**	−0.000 1	−0.000 4**
	(0.000 2)	(0.000 2)	(0.000 2)	(0.000 2)	(0.000 2)	(0.000 2)
tfp	−0.000 7***	−0.000 6***	−0.000 7***	−0.000 7***	−0.000 4**	−0.000 5***
	(0.000 1)	(0.000 1)	(0.000 1)	(0.000 1)	(0.000 2)	(0.000 1)
hhi	0.000 2	0.000 2	0.000 2	0.000 2	0.000 1	0.000 3
	(0.000 2)	(0.000 2)	(0.000 2)	(0.000 2)	(0.000 3)	(0.000 2)
$foreign$	0.000 1	0.000 1	0.000 1	0.000 1		
	(0.000 4)	(0.000 4)	(0.000 4)	(0.000 4)		
soe	−0.001 0	−0.001 0	−0.001 0	−0.001 0		
	(0.000 7)	(0.000 7)	(0.000 7)	(0.000 7)		
o	0.009 9***	0.009 9***	0.009 9***	0.009 9***	0.012 5***	0.011 9***
	(0.000 6)	(0.000 6)	(0.000 6)	(0.000 6)	(0.000 8)	(0.000 7)
p	0.003 0***	0.003 0***	0.003 0***	0.003 0***	0.003 1***	0.003 5***
	(0.000 3)	(0.000 3)	(0.000 3)	(0.000 3)	(0.000 4)	(0.000 4)
$labor$	−0.000 4					
	(0.001 4)					
$unskill$		−0.001 3**				
		(0.000 6)				

续表

变量	区分行业类型 劳动与非劳动 (1)	区分行业类型 技能与非技能 (2)	划分经济带 (3)	划分经济带 (4)	区分外资类型 外资来源国 (5)	区分外资类型 外资动机 (6)
$region1$			-0.0045^* (0.0025)			
$region3$				-0.0041 (0.0030)		
$highincome$					-0.0127^{***} (0.0049)	
$market$						-0.0001 (0.0002)
常数项	0.0049^{***} (0.0020)	0.0050^{***} (0.0018)	0.0076^{***} (0.0024)	0.0071^{***} (0.0025)	0.0046 (0.0030)	0.0032^* (0.0018)
时间固定效应	控制	控制	控制	控制	控制	控制
企业固定效应	控制	控制	控制	控制	控制	控制
国家固定效应	否	否	否	否	控制	否
R^2	0.4016	0.4017	0.4016	0.4016	0.4081	0.4340
样本量	236735	236735	236735	236735	78051	140579

注:***、**、*分别表示参数的估计值在1%、5%、10%的统计水平上显著;括号内为稳健标准误差;标准误差均在4位码行业—年份层面进行聚类。

从而更有助于中国制造业企业向价值链上游延伸。

2. 区分外资动机

外资进入理论强调外资进入及其行为方式是影响东道国全球价值链地位提升不可忽略的因素(Gregorio et al., 1998)。根据已有理论和文献资料可知,外资进入中国的目标取向主要包括两类:一是通过生产及销售占领中国国内市场的市场导向型 FDI;二是利用本土廉价生产要素加工出口制造品的成本导向型 FDI。本书以外资销售倾向来刻画其进入导向,外资内销倾向越高表示其市场导向特征越明显,反之则成本导向特征越明显。为此,本书将外资内销金额大于 0 的企业称为市场导向型外资企业($marketfdi=1$);将外资内销金额等于 0 的企业称为成本导向型企业($costfdi=1$),将两虚拟变量分别与 $treat \times post$ 相乘得到三重交叉项,相应实证结果见表 3-9 第(6)列。其中,$cost \times treat \times post$ 的估计估计系数不显著为正,说明外资进入对成本导向型外资企业全球价值链地位提升的影响程度十分有限;$market \times treat \times post$ 的估计系数为 0.001 3,通过了 10% 显著性水平上的检验,表明外资进入更有利于市场导向型外资企业价值链地位的提升。其可能的原因在于,成本导向型外资企业的目的是利用中国廉价劳动力进行简单加工生产并将其出口到其他国家,参与的活动大多为加工、组装环节,位于价值链的下游位置。而对于市场导向型外资企业而言,其目的是满足国内市场需求,因而其生产的产品质量较高,种类较多,更有能力嵌入价值链上游位置,担任供给者的角色。

(七) 动态效应检验

前文通过倍差法模型进行估计得知,与未放松外资管制的行业相比,放松外资管制的行业企业更容易向价值链上游位置攀升。但这种影响只是平均意义上的,因此也就难以反映外资进入对制造业企业价值链地位的影响是否存在时滞效应以及外资进入对制造业企业价值链地位的促进作用是否具有持续性特征,而这同样也是本书感兴趣的问题之一。为了检验制造业外资进入对企业全球价值链地位提升的动态影响,参照毛其淋和许家云(2017)的做法,本书将基准倍差模型扩展为形式如下:

$$gvcupgrate_{ijt} = \alpha + \sum_{q=2002}^{2007} \lambda_q treat_j \times post_t \times YR^q + \sum \gamma M_{jt} + \sum \kappa N_{it} + \mu_i + \mu_t + \varepsilon_{ijt} \tag{3.7}$$

其中,YR^q 为年度虚拟变量,其赋值方法为第 q 年 YR^q 取值为1,其他年份取值为0。三重差分 $treat_j \times post_t \times YR^q$ 的回归系数 λ_q 衡量了在第 q 年制造业外资进入对企业价值链地位提升的动态影响。

制造业外资进入对企业价值链地位提升的动态检验结果见表3-10第(1)列。通过观察可以发现,在控制企业固定效应、时间固定效应以及企业层面和行业层面影响企业全球价值链地位攀升的因素之后,不同年份的三重交叉项的估计系数均为正数,但在2002、2003年该效应未能通过10%显著性水平上的检验,说明制造业外资管制放松政策的实施具有一定的时滞效应。从2004年开始,三重交叉项的估计系数显著为正,并且呈逐年增强的趋势,说明制造业外资管制放松对企业全球价值链地位提升的促进作用具有持续性。

(八) 市场准入或政策优惠

在实践中,不同类型的项目享受的政策存在一定的差异,那些经营范围在《指导目录》中被列为鼓励类条目的外资企业可以享受税收优惠等政策,而允许类行业内的企业则不能享受鼓励类的特殊优惠政策。具体而言,鼓励类项目可以享受进口设备免关税、进口自用设备以及附属配套件等商品进口环节免征增值税(2009年后此优惠政策取消),同时在其他方面也有相应的优惠政策。为了探究不同类别外资准入的影响差异,本书将其分为两类:一类是由限制类或禁止类放松到允许类的4位码制造业行业,定义为 $toallow$ 等于1,否则为0;另一类是限制类或禁止类放松到鼓励类的4位码制造业行业,定义为 $toenc$ 等于1,否则为0。在此基础上继续定义 $Treat_1\_post = toenc \times post$,$Treat_2\_post = toallow \times post$,与基本分析中的研究设计相一致,替代方程(3.1)中与外资准入相应的变量进行系列估计,实证检验结果见表3-10第(2)至(4)列。

表3-10第(2)列表明,$Treat_1\_post$ 的估计系数为正且通过了5%的显著性检验,表明外资准入至鼓励类显著提升了制造业企业全球价值链地位;第(3)列结果表明,$Treat_2\_post$ 的系数仅通过了10%显著性水平上的检验,说明外资准入至允许类的企业价值链地位提升效应并不十分显著。将放松至允许类的行业($toallow$)与放松至鼓励类的行业($toenc$)放到同一个模型进行估计,即如第(4)列所示,可以发现 $Treat_1\_post$ 为正且在10%的统计性水平上通过了检验,而 $Treat_2\_post$ 未能通过显著性检验。综合所有结果表明,外资进入对制造业企业全球价值链地位提升的效应极有可能是来自政策优惠,而非纯粹的市场准入。按照这一结论,除了降低外资准入门槛之外,优惠鼓励政策仍然是吸引高新技术投资、提升企业价值链地位的重要政策工具。结合中国正在实施的自贸区战略,除了在关税等方面消除贸易壁垒外,在投资准入以及开放方面不仅需要消除壁垒,同时还可以在某些方面实施优惠政策,以便快速实现技术进步和价值链升级。

表 3-10 动态效应及"市场准入或优惠政策"的异质性检验

变 量	动态效应检验 (1)	市场准入或优惠政策 (2)	(3)	(4)
$Treat_1\_post$		0.001 8** (0.000 7)		0.001 6* (0.000 9)
$Treat_2\_post$			0.001 9* (0.001 0)	0.000 5 (0.001 3)
$treat \times post \times YR^{2002}$	0.000 3 (0.001 3)			
$treat \times post \times YR^{2003}$	0.000 1 (0.001 0)			
$treat \times post \times YR^{2004}$	0.002 3** (0.000 9)			
$treat \times post \times YR^{2005}$	0.002 0** (0.000 9)			
$treat \times post \times YR^{2006}$	0.002 5*** (0.000 9)			
$treat \times post \times YR^{2007}$	0.003 8*** (0.001 0)			
age	0.002 7*** (0.000 6)	0.003 0*** (0.000 6)	0.003 0*** (0.000 6)	0.003 0*** (0.000 6)
$agesq$	−0.000 6*** (0.000 1)	−0.000 6*** (0.000 1)	−0.000 6*** (0.000 1)	−0.000 6*** (0.000 1)
$size$	0.000 3 (0.000 2)	0.000 4 (0.000 2)	0.000 4 (0.000 2)	0.000 4 (0.000 2)
$subsidydum$	0.000 8*** (0.000 3)	0.000 8*** (0.000 3)	0.000 8*** (0.000 3)	0.000 8*** (0.000 3)
kl	−0.000 3** (0.000 2)	−0.000 3* (0.000 2)	−0.000 3* (0.000 2)	−0.000 3* (0.000 2)
tfp	−0.000 7*** (0.000 1)	−0.000 7*** (0.000 1)	−0.000 7*** (0.000 1)	−0.000 7*** (0.000 1)
hhi	0.000 2 (0.000 2)	0.000 3 (0.000 2)	0.000 3 (0.000 2)	0.000 3 (0.000 2)
$foreign$	0.000 1 (0.000 4)	0.000 1 (0.000 4)	0.000 1 (0.000 4)	0.000 1 (0.000 4)

续表

变量	动态效应检验	市场准入或优惠政策		
	(1)	(2)	(3)	(4)
soe	−0.001 0	−0.001 3*	−0.001 3*	−0.001 3*
	(0.000 7)	(0.000 7)	(0.000 7)	(0.000 7)
o	0.009 9***	0.010 3***	0.010 3***	0.010 3***
	(0.000 6)	(0.000 6)	(0.000 6)	(0.000 6)
p	0.002 9***	0.003 0***	0.003 1***	0.003 0***
	(0.000 3)	(0.000 3)	(0.000 3)	(0.000 3)
常数项	0.004 9***	0.003 8**	0.003 9**	0.003 9**
	(0.001 8)	(0.001 8)	(0.001 8)	(0.001 8)
R^2	0.401 8	0.398 2	0.398 2	0.398 2
样本量	236 735	246 694	246 694	246 694

注：***、**、*分别表示参数的估计值在1%、5%、10%的统计水平上显著，括号内为稳健标准误差；标准误差均在4位码行业—年份层面进行聚类。

第四节 影响渠道分析

在前文的基础上，本节进一步考察制造业外资进入对中国制造业企业全球价值链地位提升可能的作用渠道。结合 Saito(2018)的研究，本书将制造业外资进入对企业价值链地位提升的作用机制归结为溢出效应和资源配置效应。其中，溢出效应理论作为外资进入对东道国经济影响的解释来源，已经得到了较多学者的支持（郭娟娟等，2020）。其认为，外资进入可以在行业内（水平溢出）和行业间（前后向关联）两个维度对东道国企业全球价值链升级产生影响。在行业内，溢出效应主要通过"示范效应"和"竞争效应"促进东道国企业价值链升级。其中，跨国公司具有较为先进的经营经验以及企业管理组织模式,可以通过"示范效应"降低本土企业参与价值链的经营成本和进入国际市场的信息成本。同时,东道国同行业企业可能面临外资企业带来的竞争压力,为保持自身全球市场份额,也会倒逼自身进行技术创新、扩大经营规模、占领新的市场,以应对相关跨国公司的竞争。外资管制放松作为一项政策冲击,可以通过"示范效应"和"竞争效应"共同作用使内资企业主动或被动地参与全球价值链生产。而根据Javorcik(2004)的研究,除水平溢出之外,外资企业更多通过前后向的业务关联对其上下游企业发生技术转移。一方面,本土企业作为需求或供应商进入跨国公司主导的全球生产链,学习并改进其自身生产技术和管理方法(Caves, 1974; Aitken and Harrison, 1999),进而有利于其向全球价值链上游攀升。另一方面,东道国企业作为跨国公司全球生产链的一部分,也会通过参与国际化分工,在国外与跨国公司进行配套,进一步融入跨国公司的全球价值链;并且东道国企业作为全球生产网络的后来参与者,也通过在东道国市场成为成熟跨国公司的供应商,获得相关先进知识,提升其自身参与国际生产的能力。有鉴于此,外资管制放松政策作为一项事件冲击,可以通过前后向关联效应对我国制造业企业全球价值链地位提升产生作用。但与此同时,现有关于外资技术转移的文献大多证实了外资技术转移对本土企业技术升级作用的两面性,即外资一方面对本土企业的技术转移有利于本土企业技术水平的提升;另一方面,外资企业在东道国极有可能实施技术封锁,而本土企业对外资企业技术转移的依赖性可能导致其丧失自主研发能力,从而对本土企业价值链地位提升产生不利作用。总的来说,外资进入通过溢出效应对本土企业全球价值链地位提升的作用是不确定的,需要通过实证检验进一步确认。

到目前为止,外资进入导致的资源配置效应并没有像溢出效应那样受到重视,但这并不意味着该渠道是可以忽略不计的。De Backer 和 Sleuwaegen(2003)研究表明,跨国公司进入使得东道国市场竞争加剧,从而使得当地效率较低的企业退出市场。Kosová(2010)同样得出了外资流入使得捷克企业退出率增高的结论。总的来讲,外资进入产生的资源配置效应具有企业选择性,即外资进入使得低效率企业退出、高效率企业存活,低效率企业原来占有的要素资源或市场份额被市场竞争机制配置给高效率企业(再配置机制)。这样的过程循环反复,从而实现产业发展与生产率动态演化(Syverson,2004),继而有利于促使制造业企业向价值链上游环节攀升。这一过程与党的十九大报告提出的"经济体制改革必须以完善产权制度和要素市场化配置为重点,实现要素自由流动、企业优胜劣汰"倡议相吻合。

一、模型构建

根据前文的分析,本书将制造业外资进入作用于企业全球价值链地位提升的渠道归结为溢出效应和资源配置效应,并对其进行实证检验。其中,溢出效应具体包含水平溢出效应、前向关联效应以及后向关联效应;资源配置效应主要从企业的进入和退出方面进行考虑。为验证其结果的稳健性,本书进一步考察了行业层面的资源配置效率。在经济学领域,对影响机制的考察通常是引入交互项。因此,本书参照吕越等(2017)的做法,构造模型(3.8)对上述几种渠道进行检验。

$$gvcupgrate_{ijt} = \alpha + \beta treat_j \times post_t + \psi treat_j \times post_t \times Channel_k \\ + Channel_k + \sum \gamma M_{jt} + \sum \kappa N_{it} + \mu_i + \mu_t + \varepsilon_{ijt}$$

(3.8)

其中,$Channel_k$ 表示不同的机制。$Channel_k$ 与交互项 $treat \times$

post 的系数 ψ 为本书关注的焦点,可分别表示制造业外资进入通过水平溢出效应、前向关联效应、后向关联效应以及资源配置效应对企业全球价值链地位提升的作用强度。其余变量与基准模型相一致。

二、指标测度

(一) 水平技术溢出指标

借鉴 Javorcik(2004)、Lu 等(2017)、毛其淋和许家云(2018)的做法,本书将水平技术溢出指数($FDI^{horizontal}$)的测算公式表示为如下:

$$FDI_{jt}^{horizontal} = \sum_{i \in \Delta_{jt}} (FS_{ijt} \times Y_{ijt} / \sum_{i \in \Delta_{jt}} Y_{ijt}) \quad (3.9)$$

其中,Δ_{jt} 表示在 t 时期行业 j 内的企业集合;FS_{ijt} 为行业 j 中企业 i 在 t 时期的外资比例,用企业 i 中外资资本(包括中国港澳台地区资本和外商资本)占总实收资本的份额来衡量;Y_{ijt} 表示行业 j 中企业 i 在 t 年的总产出。

(二) 前向关联指标

第二类指标为前向关联指数,其是度量位于上游行业的外资企业通过向 j 行业提供中间投入品而发生的前向溢出效应。参照 Javorcik(2004)的做法,其具体构造方法如下:

$$FDI_{jt}^{forward} = \sum_{m \neq j} \Phi_{jmt} \times \left[\sum_{i \in \Delta_m} FS_{ijt} \times \frac{Y_{ijt} - EX_{ijt}}{\sum_{i \in \Delta_m} (Y_{ijt} - EX_{ijt})} \right]$$

$$(3.10)$$

其中,m 为行业 j 的上游行业;Φ_{jmt} 为 j 行业从 m 行业中购买的投入品的比重,具体可根据中国 2002 年投入产出表测算得到①; EX_{ijt} 表示行业 j 中企业 i 在 t 年的出口额。

(三) 后向关联指标

第三类指标为后向关联指数,反映的是位于下游行业的外资企业通过向 j 行业购买投入品进而对 j 行业产生的后向溢出效应,与 Javorcik(2004)的做法类似,构造如下公式进行测算如下:

$$FDI_{jt}^{backward} = \sum_{n \neq j} \psi_{jnt} \times FDI_{nt}^{horizontal} \quad (3.11)$$

其中,n 为行业 j 的下游行业;权重 ψ_{jnt} 表示行业 j 的产出投入下游行业 n 的比例,具体可由中国 2002 年投入产出表测算得到②。公式(3.11)表明,后向关联指数 $FDI_{jt}^{backward}$ 可由行业 j 的所有下游行业的外资比例进行加权平均得出。

(四) 资源配置③

通过前文的理论分析,本书发现外资进入主要通过"优胜劣汰"法则促使低效率企业退出、高效率企业存活,低效率企业原来占有的要素资源或市场份额被市场竞争机制配置给高效率制造业企业(再配置机制),进而导致制造业企业整体生产率水平提高,技术创新能力增强,有利于促使其生产环节向价值链上游移动。为此,本书将采用制造业行业层面企业的进入率和退出率来衡量资源配置效应。具

---

① 2002 年的投入产出表包含 135 个细分部门,这里本书根据"投入产出表部门分类与国民经济行业分类的对应表"可获得 3 位码行业的投入产出系数。此外,考虑到投入产出系数可能随年份变化,本书还尝试利用 2002 年投入产出表来测算 2000—2004 年的前向关联指标,利用 2007 年投入产出表来测算 2005—2007 年的前向关联指标,发现核心结论没有发生实质性变化。

② 同样的,本书也尝试利用 2002、2007 年投入产出表来分别测算 2000—2004 年、2005—2007 年的后向关联指标,发现核心结论没有实质性变化。

③ 为了与溢出效应的检验相一致,本书在检验资源配置效应时,同样在 3 位码行业进行。

体做法是借鉴马弘等(2013)的方法,首先使用企业的成立年份、营业状态和出现在样本中的初始年份来识别企业是进入还是退出。本书将第一次出现在数据库的企业定义为进入企业($entry=1$),曾经出现但从某一年份开始不再出现在数据库的企业被定义为该年的退出企业($exit=1$)。值得注意的是,对于企业在某些年份消失而后又出现的情形,统一将其视为存活企业,因为这很可能是由于企业规模变动导致的,否则将会高估企业的更替程度。然后参照毛其淋和盛斌(2013)的做法,用第 $t-1$ 年和第 t 年之间进入(退出)企业的数量与 $t-1$ 年企业总量的比值来衡量 t 年企业的进入(退出)率。

从理论上讲,资源配置效率较高的行业,生产率应该是类似的;只有存在巨大的资源误配时,生产率极低的企业才有可能存续。为此,本书进一步用行业内生产率的离散程度衡量资源配置的"效率"以确保上述实证结果的稳健性,离散程度越低,则资源配置效率越高(Hsieh and Klenow,2009)。本书采用三种方法对行业资源配置情况进行估算。首先,本文借鉴 Lu 和 Yu(2015)的做法,使用泰尔指数来衡量行业内生产率的分散程度,用以表示行业内的资源配置情况。泰尔指数构建如下:

$$Theil_{jt}=\frac{1}{n_{jt}}\sum_{i=1}^{n_{jt}}\frac{y_{ijt}}{\bar{y}_{jt}}\log\left(\frac{y_{ijt}}{\bar{y}_{jt}}\right) \quad (3.12)$$

其中,y_{ijt} 表示 t 时期 j 行业中 i 企业的全要素生产率,$\bar{y}_{jt}$ 为 t 时期 j 行业内企业的平均全要素生产率。n_{jt} 代表 t 年 j 行业中企业数量。另外,与 Lu 和 Yu(2015)的做法类似,在使用泰尔指数的基础上,进一步使用 t 年 j 行业内企业全要素生产率的相对平均偏差作为全要素生产率分散度的代理指标用于稳健性检验。相对平均偏差定义如下:

$$RMD_{jt} = \frac{1}{n_{jt}} \sum_{i=1}^{n_{jt}} \left| \frac{y_{ijt}}{\bar{y}_{jt}} - 1 \right| \quad (3.13)$$

除以上方法外,本书还进一步采用变异系数(coefficient of variation,CV)来衡量行业生产率分散程度,表示为如下:

$$CV_{jt} = \sqrt{tfpdev_{jt}} / \bar{y}_{jt} \quad (3.14)$$

采用以上3个公式测得各项指标与资源配置呈倒数关系,即泰尔指数、相对平均偏差和变异系数越大,资源配置效率越差;泰尔指数、相对平均偏差和变异系数越小,资源配置效率越高。图3-4给出了三种方法测算所得的行业生产率分散度的变化趋势,结果显示,自2000年以来,行业生产率分散度总体上趋于下降,这也意味着中国制造业资源误配程度在近年来不断降低,即资源配置效率有所改善。

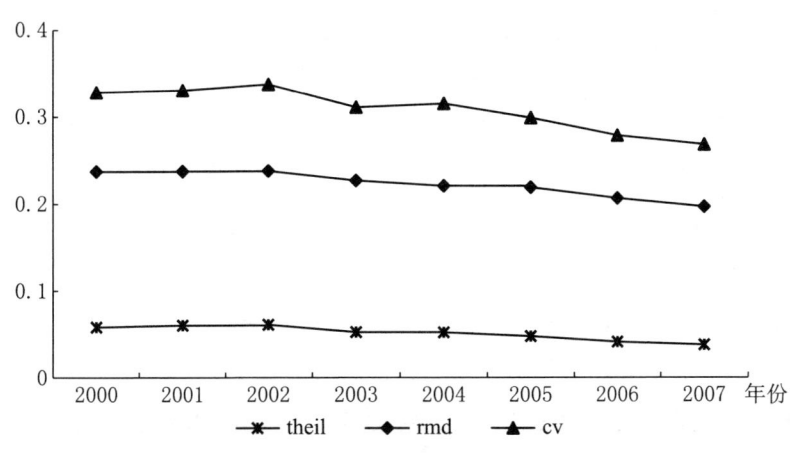

图3-4 行业生产率分散度的变化趋势

数据来源:作者计算。

三、结果分析

表3-11第(1)至(4)列显示了制造业外资进入通过技术溢出效

应对企业全球价值链地位升级的影响。第(1)列结果中,三重交叉项 $treat \times post \times fdi^{horizontal}$ 的估计系数为-0.000 45,但未能通过10%显著性水平上的检验,表明制造业外资进入通过水平溢出效应对企业价值链地位提升的影响十分有限。第(2)列三重交叉项 $treat \times post \times fdi^{forward}$ 的估计系数亦不显著为正,表明制造业外资进入通过前向关联效应促使企业价值链攀升的作用亦不十分明显,即虽然上游行业的外资进入可以为下游企业带来更多种类和高品质的中间投入品,有利于下游企业生产效率提升(Halpern et al., 2015; Kugler and Verhoogen, 2012),但下游行业企业也会对上游外商直接投资企业产生进口依赖,从而不利于其向价值链上游环节攀升。与之不同的是,第(3)列三重交叉项 $treat \times post \times fdi^{backward}$ 的估计系数为0.005 18,并且在1%的显著性水平上通过了检验,说明制造业外资进入通过后向关联效应对企业全球价值链地位提升具有显著的促进作用。其可能的原因是:一方面,位于下游行业的外资大规模进入增加了其对上游国内企业所生产的中间产品的需求,国内企业更有动力和意愿进行研发投入和自主创新,从而更有可能向全球价值链上游环节攀升;另一方面,跨国公司还可能对其上游国内供应商在原材料以及中间品生产、采购方面提供技术和管理上的支持和帮助,对国内企业生产效率的提高具有促进作用(Blomström and Kokko, 2010),由此增强了企业全球价值链地位提升的能力。为了进一步探究外资进入通过三种溢出效应的综合效应,本书将水平溢出效应、前向关联效应和后向关联效应同时纳入模型(3.8)重新对其进行实证检验,相应结果见表3-11第(4)列,与第(1)至(3)列结果类似,$treat \times post \times fdi^{horizontal}$ 和 $treat \times post \times fdi^{forward}$ 的估计系数仍未通过10%显著性水平上的检验,而 $treat \times post \times fdi^{backward}$ 的估计系数为正,在1%的置信水平上显著,并且其系数大小的绝对值高于前两者。这表明整体而言,制造业外资进入通过溢出效应能够促使企业向全球价值链上游环节攀升,并且相比水平溢出而言,垂直溢出效应发挥的作用更大。而比较垂直溢出效应则可发现,后向关联效应比前向关联效应更能促使企业向全球价值链上游攀升。

表 3-11　外资进入对企业全球价值链地位提升的技术溢出效应

变　量	水平溢出效应 (1)	前向关联效应 (2)	后向关联效应 (3)	技术溢出总效应 (4)
$treat \times post \times fdi^{horizontal}$	−0.000 45 (0.003 07)			−0.005 24 (0.004 61)
$treat \times post \times fdi^{forward}$		0.002 62 (0.003 87)		0.003 33 (0.005 80)
$treat \times post \times fdi^{backward}$			0.005 18*** (0.001 79)	0.005 84*** (0.001 99)
$fdi^{horizontal}$	0.002 35 (0.002 72)			0.002 24 (0.003 39)
$fdi^{forward}$		0.002 03 (0.003 15)		−0.000 85 (0.004 22)
$fdi^{backward}$			0.001 94 (0.001 50)	0.001 71 (0.001 67)
$treat \times post$	0.001 57 (0.001 53)	0.000 90 (0.000 97)	0.000 16 (0.000 77)	0.001 57 (0.001 58)
age	0.003 18*** (0.000 72)	0.003 18*** (0.000 72)	0.003 18*** (0.000 72)	0.003 18*** (0.000 71)
$agesq$	−0.000 68*** (0.000 17)	−0.000 68*** (0.000 17)	−0.000 68*** (0.000 17)	−0.000 68*** (0.000 17)
$size$	0.000 20 (0.000 27)	0.000 20 (0.000 27)	0.000 19 (0.000 32)	0.000 20 (0.000 27)
$subsidydum$	0.000 73** (0.000 32)	0.000 73** (0.000 32)	0.000 73** (0.000 32)	0.000 73** (0.000 32)
kl	−0.000 23 (0.000 17)	−0.000 23 (0.000 17)	−0.000 23 (0.000 17)	−0.000 23 (0.000 17)

续表

变 量	水平溢出效应 (1)	前向关联效应 (2)	后向关联效应 (3)	技术溢出总效应 (4)
tfp	−0.000 74 ***	−0.000 74 ***	−0.000 74 ***	−0.000 74 ***
	(0.000 17)	(0.000 17)	(0.000 17)	(0.000 17)
hhi	0.000 47	0.000 48	0.000 17	0.000 15
	(0.000 34)	(0.000 34)	(0.000 42)	(0.000 42)
$foreign$	0.000 08	0.000 08	0.000 08	0.000 09
	(0.000 34)	(0.000 44)	(0.000 44)	(0.000 44)
soe	−0.001 44 *	−0.001 46 *	−0.001 49 *	−0.001 47 *
	(0.000 78)	(0.000 78)	(0.000 78)	(0.000 78)
o	0.010 27 ***	0.010 28 **	0.010 29 ***	0.010 29 ***
	(0.001 03)	(0.001 03)	(0.001 03)	(0.001 03)
p	0.002 78 ***	0.002 78 ***	0.002 78 ***	0.002 78 ***
	(0.000 42)	(0.000 42)	(0.000 42)	(0.000 42)
常数项	0.003 18	0.003 87	0.004 88 *	0.004 11
	(0.002 62)	(0.002 57)	(0.002 68)	(0.002 76)
R^2	0.413 8	0.413 8	0.413 8	0.413 8
样本量	200 275	200 275	200 275	200 275

注：***、**、* 分别表示参数的估计值在1%、5%、10%的统计水平上显著，括号内为稳健标准误差；标准误差均在3位码行业—年份层面进行聚类。

为考察上述实证结论的稳健性，本书参照 Lu 等（2017）的做法，直接检验了外资进入所产生的水平溢出效应、前向关联效应和后向关联效应对中国制造业企业全球价值链地位提升的影响，具体如表 3-12 第（1）至（4）列所示，发现与表 3-11 结果一致，水平溢出效应（$fdi^{horizontal}$）的估计系数不显著为正，前向关联效应（$fdi^{forward}$）的估计系数亦未能通过 10% 显著性水平上的检验，而后向关联效应（$fdi^{backward}$）的估计系数通过了 5% 显著性水平上的正向检验，并且其系数大小高于前两者。再次确认了外资进入通过技术溢出效应对企业全球价值链地位提升的促进作用,并且后向关联效应发挥的作用更强,水平溢出效应和前向关联效应发挥的作用十分有限。

表 3-12　外资进入对企业全球价值链地位提升技术溢出效应的稳健性检验

变量	水平溢出效应 (1)	前向关联效应 (2)	后向关联效应 (3)	技术溢出总效应 (4)
$fdi^{horizontal}$	0.002 23 (0.002 65)			0.001 26 (0.003 22)
$fdi^{forward}$		0.003 30 (0.003 45)		−0.001 56 (0.004 24)
$fdi^{backward}$			0.003 67 ** (0.001 66)	0.003 72 ** (0.001 84)
age	0.003 18 *** (0.000 72)	0.003 18 *** (0.000 72)	0.003 17 *** (0.000 72)	0.003 18 *** (0.000 72)
$agesq$	−0.000 68 *** (0.000 17)	−0.000 68 *** (0.000 17)	−0.000 68 *** (0.000 17)	−0.000 68 *** (0.000 17)
$size$	0.000 22 (0.000 27)	0.000 22 (0.000 27)	0.000 22 (0.000 27)	0.000 22 (0.000 27)
$subsidydum$	0.000 73 ** (0.000 32)	0.000 73 ** (0.000 32)	0.000 73 ** (0.000 32)	0.000 73 ** (0.000 32)
kl	−0.000 23 (0.000 17)	−0.000 23 (0.000 17)	−0.000 23 (0.000 17)	−0.000 23 (0.000 17)
tfp	−0.000 73 *** (0.000 17)	−0.000 73 *** (0.000 17)	−0.000 73 *** (0.000 17)	−0.000 73 *** (0.000 17)
hhi	0.000 46 (0.000 34)	0.000 45 (0.000 34)	0.000 19 (0.000 42)	0.000 18 (0.000 42)
$foreign$	0.000 08 (0.000 44)	0.000 08 (0.000 44)	0.000 08 (0.000 44)	0.000 08 (0.000 44)
soe	−0.001 46 (0.000 78)	−0.001 46 * (0.000 78)	−0.001 46 * (0.000 78)	−0.001 46 * (0.000 78)
o	0.010 28 *** (0.001 03)	0.010 28 *** (0.001 03)	0.010 29 *** (0.001 03)	0.010 28 *** (0.001 03)

续表

变　量	水平 溢出效应 (1)	前向 关联效应 (2)	后向 关联效应 (3)	技术溢出 总效应 (4)
p	0.002 79***	0.002 79***	0.002 79	0.002 79***
	(0.000 42)	(0.000 42)	(0.000 42)	(0.000 42)
常数项	0.003 16	0.003 54	0.003 93	0.003 66
	(0.002 58)	(0.002 58)	(0.002 69)	(0.002 67)
时间固定效应	控制	控制	控制	控制
企业固定效应	控制	控制	控制	控制
R^2	0.413 7	0.413 7	0.413 8	0.413 8
样本量	200 275	200 275	200 275	200 275

注：***、**、* 分别表示参数的估计值在1％、5％、10％的统计水平上显著,括号内为稳健标准误差;标准误差均在3位码行业—年份层面进行聚类。

表3-13显示了制造业外资进入通过资源配置效应对企业全球价值链地位提升的影响。其中,第(1)、(2)列为在整体样本中采用制造业企业进入率和退出率作为机制变量的实证结果,通过观察前2列结果可以发现,三重交叉项 $entry \times treat \times post$ 的估计系数为 $-0.003\,26$,在5％的统计性水平上显著为负;$exit \times treat \times post$ 的估计系数为0.003 99,通过了1％显著性水平上的检验,说明制造业外资进入通过抑制行业内企业进入、增加行业内企业退出,对企业全球价值链地位攀升具有显著的促进作用。考虑到外资进入对行业内不同生产率水平的企业进入和退出影响程度存在差异,为此,本书按照企业全要素生产率进行分组,以考察制造业外资进入通过影响不同生产率水平企业的进入、退出进而对其价值链地位升级的影响。具体地,与前文异质性一致,本书将生产率低于样本生产率75％的制造业企业称为低生产率企业,将生产率高于样本生产率75％的制造业企业称为高生产率企业,对两组企业分别进行回归检验,相应的实

表 3-13　外资进入对企业全球价值链地位提升的资源配置效应

变量	整体样本 企业进入率 (1)	整体样本 企业退出率 (2)	低生产率企业 企业进入率 (3)	低生产率企业 企业退出率 (4)	高生产率企业 企业进入率 (5)	高生产率企业 企业退出率 (6)
$entry \times treat \times post$	−0.003 26** (0.001 52)		−0.004 42*** (0.001 70)		−0.001 86 (0.002 23)	
$exit \times treat \times post$		0.003 99*** (0.001 11)		0.005 20*** (0.001 27)		0.003 45** (0.001 63)
$treat \times post$	0.001 94** (0.000 88)	−0.000 31 (0.000 87)	0.002 49*** (0.000 99)	−0.000 61 (0.000 98)	0.001 29 (0.002 64)	0.000 19 (0.002 66)
$entryrate$	0.009 57 (0.006 10)		0.010 05 (0.006 39)		0.010 12 (0.010 15)	
$exitrate$		−0.012 56* (0.006 69)		−0.011 65 (0.007 41)		−0.024 03* (0.013 13)
age	0.003 51*** (0.000 77)	0.003 51*** (0.000 77)	0.003 86*** (0.000 94)	0.003 87*** (0.000 94)	0.005 40*** (0.001 94)	0.005 41*** (0.001 95)
$agesq$	−0.000 79*** (0.000 20)	−0.000 79*** (0.000 20)	−0.000 82*** (0.000 24)	−0.000 83*** (0.000 23)	−0.001 64*** (0.000 55)	−0.001 65*** (0.000 55)

续表

变量	整体样本 企业进入率 (1)	整体样本 企业退出率 (2)	低生产率企业 企业进入率 (3)	低生产率企业 企业退出率 (4)	高生产率企业 企业进入率 (5)	高生产率企业 企业退出率 (6)
$size$	0.000 14 (0.000 28)	0.000 12 (0.000 28)	0.000 58* (0.000 35)	0.000 56 (0.000 35)	0.000 34 (0.000 70)	0.000 30 (0.000 70)
$subsidydum$	0.000 72** (0.000 33)	0.000 73** (0.000 33)	0.000 79** (0.000 40)	0.000 79** (0.000 39)	0.000 47 (0.000 74)	0.000 47 (0.000 74)
kl	−0.000 28 (0.000 18)	−0.000 28 (0.000 18)	−0.000 27 (0.000 22)	−0.000 28 (0.000 22)	0.000 06 (0.000 46)	0.000 06 (0.000 46)
tfp	−0.000 72*** (0.000 18)	−0.000 72*** (0.000 18)	−0.000 73*** (0.000 26)	−0.000 73*** (0.000 26)	−0.000 85 (0.000 67)	−0.000 85 (0.000 67)
hhi	0.000 48 (0.000 33)	0.000 33 (0.000 32)	0.000 38 (0.000 38)	0.000 20 (0.000 36)	0.000 86 (0.000 72)	0.000 67 (0.000 71)
$foreign$	0.000 02 (0.000 48)	0.000 03 (0.000 48)	−0.000 27 (0.000 64)	−0.000 26 (0.000 63)	−0.000 43 (0.001 03)	−0.000 44 (0.001 04)
soe	−0.001 00 (0.000 89)	−0.001 01 (0.000 90)	−0.000 75 (0.001 09)	−0.000 76 (0.001 09)	−0.001 48 (0.001 98)	−0.001 47 (0.001 98)

续表

变量	整体样本 企业进入率 (1)	整体样本 企业退出率 (2)	低生产率企业 企业进入率 (3)	低生产率企业 企业退出率 (4)	高生产率企业 企业进入率 (5)	高生产率企业 企业退出率 (6)
o	0.010 66*** (0.001 12)	0.010 68*** (0.001 12)	0.010 50*** (0.001 28)	0.010 51*** (0.001 28)	0.011 52*** (0.001 29)	0.011 55*** (0.001 29)
p	0.003 03*** (0.000 47)	0.003 03*** (0.000 46)	0.003 04*** (0.000 54)	0.003 03*** (0.000 54)	0.002 18** (0.001 02)	0.002 19** (0.001 02)
常数项	0.005 16 (0.002 94)	0.017 70** (0.007 34)	0.002 88 (0.003 69)	0.014 56* (0.008 05)	0.001 43 (0.008 21)	0.025 09* (0.014 63)
R^2	0.413 0	0.413 1	0.437 7	0.437 9	0.381 4	0.381 6
样本量	190 284	190 284	141 765	141 765	48 519	48 519

注：***、**、* 分别表示参数的估计值在1%、5%、10%的统计水平上显著；括号内为稳健标准误差；标准误差均在3位码行业—年份层面进行聚类。

证结果见表3-13第(3)至(6)列。如第(3)列所示,在低生产率制造业企业样本中,三重交叉项 $entry \times treat \times post$ 的估计系数为-0.00442,并且在1%的统计性水平上显著;而如第(5)列所示,在高生产率制造业企业样本中,三重交叉项 $entry \times treat \times post$ 的估计系数为-0.00186,但未能通过10%显著性水平上的检验。这说明制造业外资进入更不利于低效率企业进入,而对高效率企业进入的影响作用不明显。同样,在低效率制造业企业样本中,三重交叉项 $exit \times treat \times post$ 的估计系数为0.00520,而在高效率制造业企业样本中,三重交叉项 $exit \times treat \times post$ 的估计系数为0.00345,前者通过了1%显著性水平上的检验,但后者仅在5%的统计性水平上显著,说明相比于高生产率企业,制造业外资进入更加促进了低效率企业退出市场。综上可知,制造业外资进入通过抑制行业内低效率企业进入,促使行业内低效率企业退出,对企业价值链地位提升具有显著的促进作用,这与以往的研究结论是相吻合的。

为了验证上述结论是否稳健,本书将从以下两个方面进行稳健性检验。其一,本书采用行业内企业进入和企业退出的数量作为外资进入影响企业价值链地位提升的作用机制重新进行实证回归,其结果见表3-14第(1)至(6)列。整体样本回归结果表明(如前2列所示),三重交叉项 $entrynum \times treat \times post$ 和 $exitnum \times treat \times post$ 的估计系数分别为-0.00046和0.00146,并且两者均通过了1%显著性水平上的检验,与表3-13第(1)、(2)列所呈现的结论一致,即制造业外资进入通过抑制企业进入,促进企业退出,对企业价值链地位提升具有显著的正向作用。与上述做法一致,将全部样本划分为高生产率企业样本和低生产率企业样本,分别对其进行实证回归,结果如表3-14第(5)、(6)列所示,通过观察发现,在低生产率制造业企业样本中,三重交叉项 $entrynum \times treat \times post$ 的估计系数显著为负,

表 3-14 外资进入对企业全球价值链地位提升的资源配置效应：稳健性检验一

变量	整体样本 企业进入数量 (1)	整体样本 企业退出数量 (2)	低生产率企业 企业进入数量 (3)	低生产率企业 企业退出数量 (4)	高生产率企业 企业进入数量 (5)	高生产率企业 企业退出数量 (6)
$entrynum \times treat \times post$	−0.000 46*** (0.000 17)		−0.000 63*** (0.000 19)		−0.000 31 (0.000 21)	
$exitnum \times treat \times post$		0.001 46*** (0.000 35)		0.001 84*** (0.000 39)		0.001 08* (0.000 57)
$treat \times post$	0.003 35*** (0.000 97)	−0.006 04*** (0.001 91)	0.004 28*** (0.000 37)	−0.007 75*** (0.002 12)	0.001 72 (0.002 16)	−0.004 86 (0.003 41)
$entrynum$	0.000 36 (0.000 32)		0.000 39 (0.001 06)		0.000 39 (0.000 40)	
$exitnum$		−0.000 85 (0.000 53)		−0.000 90 (0.000 62)		−0.001 57 (0.001 36)
age	0.003 32*** (0.000 71)	0.003 33*** (0.000 71)	0.003 65*** (0.000 89)	0.003 66*** (0.000 88)	0.004 68*** (0.001 76)	0.004 73*** (0.001 76)
$agesq$	−0.000 71*** (0.000 17)	−0.000 72*** (0.000 17)	−0.000 73*** (0.000 21)	−0.000 75*** (0.000 21)	−0.001 23** (0.000 49)	−0.001 25** (0.000 49)

续表

变量	整体样本 企业进入数量 (1)	整体样本 企业退出数量 (2)	低生产率企业 企业进入数量 (3)	低生产率企业 企业退出数量 (4)	高生产率企业 企业进入数量 (5)	高生产率企业 企业退出数量 (6)
$size$	0.000 16 (0.000 27)	0.000 15 (0.000 27)	0.000 46 (0.000 35)	0.000 43 (0.000 34)	0.000 50 (0.000 63)	0.000 49 (0.000 63)
$subsidydum$	0.000 71** (0.000 32)	0.000 71** (0.000 32)	0.000 70* (0.000 38)	0.000 70* (0.000 38)	0.000 59 (0.000 72)	0.000 59 (0.000 72)
kl	−0.000 23 (0.000 17)	−0.000 24 (0.000 17)	−0.000 22 (0.000 21)	−0.000 23 (0.000 21)	0.000 08 (0.000 43)	0.000 08 (0.000 43)
tfp	−0.000 75*** (0.000 17)	−0.000 74*** (0.000 17)	−0.000 72*** (0.000 24)	−0.000 72*** (0.000 24)	−0.000 97 (0.000 64)	−0.000 97 (0.000 64)
hhi	0.000 29 (0.000 32)	0.000 33 (0.000 37)	0.000 22 (0.000 36)	0.000 25 (0.000 41)	0.000 59 (0.000 72)	0.000 84 (0.000 81)
$foreign$	0.000 08 (0.000 44)	0.000 07 (0.000 44)	−0.000 30 (0.000 58)	−0.000 31 (0.000 58)	−0.000 47 (0.000 98)	−0.000 46 (0.000 98)
soe	−0.001 42* (0.000 78)	−0.001 49* (0.000 78)	−0.001 01 (0.000 95)	−0.001 12 (0.000 95)	−0.001 97 (0.001 83)	−0.001 99 (0.001 83)

续表

变量	整体样本		低生产率企业		高生产率企业	
	企业进入数量 (1)	企业退出数量 (2)	企业进入数量 (3)	企业退出数量 (4)	企业进入数量 (5)	企业退出数量 (6)
o	0.010 29*** (0.001 03)	0.010 29*** (0.001 03)	0.010 09*** (0.001 16)	0.010 10*** (0.001 16)	0.011 20*** (0.001 23)	0.011 22*** (0.001 23)
p	0.002 75*** (0.000 42)	0.002 75*** (0.000 42)	0.002 71*** (0.000 47)	0.002 71*** (0.000 47)	0.002 17** (0.000 94)	0.002 18** (0.000 94)
常数项	0.003 07 (0.002 73)	0.008 59*** (0.002 77)	0.001 07 (0.003 41)	0.007 18** (0.003 25)	0.000 63 (0.007 09)	0.007 94 (0.007 46)
R^2	0.413 9	0.414 0	0.436 0	0.436 0	0.389 6	0.389 6
样本量	200 275	200 275	150 235	150 235	50 040	50 040

注：***，**，*分别表示参数的估计值在1%，5%，10%的统计水平上显著；括号内为稳健标准误差；标准误差均在3位码行业—年份层面进行聚类。

$exitnum \times treat \times post$ 的估计系数显著为正;在高生产率制造业企业样本中,$entrynum \times treat \times post$ 为负但并不显著,$exitnum \times treat \times post$ 的估计系数虽为正,但仅通过了 10% 显著性水平上的检验,其结论与上文基本一致,从而验证了资源配置效应结论的稳健性。

其二,考虑到资源配置较高的制造业行业的生产率离散程度较低,因此,本书进一步采用行业内生产率的离散程度衡量资源配置的效率以确保上述实证结果的稳健性,其结果见表 3-15 第(1)至(3)列。第(1)列为采用泰尔指数衡量的行业内生产率分散程度作为机制变量的实证结果,其中,三项交互项 $theil \times treat \times post$ 的估计系数为 -0.115 02,在 1% 的显著性水平上通过了检验,表明制造业外资进入通过提高行业内资源配置效率有利于企业全球价值链地位升级;第(2)、(3)列为采用行业内企业全要素生产率的相对平均偏差以及其他方法测算的行业资源配置效率作为机制变量的稳健性检验,观察其结果可以发现,三重交叉项 $rmd \times treat \times post$ 和 $cv \times treat \times post$ 的估计系数分别为 -0.076 25 和 -0.043 42,并且两者均通过了 1% 显著性水平上的检验,与第(1)列结果相一致,从而验证了实证结果的稳健性,即制造业外资进入能够通过提高行业资源配置效率促使企业向全球价值链上游环节攀升。

表 3-15　外资进入对企业全球价值链地位提升的资源配置效应:稳健性检验二

变　量	行业资源配置效率		
	泰尔指数	RMD	CV
	(1)	(2)	(3)
$theil \times treat \times post$	-0.115 02*** (0.033 63)		

续表

变量	行业资源配置效率		
	泰尔指数	RMD	CV
	(1)	(2)	(3)
$rmd \times treat \times post$		−0.076 25***	
		(0.018 68)	
$cv \times treat \times post$			−0.043 42***
			(0.011 36)
$treat \times post$	0.007 00***	0.018 08***	0.014 48***
	(0.001 77)	(0.004 16)	(0.003 49)
$theil$	0.040 20**		
	(0.019 21)		
rmd		0.030 20***	
		(0.011 19)	
cv			0.014 89**
			(0.007 00)
age	0.003 29***	0.003 32***	0.003 31***
	(0.000 71)	(0.000 71)	(0.000 71)
$agesq$	−0.000 70***	−0.000 70***	−0.000 70***
	(0.000 17)	(0.000 17)	(0.000 17)
$size$	0.000 16	0.000 15	0.000 16
	(0.000 27)	(0.000 27)	(0.000 27)
$subsidydum$	0.000 71**	0.000 71**	0.000 71**
	(0.000 32)	(0.000 32)	(0.000 32)
kl	−0.000 24	−0.000 24	−0.000 24
	(0.000 17)	(0.000 17)	(0.000 17)
tfp	−0.000 75***	−0.000 75***	−0.000 75***
	(0.000 17)	(0.000 17)	(0.000 17)
hhi	0.000 38	0.000 34	0.000 36
	(0.000 31)	(0.000 31)	(0.000 31)
$foreign$	0.000 08	0.000 08	0.000 08
	(0.000 44)	(0.000 44)	(0.000 44)

续表

变量	行业资源配置效率		
	泰尔指数 (1)	RMD (2)	CV (3)
soe	−0.001 44* (0.000 78)	−0.001 42* (0.000 78)	−0.001 43* (0.000 78)
o	0.010 30*** (0.001 03)	0.010 30*** (0.001 03)	0.010 30*** (0.001 03)
p	0.002 76*** (0.000 42)	0.002 76*** (0.000 42)	0.002 76*** (0.000 42)
常数项	0.002 44 (0.002 94)	−0.002 26 (0.003 87)	0.000 01 (0.003 62)
R^2	0.413 9	0.414 0	0.413 9
样本量	200 275	200 275	200 274

注：***、**、* 分别表示参数的估计值在1％、5％、10％的统计水平上显著，括号内为稳健标准误差；标准误差均在3位码行业—年份层面进行聚类。

第五节　制造业外资进入、制度环境与企业全球价值链地位提升

由上文的基本估计结果可知，制造业外资进入显著促进了企业全球价值链地位提升，但这一分析并未考虑企业所在地制度的差异。虽然中国各地区执行的是同一套政治、经济和法律制度，但现有研究却表明中国各地区的制度环境存在较大的差异（Li et al., 2013；Wang, Y., 2013；World Bank, 2006；樊纲等，2011；方颖和赵扬，2011）。伴随着中国加入WTO实施外资管制放松政策，中国国内的制度环境也在发生相应的变化，总体上呈现良好的发展态势。从樊

纲等(2011)编制的中国市场化指数报告来看,中国的市场化总指数从1998年的4.23上升至2007年的7.6,其中政府与市场关系指数从1998年的5.92上升至2007年的8.44;中介组织和法律指数从1998年的2.60上升至2007年的6.46。North(1991)在研究中指出,制度环境作为企业经营环境的重要构成要素之一,可以通过影响企业生产成本和交易成本来决定企业进行某项经济活动的可行性和利润水平,进而对企业战略选择或者企业绩效产生极其重要的影响。陆铭和陈钊(2009)研究指出,市场分割是阻碍中国经济效率和资源配置优化的重要因素之一,企业所处全球价值链地位由此受到削弱(吕越等,2018a)。为考察中国各地区制度环境在影响制造业外资进入与企业全球价值链地位提升之间关系中所发挥的调节作用,本书参照李文贵和余明桂(2012)、杨瑞龙等(2017)的做法,将市场化总分作为制度环境的衡量指标,然后在基准倍差法模型的基础上引入三重交叉项,并参照许和连等(2017)的做法,将实证模型扩展为如下:

$$gvcupgrate_{ijt} = \alpha_1 + \phi_1 treat_j \times post02_t + \beta_1 treat_j \times post02_t \\ \times ins_{kt} + \sum \gamma M_{jt} + \sum \kappa N_{it} + \mu_i + \mu_t + \varepsilon_{ijt}$$

(3.15)

产权制度和契约制度存在重要的区别,诺斯在《经济史中的结构与制度变迁》中区分了国家的契约理论和国家的掠夺理论。在国家契约理论中,国家提出法律制度确保私人合同得到执行,通过减少交易成本,促进经济中的交易并引发经济增长。在国家掠夺理论中,国家是一种资源转移的工具,"好的"制度应该是提供支持私人交易的制度,同时减少政府或利益集团对私人利益的掠夺。在此基础上,Acemoglu和Johnson(2005)进一步区分了契约制度和产权制度,指出契约制度界定了个人与个人之间的关系,而产权制度界定了个人与国家之间的关系。由此,可以发现两种制度对制造业外资进入与企业全球价值链地位提升之间关系的影响可能存在一定的差异。有鉴于此,本书进一步借鉴杨瑞龙等(2017)的做法,将市场化指数中"政府与市场关系"得分作为产权制度的代理变量,将"中介组织和法律"得分作为契约制度的代理变量,构造如下模型:

$$gvcupgrate_{ijt} = \alpha_2 + \phi_2 treat_j \times post02_t + \beta_2 treat_j \times post02_t \\ \times property_{kt} + \sum \gamma M_{jt} + \sum \kappa N_{it} + \mu_i + \mu_t + \varepsilon_{ijt} \tag{3.16}$$

$$gvcupgrate_{ijt} = \alpha_3 + \phi_3 treat_j \times post02_t + \beta_3 treat_j \times post02_t \\ \times contract_{kt} + \sum \gamma M_{jt} + \sum \kappa N_{it} + \mu_i + \mu_t + \varepsilon_{ijt} \tag{3.17}$$

在公式(3.15)至(3.17)中,ins_{kt}、$property_{kt}$和$contract_{kt}$分别表示制度环境(市场化总分)、产权制度和契约制度的虚拟变量,若一地区实际值大于其所在样本中的均值,则ins_{kt}、$property_{kt}$和$contract_{kt}$均取值为1;若一地区实际值小于其所在样本中的均值,则ins_{kt}、$property_{kt}$和$contract_{kt}$取值为0(许和连等,2017)。三重交叉项$treat_j \times post02_t \times ins_{kt}$、$treat_j \times post02_t \times property_{kt}$以及$treat_j \times post02_t \times contract_{kt}$是本书最为感兴趣的变量,用于考察制度环境、产权制度和契约制度分别对制造业外资进入对企业全球价值链地位提升影响的调节作用。如果$\beta_i > 0 (i=1,2,3)$且显著,说明两者在影响企业全球价值链地位提升方面存在互补性,即在制度越完善的地区,制造业外资进入对企业全球价值链地位攀升的促进作用就越大。如果$\beta_i < 0 (i=1,2,3)$且显著,说明两者在影响企业全球价值链地位提升方面存在替代性,即在制度越完善的地区,

制造业外资进入对企业全球价值链地位攀升的促进作用就越小，抑制作用就越大。

表 3-16 第(1)列显示了制度环境对制造业外资进入与企业全球价值链地位提升两者之间关系的作用结果。在控制企业固定效应、时间固定效应以及加入企业层面和行业层面影响企业价值链的影响因素后，三重交叉项($treat \times post \times ins$)的估计系数为正且通过了1%水平上的显著性检验，表明在制度越完善的地区，制造业外资进入对企业全球价值链地位提升的促进作用越大，即地区的制度环境强化了制造业外资进入对企业全球价值链地位攀升的正向促进作用。此外本书也注意到，在引入地区制度环境变量以及三重交叉项之后，倍差法估计量 $treat \times post$ 的估计系数的显著性由之前通过1%显著性水平上的检验，改变为在5%的统计性水平上显著。这意味着，制度环境较差的地区，外资进入对制造业企业全球价值链地位提升产生了一定的阻碍作用。反过来讲，制度环境较完善的地区，外资进入对制造业企业全球价值链地位提升具有促进作用，与三重交叉项的结论相吻合。进一步，通过(3.16)式的估计结果，即表 3-16 第(2)列可以看出，三重交叉项 $treat \times post \times property$ 的估计系数为 0.001 7，并且通过了5%显著性水平上的检验，表明在产权制度较为完善的地区，制造业外资进入对企业全球价值链地位提升的促进作用较大，即地区的产权制度强化了制造业外资进入对企业全球价值链地位的提升效应。而此时倍差法估计量 $treat \times post$ 的估计系数虽为正，但未能通过10%显著性水平上的检验，表明在产权制度水平较低的地区，制造业外资进入对企业全球价值链地位提升的促进作用十分有限。反过来则说明，在产权制度水平较高的地区，制造业外资进入对企业全球价值链地位提升的促进作用较大。第(3)列三重交叉项 $treat \times post \times contract$ 的估计系数为正但未能通过10%显著

性水平上的检验,表明契约制度对制造业外资进入促进企业全球价值链地位提升的作用弱于产权制度对制造业外资进入促进企业全球价值链地位提升的作用。其可能的原因在于,契约制度的不足可以通过非正式制度等其他方式加以弥补,但产权制度建设的不足则不可被弥补(Acemoglu and Johnson,2005)。本书这一结论与 Ng 和 Yu(2014)的研究结论,即认为在中国,对私营制造业企业生产率水平起决定性作用的是产权制度,而非契约制度的结论相吻合。

为证明上述结论的稳健性,表 3-16 第(4)列采用产权制度和契约制度的算术平均数作为产权制度和契约制度综合效应的替换变量重新进行实证检验,结果显示,三重交叉项($treat \times post \times prcon$)的估计系数为 0.001 2,并且通过了 10% 显著性水平上的检验,表明产权制度和契约制度平均水平越高,制造业外资进入对企业全球价值链地位提升的促进作用越强。为了考察产权制度和契约制度对外资进入与企业全球价值链地位提升之间关系的综合作用,本书进一步将产权制度和契约制度的三重交叉项同时纳入实证模型中,相应结果如表 3-16 第(5)列所示。通过观察可以发现,三重交叉项 $treat \times post \times property$ 的估计系数为 0.001 9,通过了 5% 显著性水平上的检验;$treat \times post \times contract$ 的估计系数为负但未能通过 10% 显著性水平上的检验。对比估计系数的绝对值发现,$treat \times post \times contract$ 的估计系数的绝对值远远小于 $treat \times post \times property$ 的估计系数的绝对值,这表明相比契约制度而言,产权制度更能强化制造业外资进入对企业全球价值链地位的提升效应。

综上几个方面,其结论可以总结为:制度环境能够强化制造业外资进入对企业全球价值链地位提升的促进作用,并且产权制度发挥的作用较大,而契约制度起到的作用十分有限。

表 3-16 制造业外资进入、制度环境与企业全球价值链地位提升

变量	制度环境 (1)	产权制度 (2)	契约制度 (3)	产权与契约加权 (4)	产权和契约 (5)
$treat \times post \times ins$	0.001 9*** (0.000 6)				
$treat \times post \times property$		0.001 7** (0.000 8)			0.001 9** (0.000 8)
$treat \times post \times contract$			0.000 6 (0.000 8)		−0.000 3 (0.000 7)
$treat \times post \times prcom$				0.001 2* (0.000 7)	
$treat \times post$	0.001 5** (0.000 7)	0.001 1 (0.000 8)	0.001 6** (0.000 8)	0.001 4* (0.000 8)	0.001 2 (0.000 9)
age	0.002 7*** (0.000 6)	0.002 7*** (0.000 6)	0.002 7*** (0.000 6)	0.002 7*** (0.000 6)	0.002 7*** (0.000 6)
$agesq$	−0.000 6*** (0.000 1)	−0.000 6*** (0.000 1)	−0.000 5*** (0.000 1)	−0.000 6*** (0.000 1)	−0.000 6*** (0.000 1)
$size$	0.000 3 (0.000 2)	0.000 3 (0.000 2)	0.000 3 (0.000 2)	0.000 3 (0.000 2)	0.000 3 (0.000 2)
$subsidydum$	0.000 8*** (0.000 3)	0.000 8*** (0.000 3)	0.000 8*** (0.000 3)	0.000 8*** (0.000 3)	0.000 8*** (0.000 3)
kl	−0.000 3* (0.000 2)	−0.000 3** (0.000 2)	−0.000 3** (0.000 2)	−0.000 3** (0.000 2)	−0.000 3** (0.000 2)

续表

变量	制度环境 (1)	产权制度 (2)	契约制度 (3)	产权与契约加权 (4)	产权和契约 (5)
tfp	−0.000 7*** (0.000 1)	−0.000 7*** (0.000 1)	−0.000 7*** (0.000 1)	−0.000 7*** (0.000 1)	−0.000 7*** (0.000 1)
hhi	0.000 2 (0.000 2)	0.000 2 (0.000 2)	0.000 2 (0.000 2)	0.000 2 (0.000 2)	0.000 2 (0.000 2)
$foreign$	0.000 1 (0.000 4)	0.000 1 (0.000 4)	0.000 1 (0.000 4)	0.000 1 (0.000 4)	0.000 1 (0.000 4)
soe	−0.001 0 (0.000 7)	−0.001 1 (0.000 7)	−0.001 0 (0.000 7)	−0.001 0 (0.000 4)	−0.001 0 (0.000 7)
o	0.009 9*** (0.000 6)	0.009 9*** (0.000 6)	0.009 9*** (0.000 6)	0.009 9*** (0.000 6)	0.009 9*** (0.000 6)
p	0.003 0*** (0.000 3)	0.002 9*** (0.000 3)	0.003 0*** (0.000 3)	0.003 0*** (0.000 3)	0.002 9*** (0.000 3)
常数项	0.004 8*** (0.001 8)	0.004 8*** (0.001 8)	0.004 7*** (0.001 8)	0.004 7*** (0.001 8)	0.004 8*** (0.001 8)
R^2	0.401 5	0.401 5	0.401 5	0.401 5	0.401 5
样本量	236 720	236 720	236 720	236 720	236 720

注：***，**，* 分别表示参数的估计值在1%，5%，10%的统计水平上显著；括号内为稳健标准误差；标准误差均在4位码行业—年份层面进行聚类。

第六节 本章小结

在开展新一轮改革开放和供给侧结构性改革的背景下,开放成为我国经济进一步改革和发展的重要驱动力。作为参与当前全球价值链体系最深的发展中国家之一,全球价值链对中国经济增长所起到的诸多正面效应不容否认。但遗憾的是,中国长期嵌入由发达国家主导的全球价值链分工体系中,位于微笑曲线的低端位置,处于获利甚微的价值链下游环节,急需升级。基于此,本书将2000—2007年中国工业企业数据库、海关数据库和进口关税数据进行合并,以外资管制政策放松来衡量外资进入指标,通过构建双重差分模型来考察外资进入在企业全球价值链地位提升过程中所起到的作用。基准检验结果表明,外资进入对中国制造业企业全球价值链地位提升具有显著的促进作用。在改变计量方法、固定效应形式、聚类方式、指标测算方式、实证样本以及剔除其他政策干扰等一系列稳健性检验之后,该结论依然成立。此外,制造业外资进入对大规模、私营、一般贸易、非劳动密集型、技能密集型以及长三角和珠三角城市群制造业企业的促进作用更大,而来自高收入国家和市场导向型的外资更能提升企业全球价值链地位。外资准入对企业全球价值链地位提升的效应更多来自政策优惠,而非纯粹的市场准入。影响渠道结果显示,制造业外资进入通过水平溢出效应和前向关联效应对企业全球价值链地位提升的促进作用有限,但通过后向关联效应显著促进了企业全球价值链地位提升;并且制造业外资进入能够通过抑制低生产率企业进入,促使低生产率企业退出,提高整个行业资源配置效率,进而推动企业迈向价值链上游环节。在使用行业内企业全要素生产率分散程度作为资源配置效率指标时,该结论依旧成立。

最后,完善的制度环境能够强化制造业外资进入对企业全球价值链地位提升的促进作用,并且产权制度在其中发挥的作用大于契约制度。

本书不仅为制造业外资进入对中国制造业企业全球价值链地位提升的影响提供了强有力的经验证据,而且其结论对于经济改革与转型具有重要的政策借鉴意义。对外开放是过去 40 多年中国取得瞩目成就的重要原因之一,其中不断扩大对外资开放市场和积极吸引并利用外资发挥了重要引导作用。党的十九大报告也明确指出,要更加主动参与和推动经济全球化进程,发展更高层次的开放经济,进而提升经济发展质量。本书的结论既证实了制造业外资进入对企业全球价值链地位提升的促进作用,同时也发现制造业外资进入在部分领域作用效果并不突出,因而也能够为中国如何出台更有利于引进外资的措施,促进中国经济更加合理高效开放提供参考。本书认为,至少有以下几点值得注意。

第一,要更好地发挥外资在促进企业全球价值链升级中的作用。考虑到外资进入对企业全球价值链地位提升的促进作用,中国政府应加快外资进入进程,扩大外资市场准入,全面引入负面清单管理模式;同时,要简化行政审批程序,改善外资营商环境,坚决杜绝招商引资唯"数量论"等观念,吸引更高质量外资进入。第二,本书的实证结果发现外资准入对企业价值链地位提升的效应极有可能是来自政策优惠,而非纯粹的市场准入。按照这一结论,优惠鼓励政策仍然是吸引高新技术投资,提升企业价值链地位的重要政策工具。结合中国正在实施的自贸区战略,除了关税等方面消除贸易壁垒外,在投资准入以及开放方面不仅需要消除壁垒,同时可以考虑是否在某些方面继续实施优惠的吸引政策,以便企业快速实现技术进步和向价值链高端迈进。最后,本书实证结果表明外资进入更利于促使技能密集型制造业行业企业向价值链高端攀升,但对非技能密集型制造业行业企业价值链升级的作用效果十分有限,也表明人力资本水平越高,企业越有可能从事价值链高端环节的活动。这就要求中国在"人口红利"消失的背景下,突出高质量人才的培养目标,不断向"人才红利"转型,从而使人力资本的积极效应得到更有效的发挥,以此更好地促进企业向价值链高端攀升,推动产业结构升级。

第四章 服务业外资进入与中国制造业企业全球价值链地位提升

第一节 引 言

随着全球价值链的发展,制造业"服务化"趋势愈发明显(刘斌等,2016b)。服务业与制造业的融合决定了全球价值链的横向格局,对实现经济增长、互联互通和产品多样化具有重要的作用(马盈盈,2019)。具体来讲,一方面,作为生产的"黏合剂",服务要素在制造业企业参与全球价值链分工体系中发挥着价值创造和价值增值、统筹生产运营、协调联系以及总部管理的功能(盛斌和陈帅,2015),服务成本的下降,使得制造业企业跨国(地区)生产成为可能,从而促进了全球价值链的产生(Miroudot and Cadestin, 2017);另一方面,作为制造业的中间投入,服务要素可以通过技术溢出、顾客接触以及资源配置效应促进企业研发创新,进而实现价值创造和增值(吕越等,2017),推动制造业企业向全球价值链高端环节延伸。

伴随着改革开放的推进,中国坚持对外开放政策,不断深化市场开放程度。但与国外服务业的开放程度比起来,我国服务业开放程度仍相对保守。《指导目录(1995—2015)》提供的资料显示,中国在服务业外资进入的范围、方式和外方持股比例等方面存在严格的限制,50%以上的服务行业禁止(限制)外资进入,与之相比,制造业行业仅有15%的限制,我国服务业开放程度与国内其他行业相比也略显滞后。限制外资进入服务业这一政策在一定程度上保护了我国较为脆弱的服务业,但不可避免地也造成了我国服务业整体竞争水平低下和技术发展相对滞后的情况,进而对制造业的发展产生负面效应(江小涓和李辉,2004;江静等,2007;Arnold et al.,2016)。商务部2020年公布的《全面深化服务贸易创新发展试点总体方案》明确提出,要推动服务业供给侧结构性改革,鼓励制造业企业服务化,推动生产性服务业和高端服务业发展,为我国在国际竞争中取得新优势奠定基础。因此,学者们认为需要充分认识服务业开放对制造业企业全球价值链地位提升的重要作用,通过开放服务业提升中国服务业的发展,同时也做好对制造业发展的补充,共同推动实现中国经济高质量可持续发展。本章主要聚焦于服务业外资进入对中国制造业企业全球价值链地位提升影响的考察,其既是对服务业开放研究的补充,又可以为助力制造业企业利用优质服务深度融入全球价值链、促使其向价值链高端延伸提供新的视角,并为我国进一步开放服务业提供重要的理论依据。

目前已有不少学者探究了外资进入对制造业企业产生的经济效益,但主要集中在企业生产率和出口两个方面。Arnold等(2011)以捷克制造业企业数据为研究对象,发现服务业外资进入对制造业企业生产率具有显著的正向促进效应。Fernandes和Paunov(2012)对制造业与服务业外商直接投资数据进行研究发现,服务业外商直接投资对制造业企业生产率具有显著的促进作用,并且离技术前沿最远的企业从服务业开放中获益最多。侯欣裕等(2018)研究了服务业外资管制对下游制造业企业生产率的影响,结果表明,中间服务业外资管制放松显著提高了下游制造业企业的生产率。根据新新贸易理论,生产率较高的企业更多参与出口,因此,关于服务业外资进入与出口的研究大多认为服务业外资管制政策放松显著促进了制造业企业出口竞争力的提升。Bas(2014)研究发现,能源、电信与交通运输业等服务业改革对印度制造业出口绩效有显著的正向影响。孙浦阳等(2018)发现服务业开放显著提高了下游制造业的出口倾向和出口额,并且该作用在管理效率高的企业中表现更为显著。武力超等(2016)也指出生产性服务业开放对企业出口密集度的提高具有显著的促进作用。除此之外,近几年还出现了一些关于服务贸易与参与全球价值链的实证研究。尽管这部分文献采用不同国家不同时期的数据,但结论基本一致,即服务贸易的开放对提高相关国家企业全球价值链嵌入度和增值能力具有显著的促进作用(Biryukova and Vorobjeva,2017;Erik and Sebastian,2017;林僖和鲍晓华,2018)。

相比已有研究,本书可能具有以下几个方面的边际贡献。首先,研究视角方面,根据笔者掌握的文献,目前关于服务业外资进入的研究,大多将落脚点聚焦于企业生产率与出口方面,关于全球价值链的研究也只是从服务贸易出发,对服务业外资进入全球价值链效应的研究较为欠缺。本书以制造业企业全球价值链地位提升作为落脚点,以服务业外资管制放松衡量服务业外资进入,继而系统全面地考察其对中国制造业企业全球价值链地位提升的作用和影响渠道,有助于丰富该领域的文献研究成果。其次,研究内容方面,在服务业外资管制放松背景下,本书区分了企业异质性、服务业发展程度、开放程度,服务使用率,城市规模以及时间段等,所得结论对通过开放服务业外资管制促进制造业发展,进而为实现中国经济高质量增长提供了更为全面的事实支撑。此外,制度环境是企业经营环境的重要构成要素之一,服务业外资进入对企业全球价值链升级的影响可能因所在地区制度环境的不同而有所差异。本书进一步检验了制度环境对两者关系的调节作用,并比较了契约制度和产权制度作用程度的大小,对通过优化制度环境增强服务业开放的积极效应,进而提升中国在国际竞争中的地位具有启示作用。最后,指标测度方面,在测算服务业外资进入指标时,现有文献对于服务业要素投入权重的测算,主要来自中国投入产出表,但该表并不连续,采用就近年份原则将数据进行连续化处理可能存在一定程度的偏差。本书则利用连续的世界投入产出表,测度了中国各制造业2000—2007年连续的服务业要素投入权重,使得对服务业外资进入指标的测度更为准确,所得结论也更为合理。

本章其余部分安排如下:第二节为模型构建、指标说明与数据来源;第三节为实证结果分析,主要包括基准回归检验、稳健性检验及内生性问题处理;第四节为异质性检验,分别从企业特征、行业特征、地区特征以及时间特征四个方面考察服务业外资进入对制造业企业全球价值链地位提升的影响;第五节检验服务业外资进入对制造业企业全球价值链地位提升的作用渠道,包括技术创新效应和成本效应两个影响渠道;第六节为进一步检验,考察制度环境对服务业外资进入对制造业企业全球价值链地位提升的调节作用;第七节为本章小结。

第二节 模型构建、指标说明与数据来源

一、模型构建

根据本书的研究目的与数据的可获得性,本章基于2000—2007年的经验数据,通过投入产出关系将制造业企业全球价值链地位与服

务业开放联系起来,对服务业外资开放与制造业企业全球价值链地位提升的相关性展开研究。相应实证模型构建如下:

$$gvcupgrate_{ijt} = \alpha + \beta openservice_{jt} + \sum \kappa N_{it} + \sum \gamma M_{jt} + \mu_i + \mu_t + \varepsilon_{ijt} \tag{4.1}$$

其中,下标 i、j、t 分别表示企业、行业和年份;被解释变量 $gvcupgrate_{ijt}$ 表示第 t 年制造业行业 j 中 i 企业的全球价值链上游参与度。核心解释变量 $openservice_{jt}$ 为根据制造业行业 j 在 t 年对服务中间投入的依赖程度测算的分行业服务业开放指数,该值越大,表明该服务业行业管制程度越高、开放程度越低;该值越小,则服务业管制程度越低、开放程度越高。$\sum N_{it}$ 和 $\sum M_{jt}$ 分别表示企业和行业层面的控制变量,主要包括企业年龄(age_{it})、年龄的平方项($agesq_{it}$)、规模($size_{it}$)、全要素生产率(tfp_{it})、资本劳动比(kl_{it})、是否受到补贴($subsidydum_{it}$)、所有制形式(soe_{it}、$foreign_{it}$)以及行业竞争程度(hhi_{jt})。β 为本文最为关注的系数,若 $\beta<0$,则认为服务业外资进入对制造业企业全球价值链地位提升具有促进作用;若 $\beta>0$,则认为服务业外资进入不利于制造业企业向全球价值链上游环节攀升。μ_i 和 μ_t 分别为企业固定效应和时间(年份)固定效应,ε_{ijt} 为随机扰动项。模型回归结果的标准误差经行业—年份层面聚类调整以缓解可能存在的组内相关问题。

二、指标说明

(一)被解释变量:企业全球价值链地位提升

沿用上一章对全球价值链地位提升指标的测度方法,本章仍构建企业全球价值链上游参与度来衡量制造业企业全球价值链地位提

升,测算公式如下所示:

$$gvcupgrate_{ijtp} = \frac{EXP_{ijtp}^{total}|_{BEC} \times \left(1 - \frac{IMP_{ijtp}^{total}|_{BEC} + D_{ijtp}|_{BEC} + (\theta_1 - \theta_2) \times EXP_{ijtp}^{total}}{EXP_{ijtp}^{total}}\right) \times \theta_3}{EXP_{ijtp}^{total}}$$

(4.2)

$$gvcupgrate_{ijto} =$$
$$\frac{EXP_{ijto}^{total}|_{BEC} \times \left(1 - \frac{(IMP_{ijto}^{total}|_{BEC}/Y_{ijt}) \times EXP_{ijto}^{total} + D_{ijto}|_{BEC} + (\theta_1 - \theta_2) \times EXP_{ijto}^{total}}{EXP_{ijto}^{total}}\right) \times \theta_3}{EXP_{ijto}^{total}}$$

(4.3)

$$gvcupgrate_{ijtm} =$$
$$\omega_p \times \frac{EXP_{ijtp}^{total}|_{BEC} \times \left(1 - \frac{IMP_{ijtp}^{total}|_{BEC} + D_{ijtp}|_{BEC} + (\theta_1 - \theta_2) \times EXP_{ijtp}^{total}}{EXP_{ijtp}^{total}}\right) \times \theta_3}{EXP_{ijtp}^{total}} + \omega_o \times$$
$$\frac{EXP_{ijto}^{total}|_{BEC} \times \left(1 - \frac{(IMP_{ijto}^{total}|_{BEC}/(Y_{ijt} - EXP_{ijtp}^{total})) \times EXP_{ijto}^{total} + D_{ijto}|_{BEC} + (\theta_1 - \theta_2) \times EXP_{ijto}^{total}}{EXP_{ijto}^{total}}\right) \times \theta_3}{EXP_{ijto}^{total}}$$

(4.4)

公式(4.2)、(4.3)、(4.4)依次为加工贸易、一般贸易、混合贸易三类制造业企业的全球价值链上游参与度。其中,i、j、t、p、o、m表示企业、行业、时间、加工贸易、一般贸易和混合贸易;EXP_{ijtx}^{total}($x = p, o$)表示企业出口总额,用企业出口交货值衡量;$IMP_{ijtx}^{total}|_{BEC}$($x = p, o$)和$EXP_{ijtx}^{total}|_{BEC}$($x = p, o$)分别表示企业实际中间产品进口额和出口额,BEC用来识别产品是否为中间品或资本品,x为贸易方式。Y_{ijt}表示企业销售额;$D_{ijtx}|_{BEC}$($x = p, o$)为企业资本折旧累积额;ω_p、ω_o分别为混合贸易企业中加工和一般贸易出口份额。θ_n($n = 1, 2, 3$)分别为企业所在行业间接进口比例、返回增加值比例

以及企业中间产品的间接出口比例。由于缺乏企业相关数据,用相关行业层面的指标进行近似替代。

(二) 核心解释变量:服务业外资进入

服务要素作为制造业重要的中间投入品,会影响制造业的生产绩效。而如何刻画一国服务业的开放水平,既有研究主要有两种思路。第一种为利用服务业开放结果的客观指标,例如服务业外资直接投资流量(Duggan et al.,2013)、服务业外资直接投资存量或服务业中外资企业从业人员数占比。第二种是对一国服务业对外开放政策的主观评价,例如 Arnold 等(2016)编制的服务业改革指数,OECD 发布的外商直接投资限制指数(FRI)。与第一类指标相比,第二类指标覆盖范围更为广泛,并且对于政策层面的指导意义也更为直接,故本书选用第二类指标来度量中国服务业的对外开放程度。借鉴 Arnold 等(2016)与 Bas(2014)的做法,本书将服务业外资进入指标构建如下:

$$openservice_{jt}=\theta \cdot FRI_{st} \tag{4.5}$$

其中,θ 为根据投入产出表计算的中国服务业投入在制造业 j 的中间总投入中所占比重。FRI_{st} 为服务业 j 在 t 年的外商直接投资限制指数(FDI Restrictiveness Index),由本书根据 OECD"外商直接投资限制指数"指标体系计算得到。该指标从外资比重、审批要求、关键员工以及其他限制四个方面度量了一国某一行业对外商直接投资的限制程度,每种度量的得分在 0—1 之间(最高为 1 分,表示完全禁止;最低为 0 分,表示完全开放),将四种度量的得分加总得到这一行业的外商直接投资限制指数,加总后的指数数值仍在 0—1 之间,这一指数越大,行业对外商直接投资的开放度越低;这一指数越小,行业对外商直接投资的开放程度越高。OECD"外商直接投资限制"统计数据公布了传媒业、销售业、交通运输业(陆地运输、海运及空运)、电信业、金融服务业和商务服务业六类服务业的外商直接投资限制指数,由于中国传媒业一直未对外开放,所以本书在计算时将这一行业剔除。利用世界投入产出表,对每类服务业中各子类服务业投入在每个制造业行业中间投入中占比进行加总,得到了 14 个制造业行业[①]中 5 类服务业行业中间投入所占比重,然后以此比重为权重求得 5 个服务业行业外商直接投资限制指数的加权平均,得到服务业外资开放程度指标。最后,按照中国工业企业数据库中制造业企业所在 2 位码行业的代码与世界投入产出表进行匹配(如表 4-1 所示),从而得到服务业对外商直接投资的开放程度指数,用来衡量服务业外资进入。

表 4-1 行业对照表

行　　业	NACE	GB/T
3. 食品、饮料制造及烟草制造业	15/16	13/14/15/16
4. 纺织及服装制造业	17/18	17/18
5. 皮革、毛皮、羽毛及鞋类制品	19	19
6. 木材加工及木、竹、藤、棕、草制品	20	20
7. 造纸及纸制品业、印刷业	21/22	22/23
8. 石油加工、炼焦及核燃料加工业	23	25
9. 化学原料及化学制品制造业	24	26/27/28
10. 橡胶及塑料制品业	25	29/30
11. 非金属矿物制品业	26	31
12. 金属制品业	27/28	32/33/34

[①] 包括食品、饮料制造及烟草制造业;纺织及服装制造业;皮革、毛皮、羽毛及鞋类制品;木材加工及木、竹、藤、棕、草制品;造纸及纸制品业、印刷业;石油加工、炼焦及核燃料加工业;化学原料及化学制品制造业;橡胶及塑料制品业;非金属矿物制品业;金属制品业;机械制造业;电气及电子机械器材制造业;交通运输设备制造业;其他制造业及废弃资源回收加工。

续表

行　　　　业	NACE	GB/T
13. 机械制品业	29	35/36
14. 电气及电子机械器材制造业	30/31/32/33	39/40/41
15. 交通运输设备制造业	34/35	37
16. 其他制造业及废弃资源回收加工	36/37	21/24/42

数据来源：参见吕越等（2018b）《嵌入全球价值链会导致中国制造的"低端锁定"吗？》一文。

为了观察中国服务业外商直接投资的进入程度，依据图 4-1 显示的 2000—2010 年中国服务业外商直接投资限制指数，可见其整体上呈下降趋势，说明中国服务业开放程度越来越大。同时，中国服务业开放程度存在明显的时间特征。在 2002 年之前，为了保护中国较为脆弱的、幼小的服务业，中国对服务业外资进入的范围、方式和外方持股比例等都有严格的限制。但随着国内服务业的成长以及加入

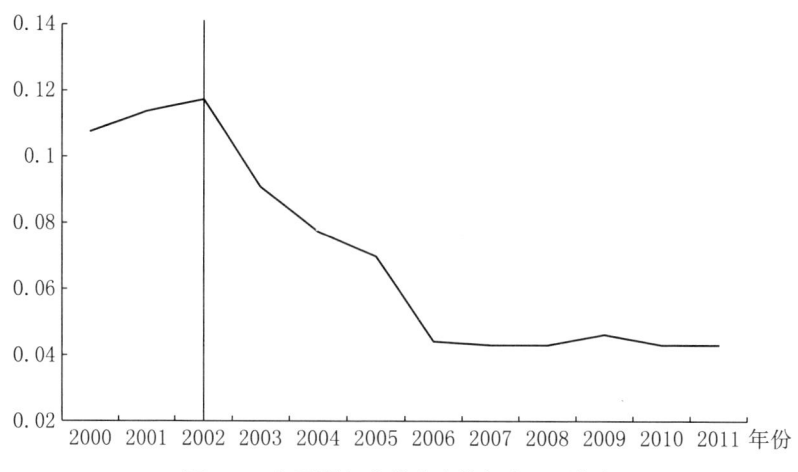

图 4-1　中国服务业外商直接投资限制指数

数据来源：作者计算得到。

WTO,中国对外开放的范围和幅度越来越大,中国外商投资进入一个新的高速增长期,与此同时,外资也由一开始的进入制造业部门向进入服务业部门转变,从而呈现出中国服务业外商直接投资限制指数下降的趋势。

(三) 其他控制变量

沿用上一章的做法,本书选取的控制变量与上一章一致。其中对于制造业企业全要素生产率(tfp),本文采用 OP 法(Olley and Pakes,1996)进行测算。资本劳动比(kl)用资本存量与从业人员数的比值取对数值来衡量。企业规模($size$)采用企业年均从业人数的对数值来衡量。企业年龄(age)用当年年份与企业开业年份的差的对数值来衡量。企业是否受到补贴($subsidydum$)方面,若受到补贴则 $subsidydum=1$,否则 $subsidydum=0$。企业所有制类型(soe、$foreign$)方面,若企业的中国港澳台地区资本与外商资本占总资本超过 25% 则定义为外资企业($foreign=1$);若国有资本与集体资本占实收资本比重高于 50%,则定义为国有企业($soe=1$)。行业竞争程度(hhi)计算方法如下公式:

$$hhi_{jt} = \ln \sum_{i \in \Delta_j} (sale_{ijt}/sale_{jt})^2 = \ln \sum_{i \in \Delta_j} S_{ijt}^2 \tag{4.6}$$

其中,$sale_{ijt}$ 为企业 i 在 t 年的销售额,$sale_{jt}$ 表示制造业行业 j 在 t 年的总销售额,$sale_{ijt}/sale_{jt}$ 表示企业 i 在 t 年的行业市场占有率。该指数越小,表明市场竞争程度越高,反之则表明市场垄断程度越高。

三、数据来源

本章研究所使用的样本数据是通过将中国工业企业数据库、

海关数据库、进口关税数据库以及世界投入产出表匹配得到。其中,中国工业企业数据库涵盖了全部国有工业企业以及规模以上(主营业务收入大于 500 万元)非国有企业,包含了企业名称、法人代码、4 位码行业类型等上百个指标,是目前国内可获得的最大型的微观企业样本数据。海关数据库记录了各个月度通关企业的每一笔产品层面(HS 8 位码)的交易信息,包括交易额、交易数量、交易产品的计量单位、HS 8 位数产品编码、贸易状态(进口或出口)等,本书主要采用该数据库来测度企业全球价值链上游参与度。产品层面的进口关税数据来自 WTO 的 Tariff Download Facility 数据库,主要用于测算企业层面的进口关税指标。世界投入产出表包含了各个国家行业的投入产出信息,本书利用该数据可以获得中国服务业投入在制造业总投入中所占的比重,然后根据该比重测算出服务业外资管制放松指标以衡量服务业外资进入。

  本章在将工业企业数据库与海关数据库进行匹配时同样分为两步。首先根据企业的中文名称和年份进行匹配,如果两套数据库中企业在同一年份拥有相同的企业名称,则这两家企业实为同一家企业。其次,在原样本中剔除已经匹配成功的样本,剩余的样本进一步按照企业所在地的邮编、企业电话号码的最后 7 位和企业联系人信息来识别两套数据库中是否存在相同的企业。考虑到原始数据中的一些错误信息,本书进一步参照 Feenstra 等(2014)和 Yu(2015)的做法,对相关数据进行处理。此外,与上一章保持一致,本书选取制造业企业作为研究对象,即在原始样本中删除采掘业、电力、燃气及水的生产和供应业数据。最终得到 275 643 个样本,实证所用指标的统计性描述如表 4-2 所示。

表 4-2　相关数据的统计性描述

变量	样本量	平均值	标准差	最小值	最大值
$gvcupgrate$	275 643	0.012 8	0.040 7	0	0.998 9
$openservice$	275 643	0.070 0	0.026 8	0.027 7	0.176 1
age	275 643	1.995 9	0.718 1	0	7.601 9
$agesq$	275 643	4.499 4	3.045 2	0	57.788 9
$size$	275 643	5.245 8	1.155 0	2.079 4	11.925 1
$subsidydum$	275 643	0.204 3	0.403 2	0	1
kl	274 816	3.800 0	1.383 2	−5.627 6	10.113 3
hhi	268 338	3.121 4	0.970 4	−7.034 0	10.701 9
tfp	275 643	3.926 2	1.215 7	0	6.403 8
$foreign$	275 643	0.578 0	0.493 9	0	1
soe	275 643	0.054 3	0.226 6	0	1
o	275 643	0.475 8	0.499 4	0	1
p	275 643	0.106 5	0.308 4	0	1

注：表中数据为作者计算所得。

第三节　实证结果分析

一、基准回归

为考察服务业外资进入对制造业企业全球价值链地位提升的作用，本书对模型(4.1)进行了实证检验，其结果见于表 4-3。其中，第(1)列为在控制时间固定效应和企业固定效应之后，仅加入核心解释变量服务业外资进入指标的结果；在此基础之上，第(2)至(5)列依次加入了企业层面和行业层面影响全球价值链地位提升的控制变量。本书发现，对于本章重点关注的服务业外资进入估计量 $openservice$，其在各个回归中的系数符号和显著性水平没有发生根本性变化,说明本章的回归结果具有较好的稳定性。从表 4-3 第(5)列完整的回归结果可以看到,服务业外资进入估计量 $openservice$ 的系数符号为负且在 1% 的统计性水平上显著,这表明在控制了其他影响因素之后,服务业部门外商直接投资的限制水平越低,外资进入程度越高,对制造业企业全球价值链地位提升的促进作用越明显。其可能的原因在于以下几点。一方面,服务业开放水平提高和管制下降,可以直接提升中间品市场上服务业供给规模、产品范围、服务效率和质量,减少因缺乏服务投入或服务效率和质量低下阻碍企业生产绩效发展的现象。同时制造业企业更容易找到契合其生产要求的服务中间品,进而提高制造业企业生产的产品质量和全球价值链地位(Arnold et al.,2016;Duggan et al.,2013)。另一方面,外资进入给服务业注入新的生产技术,并通过投入产出关系外溢给下游制造业企业,溢出效应和学习效应间接促进下游制造业企业全球价值链地位提升(Fernandes and Paunov,2012;Duggan et al.,2013)。此外,随着产业分工的深化,企业生产中的统筹、协调等环节将主要由能力更强的外资生产性服务业完成,进而节约了制造业企业的交易成本(吕政等,2006),有利于企业向全球价值链高端环节延伸。

二、稳健性检验

上述基准回归结果表明服务业外资进入显著提高了制造业企业全球价值链地位,为保证这一结果的可靠性和稳健性,本章接下来将从以下几个方面进行稳健性检验,相应实证结果见于表 4-4 和表 4-5。

(一) 改变固定效应方式

为了稳健起见,表 4-4 首先呈现了替换固定效应方式的回归结果。

表 4-3　基准回归检验

变量	(1)	(2)	(3)	(4)	(5)
$openservice$	−0.066 3***	−0.066 5***	−0.064 6***	−0.064 5***	−0.059 3**
	(0.021 5)	(0.021 7)	(0.022 8)	(0.022 9)	(0.022 8)
age		0.002 4***	0.002 9***	0.002 9***	0.003 0***
		(0.000 7)	(0.000 7)	(0.000 7)	(0.000 7)
$agesq$		−0.000 5***	−0.000 6***	−0.000 6***	−0.000 6***
		(0.000 1)	(0.000 2)	(0.000 2)	(0.000 2)
$size$		0.000 1	−0.000 3	−0.000 3	0.000 4
		(0.000 2)	(0.000 3)	(0.000 3)	(0.000 3)
$subsidydum$			0.000 7*	0.000 7*	0.000 8**
			(0.000 4)	(0.000 4)	(0.000 4)
kl			−0.000 6***	−0.000 6***	−0.000 3
			(0.000 2)	(0.000 2)	(0.000 2)
tfp			−0.000 8***	−0.000 8***	−0.000 7***
			(0.000 2)	(0.000 2)	(0.000 1)
hhi				0.000 3	0.000 3
				(0.000 4)	(0.000 4)

续表

变量	(1)	(2)	(3)	(4)	(5)
$foreign$				-0.000 1 (0.000 5)	0.000 1 (0.000 5)
soe				-0.001 3 (0.000 8)	-0.001 3 (0.000 8)
o					0.010 3*** (0.001 5)
p					0.003 0*** (0.000 6)
常数项	0.018 1*** (0.002 3)	0.015 1*** (0.002 9)	0.020 6*** (0.003 3)	0.022 2*** (0.003 8)	0.011 8*** (0.003 6)
R^2	0.383 0	0.383 1	0.387 9	0.387 9	0.393 1
样本量	275 643	275 643	267 644	267 644	267 644

注：***、**、* 分别表示参数的估计值在 1%、5%、10% 的统计水平上显著；括号内为稳健标准误差；标准误差在 2 位码行业—年份层面进行聚类。

表 4-4 改变固定效应方式的稳健性检验

变 量	(1)	(2)	(3)	(4)
$openservice$	−0.042 0**	−0.044 2**	−0.475 3*	−0.056 2***
	(0.017 5)	(0.017 2)	(0.278 8)	(0.016 9)
age	0.003 3***	0.003 5***	0.003 5***	0.003 3***
	(0.000 7)	(0.000 7)	(0.000 7)	(0.000 7)
$agesq$	−0.000 5***	−0.000 5***	−0.000 5***	−0.000 5***
	(0.000 2)	(0.000 2)	(0.000 2)	(0.000 2)
$size$	−0.000 5***	−0.000 5***	−0.000 5***	−0.000 5***
	(0.000 2)	(0.000 1)	(0.000 1)	(0.000 1)
$subsidydum$	0.004 1***	0.003 6***	0.003 6***	0.003 5***
	(0.000 5)	(0.000 5)	(0.000 5)	(0.000 5)
kl	−0.000 9***	−0.001 0***	−0.001 0***	−0.000 9***
	(0.000 1)	(0.000 1)	(0.000 1)	(0.000 1)
tfp	−0.002 1***	−0.001 9**	−0.001 9***	−0.001 8***
	(0.000 2)	(0.000 2)	(0.000 2)	(0.000 2)
hhi	0.000 2	0.000 2	−0.011 6***	0.000 3
	(0.000 4)	(0.000 4)	(0.001 4)	(0.000 4)
$foreign$	0.000 3	0.001 0**	0.000 9**	0.001 2***
	(0.000 4)	(0.000 4)	(0.000 4)	(0.000 4)
soe	−0.001 3*	−0.001 2*	−0.001 1	−0.001 2*
	(0.000 7)	(0.000 7)	(0.000 7)	(0.000 7)
o	0.009 6***	0.009 3***	0.009 3***	0.009 2***
	(0.001 1)	(0.001 1)	(0.001 1)	(0.001 1)
p	−0.002 3***	−0.001 4***	−0.001 3***	−0.001 9***
	(0.000 4)	(0.000 3)	(0.000 3)	(0.000 4)
常数项	0.005 9*	0.003 7	0.104 3***	0.005 5*
	(0.003 0)	(0.002 9)	(0.035 2)	(0.003 0)
时间固定效应	控制	控制	否	控制
行业固定效应	控制	控制	否	否
省区固定效应	否	控制	否	否
行业×时间固定效应	否	否	控制	否
省区×时间固定效应	否	否	控制	否
行业×省区固定效应	否	否	否	控制
R^2	0.120 5	0.123 1	0.127 3	0.138 4
样本量	267 644	267 644	267 644	267 644

注：***、**、*分别表示参数的估计值在1%、5%、10%的统计水平上显著,括号内为稳健标准误差;标准误差在2位码行业—年份层面进行聚类。

表 4-5　改变实证方法的稳健性检验

变量	(1)	(2)	Heckman 两步法 (3)	(4)	(5)	(6)
openservice	0.273 6*	−0.024 5***	−0.103 1	−0.119 6***	−0.199 5	−0.115 3***
	(0.153 5)	(0.009 2)	(0.703 5)	(0.037 0)	(0.705 1)	(0.036 8)
age	0.040 8	−0.002 2	0.047 1*	−0.000 9	0.029 6	0.000 9
	(0.026 0)	(0.001 5)	(0.026 4)	(0.001 4)	(0.026 5)	(0.001 4)
agesq	−0.005 2	0.000 6*	−0.006 2	−0.000 1	−0.000 4	−0.000 5
	(0.005 7)	(0.000 3)	(0.005 8)	(0.000 3)	(0.005 8)	(0.000 3)
size	0.070 8***	−0.004 9***	0.071 1***	−0.004 0***	0.081 1***	−0.004 4***
	(0.003 5)	(0.000 2)	(0.003 6)	(0.000 2)	(0.003 7)	(0.000 2)
subsidydum	0.168 7***	−0.000 1	0.165 6***	0.000 4	0.130 9***	0.001 3***
	(0.008 9)	(0.000 5)	(0.009 1)	(0.000 5)	(0.009 4)	(0.000 5)
kl	−0.007 9***	0.004 6***	−0.013 1***	0.000 7***	−0.014 1***	0.000 5***
	(0.002 9)	(0.000 2)	(0.003 2)	(0.000 2)	(0.003 2)	(0.000 2)
tfp	−0.038 3***	−0.000 2	−0.033 9***	−0.002 6***	−0.031 0***	−0.002 5***
	(0.004 0)	(0.000 3)	(0.004 1)	(0.000 2)	(0.004 2)	(0.000 2)
hhi	−0.071 4***	−0.003 1***	0.000 0	0.001 1***	−0.006 7	0.001 5***
	(0.003 4)	(0.000 2)	(0.004 6)	(0.000 2)	(0.004 7)	(0.000 2)
foreign	0.071 7***	−0.004 6***	0.089 9***	−0.001 4***	0.105 1***	−0.000 9*
	(0.008 6)	(0.000 5)	(0.008 8)	(0.000 5)	(0.009 1)	(0.000 5)

续表

变量	Heckman 两步法					
	(1)	(2)	(3)	(4)	(5)	(6)
soe	−0.134 3***	0.003 7***	−0.119 7***	0.001 4	−0.085 5***	−0.000 7
	(0.018 6)	(0.001 1)	(0.018 9)	(0.000 9)	(0.019 0)	(0.001 0)
o	0.523 4***	0.016 7***	0.523 6***	0.011 7***	0.527 9***	0.011 2***
	(0.008 6)	(0.000 5)	(0.008 8)	(0.000 5)	(0.009 0)	(0.000 5)
p	0.240 7***	−0.006 8***	0.214 9***	−0.009 1***	0.243 7***	−0.005 9***
	(0.014 2)	(0.000 9)	(0.014 5)	(0.000 8)	(0.015 5)	(0.000 9)
mills		−0.004 0***		−0.000 6		−0.000 8**
		(0.000 5)		(0.000 4)		(0.000 4)
lupstreamdum	1.795 5***		1.730 3***		1.719 3***	
	(0.007 5)		(0.007 7)		(0.007 8)	
常数项	−1.377 3***	0.055 7***	−1.970 4***	0.030 4***	−2.057 0***	0.029 4***
	(0.046 4)	(0.002 9)	(0.060 5)	(0.003 3)	(0.065 2)	(0.003 6)
时间固定效应	否	否	控制	控制	控制	控制
行业固定效应	否	否	控制	控制	控制	控制
地区固定效应	否	否	否	否	控制	控制
样本量	164 361	97 171	164 361	97 171	164 361	97 171

注：***、**、* 分别表示参数的估计值在 1%、5%、10% 的统计水平上显著，括号内为稳健标准误差。

其中,第(1)列为控制时间固定效应和行业固定效应之后的实证结果;第(2)列在第(1)列的基础上又控制了省区固定效应,发现服务业外资进入估计量 $openservice$ 的系数符号仍为负数,并且均通过了5%显著性水平上的检验,表明服务业外资管制放松程度越高,越有利于制造业企业向全球价值链上游攀升。另外,第(3)列为控制年份×省区固定效应和年份×行业固定效应之后的估计结果,发现服务业外资进入 $openservice$ 的估计系数仍为负数且在1%的统计性水平上显著,与前几列结果相一致。第(4)列是加入了时间固定效应和省区×行业固定效应的估计结果,服务业外资进入估计量 $openservice$ 的系数为－0.0562,通过了1%显著性水平上的检验,再次验证了上述结论的稳健性,即服务业部门外商直接投资的限制水平越低,外资进入程度越高,对制造业企业全球价值链地位提升的促进作用越明显。

(二)改变实证方法

是否参与全球价值链生产体系的选择行为也会影响企业所处的价值链地位,因此需要考虑选择行为的影响,以避免由于样本选择偏差带来的偏误。本书采用 Heckman 两步法对模型进行再估计,估计结果列于表 4-5。其中,第(1)、(3)、(5)列为选择方程,第(2)、(4)、(6)列为结果方程。其中,逆米尔斯比率($mills$)整体显著为负,表明存在样本选择偏差,而选取 Heckman 两步法估计有其合理性。表 4-5 结果方程的结果显示,在未控制固定效应以及控制时间固定效应、行业固定效应和地区固定效应之后,服务业外资进入对制造业企业全球价值链地位提升影响的估计系数分别为－0.0245、－0.1196以及－0.1153,均通过了1%显著性水平上的检验,与前述分析一致,即服务业外资进入有利于促使中国制造业企业向全球价值链上游环节攀升,再次验证了本书结论的稳健性。

(三) 改变聚类方式

以上结果均在 2 位码行业—年份层面聚类,为保证实证结果的稳健性,本书又重新在 2 位码行业、城市以及省区层面进行聚类处理,相应实证结果见于表 4-6 第(1)至(3)列。第(1)列结果显示,核心解释变量服务业外资进入估计量 $openservice$ 的系数为 -0.0593,通过了 10% 显著性水平上的检验,说明服务业部门外商直接投资管制放松有利于中国制造业企业全球价值链地位提升。第(2)列结果表明,服务业外资进入 $openservice$ 的估计系数为 -0.0593,通过了 1% 显著性水平上的检验,与上述结论一致。同理,第(3)列服务业外资进入估计量 $openservice$ 的系数同样通过了 1% 负向水平的显著性检验,再次验证了基准回归检验结果的稳健性。

(四) 改变实证样本

为了更为准确地考察服务业外资进入对中国制造业企业全球价值链地位提升的影响,本书又对剔除纯进口企业和全外资企业之后的样本重新进行了实证回归检验,结果如表 4-6 第(4)、(5)列所示。第(4)列结果显示,服务业外资进入估计量 $openservice$ 的系数为 -0.0686,在 5% 的统计性水平上通过了检验,说明服务业外资进入对中国制造业企业全球价值链地位提升具有显著的促进作用。第(5)列核心解释变量估计系数 $openservice$ 同样显著为负,再次验证了服务业外资进入有利于中国制造业企业向全球价值链上游环节攀升这一结论的稳健性。

(五) 剔除遗漏变量的影响

为准确估计服务业部门外资开放对中国制造业企业全球价值链地位提升的影响,模型中还需要控制样本期间内其他政策因素可能对因变量产生的影响,以缓解由于遗漏重要变量对实证结果产生的干扰。如 1998—2003 年中国国有企业改革加快,为了控制国企改革

表 4-6　改变聚类方式和实证样本的稳健性检验

变　量	(1)	改变聚类方式 (2)	(3)	改变实证样本 (4)	(5)
openservice	-0.059 3* (0.034 4)	-0.059 3*** (0.019 0)	-0.059 3*** (0.020 1)	-0.068 6** (0.027 2)	-0.072 0* (0.041 9)
age	0.003 0** (0.001 2)	0.003 0*** (0.000 7)	0.003 0*** (0.000 8)	0.003 4*** (0.000 8)	0.003 0** (0.001 4)
agesq	-0.000 6** (0.000 3)	-0.000 6*** (0.000 2)	-0.000 6*** (0.000 2)	-0.000 7*** (0.000 2)	-0.000 5* (0.000 3)
size	0.000 4 (0.000 3)	0.000 4 (0.000 3)	0.000 4 (0.000 4)	0.000 3 (0.000 3)	0.000 9 (0.000 6)
subsidydum	0.000 8** (0.000 3)	0.000 8*** (0.000 3)	0.000 8*** (0.000 2)	0.000 8* (0.000 4)	0.001 0* (0.000 5)
kl	-0.000 3 (0.000 2)	-0.000 3 (0.000 2)	-0.000 3 (0.000 2)	-0.000 4 (0.000 2)	-0.000 5 (0.000 4)
tfp	-0.000 7*** (0.000 2)	-0.000 7*** (0.000 1)	-0.000 7*** (0.000 1)	-0.000 8*** (0.000 2)	-0.000 9*** (0.000 3)
hhi	-0.000 3 (0.000 6)	-0.000 3 (0.000 3)	-0.000 3 (0.000 3)	-0.000 4 (0.000 5)	-0.000 2 (0.000 6)

续表

变量	改变聚类方式			改变实证样本	
	(1)	(2)	(3)	(4)	(5)
$foreign$	0.000 1	0.000 1	0.000 1	0.000 3	
	(0.000 5)	(0.000 5)	(0.000 6)	(0.000 6)	
soe	−0.001 3	−0.001 3*	−0.001 3	−0.001 1	−0.001 0
	(0.001 0)	(0.000 8)	(0.001 0)	(0.000 9)	(0.000 9)
o	0.010 3***	0.010 3***	0.010 3***	0.012 3***	0.008 4***
	(0.002 5)	(0.000 8)	(0.000 8)	(0.001 9)	(0.000 8)
p	0.003 0***	0.003 0***	0.003 0***	0.004 7***	0.000 6
	(0.000 9)	(0.000 9)	(0.000 9)	(0.000 9)	(0.001 0)
常数项	0.011 8**	0.011 8***	0.011 8***	0.014 6***	0.012 0*
	(0.005 5)	(0.002 9)	(0.002 6)	(0.004 4)	(0.006 7)
R^2	0.393 1	0.393 1	0.393 1	0.402 3	0.327 9
样本量	267 644	267 644	267 644	233 807	113 413

注：***, **, * 分别表示参数的估计值在1%、5%、10%的统计水平上显著，括号内为稳健标准误差；第(1)至(3)列标准误差分别在2位码行业、城市以及省区层面聚类；第(4)、(5)列标准误差在2位码行业一年份层面进行聚类。

对因变量的影响,缓解由于遗漏变量而导致的估计偏差,本书借鉴蒋灵多等(2018)的做法,在模型(4.1)中加入 2000 年各行业国有企业占比($soeshare_{i2000}$)与年份 μ_t 的交互项,结果见于表 4-7 第(1)列。发现服务业外资进入估计量 $openservice$ 的系数符号显著为负,表明剔除国企改革的干扰之后,外商直接投资的限制水平越低,对制造业企业全球价值链地位提升的促进作用越明显。同样,为了剔除中国加入 WTO 关税削减对因变量可能产生的影响,模型中加入了 2000 年企业进口关税税率($tariff_{2000}$)与年份 μ_t 的交互项,其实证结果见于第(2)列。结果显示,在剔除关税减让政策干扰后,服务业外资进入估计量 $openservice$ 的估计系数仍为负数,并且通过了 5% 显著性水平上的检验。第(3)列同时控制了国企改革和关税减让的影响,以避免国企改革和中国加入 WTO 对实证结果的双重干扰,发现核心解释变量 $openservice$ 的显著性及方向并未发生实质性变化,即服务业外资进入显著提高制造业企业全球价值链地位这一结论依然成立。

(六)替换核心指标的检验[①]

Humphrey 和 Schmitz(2002)在研究中提出了以企业为中心、由低级到高级的四层次升级模式,分别是工艺流程升级、产品升级、功能升级和链条升级。其中,产品升级是价值链升级的关键节点。为此,表 4-7 第(4)列采用产品技术复杂度来衡量企业的产品升级(刘斌等,2015),发现核心解释变量 $openservice$ 的估计系数为 -15.7261,并且在 10% 统计性水平上通过了检验,说明服务业外资进入有利于促使制造业企业出口技术复杂度的提升。同理,借鉴刘斌等(2015)的做法,采用企业的营业外收入来表示企业的功能升级

[①] 此外,本书还采用 2000—2013 年样本进行了稳健性检验,具体可见附表 4-1。

表 4-7　剔除遗漏变量影响及替换核心指标的稳健性检验

变量	剔除遗漏变量影响			替换价值链升级	
	(1)	(2)	(3)	(4)	(5)
openservice	−0.054 2**	−0.056 6**	−0.051 9**	−15.726 1*	−0.003 7*
	(0.024 7)	(0.023 8)	(0.025 4)	(8.994 3)	(0.001 9)
age	0.003 2***	0.003 1***	0.003 3***	2.054 8***	0.000 2**
	(0.000 7)	(0.000 7)	(0.000 8)	(0.193 9)	(0.000 1)
agesq	−0.000 6***	−0.000 6***	−0.000 7***	−0.369 9***	−0.000 1**
	(0.000 2)	(0.000 2)	(0.000 2)	(0.048 5)	(0.000 0)
size	0.000 5	0.000 4	0.000 4	0.765 3***	−0.000 3***
	(0.000 3)	(0.000 3)	(0.000 3)	(0.094 5)	(0.000 1)
subsidydum	0.000 9**	0.000 8**	0.000 8**	0.908 3***	0.000 0
	(0.000 4)	(0.000 4)	(0.000 4)	(0.109 1)	(0.000 1)
kl	−0.000 2	−0.000 3*	−0.000 3	−1.192 0***	−0.000 1***
	(0.000 2)	(0.000 2)	(0.000 2)	(0.058 3)	(0.000 0)
tfp	−0.000 7***	−0.000 6***	−0.000 6***	−0.914 9***	−0.000 1
	(0.000 2)	(0.000 1)	(0.000 2)	(0.039 8)	(0.000 0)
hhi	−0.000 2	−0.000 3	−0.000 2	0.728 7**	0.000 0
	(0.000 5)	(0.000 4)	(0.000 5)	(0.305 1)	(0.000 0)
foreign	0.000 1	0.000 0	0.000 0	−0.694 0***	−0.000 1**
	(0.000 5)	(0.000 5)	(0.000 5)	(0.116 5)	(0.000 0)

续表

变量	剔除政策干扰的影响			替换价值链升级	
	(1)	(2)	(3)	(4)	(5)
soe	−0.001 4 (0.000 9)	−0.001 1 (0.000 9)	−0.001 1 (0.000 9)	−0.745 7*** (0.183 5)	−0.000 3 (0.000 2)
o	0.010 5*** (0.001 5)	0.010 6*** (0.001 5)	0.010 9*** (0.001 6)	−1.668 6*** (0.093 7)	0.000 0 (0.000 0)
p	0.003 0*** (0.000 6)	0.003 1*** (0.000 6)	0.003 0*** (0.000 6)	−8.449 2*** (0.353 8)	0.000 0 (0.000 1)
$ysoeratio_{2000}$	0.001 2*** (0.000 4)		0.001 1** (0.000 4)		
$ymfnratio_{2000}$		−0.000 2 (0.000 3)	0.000 0 (0.000 4)		
常数项	0.004 2 (0.003 9)	0.012 8*** (0.004 2)	0.004 6 (0.004 8)	20.892 2*** (2.166 9)	16.813 1*** (0.000 6)
R^2	0.394 6	0.393 8	0.395 2	0.160 6	0.005 6
样本量	254 643	262 981	251 028	267 644	267 642

注：***、**、* 分别表示参数的估计值在1%、5%、10%的统计水平上显著，括号内为稳健标准误差；各列标准误差在2位码行业—年份层面进行聚类。

(企业营业外收入＝企业的营业收入与主营业务收入之差)，相应回归结果如表4-7所示。发现核心解释变量 openservice 的估计系数通过了10%的负向显著性水平上的检验，表明改变价值链升级测度方式之后，服务业外资进入有利于制造业企业全球价值链地位提升的结论仍然成立，再次表明基准回归检验结果的稳健性。

三、内生性问题处理

本章以行业及服务业部门外资管制回归检验企业层面全球价值链地位提升，由于企业级变量不对行业级变量产生影响，所以存在反向因果关系的可能性较小(侯欣裕等，2018)。但考虑到两者可能同时受第三方因素的影响，本书也构造了合适的工具变量，使用两阶段最小二乘法处理内生性问题。首先，本书借鉴 Arnold 等(2016)的方法构造工具变量，一国与其经济发展历史进程相似的邻国在产业政策上往往具有很强的相似性，同时本国的微观企业活动不会影响到邻国的政策制定。据此，本文选用印度服务业部门外资管制数据匹配到中国投入产出表计算得到的指标，以作为中国服务业外资进入的工具变量。印度服务业管制放松进程与中国类似，也是在政府政策主导下对高度垄断的服务业进行外资开放，所以印度服务业外资管制对中国制造业企业全球价值链地位提升来说是外生的。同时印度和中国在产品市场上相互竞争，中国和印度的产业开放政策具有相似性。

本书使用印度服务业部门外资管制指标作为工具变量进行两阶段最小二乘法的回归计算，结果见表4-8前4列。其中，第(1)列为控制企业固定效应和时间固定效应之后仅加入服务业外资进入估计量 openservice 的实证结果；第(2)至(4)列在此基础上又依次加入了企业年龄、企业规模、政府补贴、企业资本劳动比、企业生产率、行业竞争程度、企业所有制形式以及企业贸易方式等指标。结果发现,Underidentification test 均通过了 1% 显著性水平上的检验,拒绝工具变量与内生变量无关的原假设,表明工具变量与内生变量相关。进一步分析,Weak identification test 同样证明了工具变量与内生变量具有较强的相关性,从而表明本书所选择工具变量的合理性。另外,服务业外资进入估计量 openservice 的系数均为负数,并且都在 1% 的统计性水平上显著,表明服务业外资进入有利于中国制造业企业全球价值链向上游攀升,与基准回归检验结果一致。

为了验证本书选取印度服务业外资管制指标所得实证结果的稳健性,进一步采用核心解释变量服务业外资进入的滞后一期和滞后两期指标作为工具变量重新对实证模型进行回归检验,其结果见于表 4-8 第(5)至(8)列。其中,第(5)、(6)列为采用服务业外资进入滞后一期作为工具变量的实证结果,发现识别不足检验均在 1% 的统计性水平上显著;弱工具变量检验也证明了工具变量与内生变量具有较强的相关性。而核心解释变量服务业外资进入估计量 openservice 的系数均通过了 1% 负向显著性水平上的检验,说明服务业外资进入有利于促使中国制造业企业全球价值链地位提升。第(7)、(8)列为采用服务业外资进入滞后二期作为工具变量的实证结果,第(7)列结果显示,Sargan 检验 P 值为 0.808 2,可认为工具变量具有较好的外生性;第一阶段 F 值为 54 187.1>10,说明工具变量的选取是有效的。另外,估计结果显示,在控制时间固定效应、行业固定效应以及省区固定效应之后,核心解释变量服务业外资进入估计量 openservice 的系数为−0.113 9,通过了 1% 显著性水平上的检验,说明服务业外资进入有利于中国制造业企业全球价值链地位提升。第(8)列进一步加入了企业层面和行业层面的控制变量,其中 Sargan

表 4-8 内生性问题处理

变量	(1)	(2)	(3)	(4)	(5)	(6)	(7)	(8)
openservice	−0.057 1***	−0.053 2***	−0.060 7***	−0.052 7***	−0.100 5***	−0.101 3***	−0.113 9***	−0.104 4***
	(0.013 8)	(0.015 1)	(0.017 2)	(0.016 8)	(0.027 3)	(0.025 9)	(0.035 6)	(0.035 2)
age		0.001 9***	0.002 6***	0.002 72***		0.002 3**		0.004 3***
		(0.000 6)	(0.000 6)	(0.000 6)		(0.001 1)		(0.001 1)
agesq		−0.000 4***	−0.000 6***	−0.000 6***		−0.000 3		−0.000 7***
		(0.000 1)	(0.000 1)	(0.000 1)		(0.000 3)		(0.000 2)
size		0.000 1	−0.000 3	0.000 4		−0.000 6***		−0.000 6***
		(0.000 2)	(0.000 3)	(0.000 3)		(0.000 2)		(0.000 1)
subsidydum		0.000 7**	0.000 7**	0.000 9**		0.003 2***		0.003 4***
		(0.000 3)	(0.000 3)	(0.000 4)		(0.000 5)		(0.000 3)
kl			−0.000 6***	−0.000 3		−0.001 1***		−0.001 1***
			(0.000 2)	(0.000 2)		(0.000 1)		(0.000 1)
tfp			−0.000 8***	−0.000 7***		−0.002 2***		−0.002 4
			(0.000 2)	(0.000 1)		(0.000 3)		(0.000 1)
hhi			−0.000 4	−0.000 4		0.000 4		0.000 7*
			(0.000 4)	(0.000 5)		(0.000 4)		(0.000 4)
foreign				0.000 2		−0.000 0		−0.000 6**
				(0.000 5)		(0.000 4)		(0.000 3)
soe				−0.001 1		−0.001 5*		−0.002 5***
				(0.000 8)		(0.000 8)		(0.000 6)

续表

变量	(1)	(2)	(3)	(4)	(5)	(6)	(7)	(8)
o				0.010 2***		0.010 4***		0.011 3***
				(0.001 4)		(0.001 2)		(0.000 3)
p				0.003 1***		−0.000 3		−0.000 0
				(0.000 6)		(0.000 3)		(0.000 5)
时间固定效应	控制	控制	控制	控制	控制	控制	控制	控制
企业固定效应	否	控制	控制	控制	否	否	否	否
行业固定效应	控制	否	否	否	控制	控制	控制	控制
省区固定效应	否	否	否	否	控制	控制	控制	控制
Kleibergen-Paap rk LM statistic	27.05*** (0.000 0)	27.51*** (0.000 0)	25.86*** (0.000 0)	25.89*** (0.000 0)	19.920*** (0.000 0)	19.968*** (0.000 0)		
Kleibergen-Paap Wald rk F statistic	516.77	483.36	563.67	570.05	104.107	105.965		
Sargan 检验 P 值							0.808 2	0.487 0
Basmann chi2(1)							0.808 3	0.487 2
第一阶段 F 值					104.11	105.97	54 187.1	54 273.7
样本量	253 606	253 606	253 606	253 606	168 392	164 361	100 845	98 620

注：***、**、* 分别表示参数的估计值在 1%、5%、10% 的统计水平上显著；括号内为稳健标准误差；标准误差在 2 位码行业—年份层面进行聚类。

检验 P 值和第一阶段 F 值同样证明了本书所选工具变量的合理性，并且服务业外资进入 $openservice$ 的估计系数同样在 1% 统计性水平上显著为负，再次验证了基准回归结果的稳健性。

综上可知，不管是改变实证方法、聚类方式、实证样本、替换核心指标、剔除遗漏变量的影响，还是解决模型中可能存在的内生性问题，本书均发现服务业部门外资进入估计量显著为负，表明服务业外商直接投资的限制水平越低，服务业外资进入程度越高，对中国制造业企业全球价值链地位提升的促进作用越明显。

四、异质性检验

服务要素作为制造业企业不可缺少的中间投入，其发展对制造业企业行为或绩效具有极其重要的作用。要对服务业外资进入的微观经济影响进行细致分析，必须建立在对企业异质性进行细致捕捉的基础上。前文的分析表明，服务业部门外商直接投资限制的降低有利于促进制造业企业全球价值链地位提升。那么这种促进作用是否会因企业自身性质以及所在行业或地区等异质性特征而发生变化？为了回答这一问题，本书接下来将从企业特征、行业特征、地区特征和时间特征四个方面来考察服务业外资进入对制造业企业全球价值链地位提升促进作用的异质性。借鉴 Wright(1976) 的思路，构建如下异质性分析模型：

$$gvcupgrate_{ijt} = \theta_0 + \sum_{k \in K} \theta_1 openservice_{jt} \times H_k + \sum_{k \in K-1} \theta_2 H_k + \sum \gamma M_{jt} + \sum \vartheta N_{it} + \mu_i + \mu_t + \varepsilon_{ijt} \quad (4.7)$$

其中，H_k 表示异质性样本虚拟变量，主要包括所有制类型、贸易方式、行业类别、服务业外资进入程度、服务业发展程度、服务使用率区域类型、城市规模以及时间段等二值变量。K 为分组总数,比如,在按照行业类别分组中,将行业分为劳动密集型行业和非劳动密集型行业两类,则 $K=2$;以此类推。θ_1 为本文最为关注的系数,主要考察的是不同样本对企业全球价值链地位提升的影响程度。其余变量与基准模型含义相同,相应实证结果见表 4-9 和表 4-10。

(一) 企业规模

一般而言,规模越大,企业越有可能具有良好的市场表现和较好的生存概率,并且对服务业部门的中间投入具有较为有效的使用效率。因此,本书预测服务业部门外资进入对规模较大企业全球价值链地位提升的促进作用更大。为验证该假设,本书将企业按照规模大小分为两组,若实际值大于其样本数值的 75% 分位,则为大规模企业($hsizedum=1$);反之,则为小规模企业($lsizedum=1$),然后将其分别与 $treat \times post$ 相乘形成交互项 $hsize \times opensevice$ 和 $lsize \times opensevice$,实证结果见表 4-9 第(1)列。其中,交叉项 $hsize \times opensevice$ 的估计系数为 -0.0634,通过了 1% 显著性水平上的检验;$lsize \times opensevice$ 的估计系数为 -0.0567,并且在 5% 的统计性水平上显著,但其系数大小及显著性均低于服务业外资进入对大规模制造业企业全球价值链地位提升的作用。其可能的原因在于,外资进入给服务业注入新的生产技术,并通过投入产出关系外溢给下游制造业企业,而大规模企业具备较强的技术吸收能力,因而更有利于其创新水平的提高,从而使其更有能力向全球价值链上游环节攀升。

(二) 所有制形式

不同所有制企业对服务业的依赖程度有所不同,并且对服务业部门技术溢出的吸收能力有所差异。本书将所有企业样本划分为外资企业、国有企业(或集体企业)以及民营企业,表 4-9 第(2)列呈现了服务业外资进入对三种所有制类型企业全球价值链地位提升影响的估计结果。其中,私营企业($private \times openservice$)的估计系数为－0.1010,在1%的统计性水平上显著;国有企业($soe \times openservice$)和外资企业($foreign \times openservice$)的估计系数分别为－0.0606和－0.0436,并且仅通过了10%显著性水平上的检验,说明服务业外资进入对私营企业全球价值链地位提升的促进作用最大,其次是国有企业,外资企业最小。其可能的原因在于,私营企业本身具有较高的生产率和人力资本水平,对服务业部门具有较高的依赖性,并且可以较容易通过学习效应获得外资技术溢出和管理经验,因而其向价值链上游攀升的幅度较大。而对于国有企业而言,其可以获得较多的政策支持,利用该先天优势可以通过服务业部门外资的技术溢出效应和自主创新效应实现技术模仿和技术赶超,从而使其生产环节向价值链上游环节延伸。而外资企业大多从事加工贸易生产模式,对服务业的依赖程度较低,因而所受影响十分有限。

(三) 贸易方式

贸易方式反映的是企业在全球市场中如何选择自己的经营方式与地位,涉及企业对于相关制造过程是否具备所有权、是否具有自主设计能力以及其生产目标等系列因素。因此,不同贸易模式的企业,可能由于经营目标不同而对服务业部门的依赖程度有所差异。为此,本书将样本企业划分为两种贸易类型:加工贸易类型企业($p=1$)和非加工贸易类型企业($np=1$),以考察其对于服务业部门外资进入的反应,相应结果见表4-6第(3)列。其结果显示,交互项$p \times openservice$的估计系数为－0.0438,在10%的显著性水平上通过了检验;交互项$np \times openservice$的估计系数为－0.0662,并且通过了1%显著性水平上的检验,表明服务业外资进入对非加工贸易类型企业全球价值链地位提升的促进作用最大,而对加工贸易类型企业的影响十分有限。这是因为加工贸易类型企业主要从事简单的加工生产,对服务要素中间投入的依赖度较低。而非加工贸易类型企业因为其生产的产品质量较高,对服务要素投入的需求较大,并且该部分企业具有较高的生产率和人力资本水平,更容易通过获得外资技术溢出向价值链上游环节攀升。

(四) 行业类型

1. 区分劳动密集型与非劳动密集型制造业行业的检验

与上一章做法一致,本书将全体制造业划分为劳动密集型行业($labor=1$)和非劳动密集型行业($nlabor=1$)。通过表4-9第(4)列可以发现,$labor \times openservice$ 的估计系数为$-0.013\ 0$,但未能通过10%显著性水平上的检验,说明服务业外资进入并不能促使劳动密集型制造业行业企业全球价值链地位升级;与之不同的是,$nlabor \times openservice$ 的估计系数为$-0.058\ 7$,并且在5%的统计性水平上通过了检验,即说明服务业部门外资进入更有利于非劳动密集型行业企业向价值链上游攀升。可能原因在于,相比劳动密集型产品,资本密集型或技术密集型产品(非劳动密集型产品)的技术含量更高,因此对高技术服务中间品的需求更多,并且非劳动密集型制造业行业企业更具有技术模仿能力和创新意识,而劳动密集型制造业行业企业主要从事低附加值的加工组装工作,工序较为单一,涉及的高技术服务中间产品也相对较少,因此服务业外资进入更加显著地促进了非劳动密集型制造业行业企业的技术进步,从而有利于促使其向全球价值链高端环节攀升。

2. 区分技能密集型与非技能密集型制造业行业的检验

人力资本的高低决定了企业的技术吸收能力和知识扩散能力的状况,发展中国家可能由于人力资本不足和层次较低,从而制约其先进技术的吸收,影响价值链攀升的能力(Caselli and Coleman,2006)。

表 4-9　区分企业规模、所有制形式、贸易方式及行业类型的异质性检验

变　量	企业规模 (1)	所有制形式 (2)	贸易方式 (3)	行业类型 (4)	行业类型 (5)
$hsize \times openservice$	−0.063 4*** (0.022 3)				
$lsize \times openservice$	−0.056 7** (0.023 9)				
$soe \times openservice$		−0.060 6* (0.032 2)			
$for \times openservice$		−0.043 6* (0.022 4)			
$pri \times openservice$		−0.101 0*** (0.025 3)			
$np \times openservice$			−0.066 2*** (0.023 0)		
$p \times openservice$			−0.043 8* (0.022 1)		
$labor \times openservice$				−0.013 0 (0.024 0)	
$nlabor \times openservice$				−0.058 7** (0.024 1)	
$skill \times openservice$					−0.071 4*** (0.023 2)

续表

变量	企业规模 (1)	所有制形式 (2)	贸易方式 (3)	行业类型 (4)	行业类型 (5)
$unskill \times openservice$					−0.027 1 (0.023 7)
hsize	−0.000 6 (0.000 7)				
labor				−0.005 9** (0.002 4)	
unskill					−0.004 9*** (0.001 3)
age	0.003 1*** (0.000 7)	0.003 0*** (0.000 7)	0.002 9*** (0.000 7)	0.003 1*** (0.000 7)	0.003 1*** (0.000 7)
agesq	−0.000 6*** (0.000 2)	−0.000 6*** (0.000 2)	−0.000 6*** (0.000 2)	−0.000 6*** (0.000 2)	−0.000 6*** (0.000 2)
size	0.000 8** (0.000 3)	0.000 4 (0.000 3)	−0.000 3 (0.000 3)	0.000 3 (0.000 3)	0.000 3 (0.000 3)
subsidydum	0.000 8** (0.000 4)	0.000 8** (0.000 4)	0.000 7* (0.000 4)	0.000 8** (0.000 4)	0.000 8** (0.000 4)
kl	−0.000 3 (0.000 2)	−0.000 4* (0.000 2)	−0.000 6*** (0.000 2)	−0.000 3 (0.000 2)	−0.000 3 (0.000 2)
tfp	−0.000 7*** (0.000 1)	−0.000 7*** (0.000 1)	−0.000 8*** (0.000 2)	−0.000 7*** (0.000 1)	−0.000 7*** (0.000 1)

续表

变量	企业规模 (1)	所有制形式 (2)	贸易方式 (3)	行业类型 (4)	行业类型 (5)
hhi	−0.000 3 (0.000 4)	−0.000 3 (0.000 4)	−0.000 3 (0.000 4)	−0.000 5 (0.000 4)	−0.000 5 (0.000 4)
foreign	0.000 1 (0.000 5)	−0.004 0*** (0.001 0)	−0.000 1 (0.000 5)	0.000 1 (0.000 5)	0.000 1 (0.000 5)
soe	−0.001 3 (0.000 8)	−0.004 2* (0.002 4)	−0.001 2 (0.000 8)	−0.001 3 (0.000 8)	−0.001 3 (0.000 8)
o	0.010 3*** (0.001 5)	0.010 4*** (0.001 5)		0.010 3*** (0.001 5)	0.010 3*** (0.001 5)
p	0.003 0*** (0.000 6)	0.003 0*** (0.000 6)	−0.000 5 (0.000 8)	0.003 1*** (0.000 6)	0.003 0*** (0.000 6)
常数项	0.010 2*** (0.003 5)	0.014 7*** (0.003 6)	0.022 1*** (0.003 8)	0.013 5*** (0.003 9)	0.014 3*** (0.003 6)
R^2	0.393 1	0.393 3	0.388 0	0.393 3	0.393 2
样本量	267 644	267 644	267 644	267 644	267 644

注：***、**、* 分别表示参数的估计值在 1%、5%、10% 的统计水平上显著；括号内为稳健标准误差；标准误差均在 2 位码行业—年份层面进行聚类。

为此,本章沿用上一章的做法,参照 Bai 等(2018),将全体制造业样本划分为技能密集型制造业行业和非技能密集型制造业行业,以考察服务业外资进入对不同技能水平劳动密集型制造业企业全球价值链地位提升的差异性影响。表 4-9 第(5)列汇报了该实证结果。结果显示,$skill \times openservice$ 的估计系数为 -0.0714,并且通过了 1% 显著性水平上的检验,$unskill \times openservice$ 的估计系数不显著为负,并且其系数的绝对值低于 $skill \times openservice$ 的估计系数,表明服务业外资进入更有利于促使技能密集型制造业企业向全球价值链上游阶段攀升,即说明人力资本水平越高,制造业企业越有可能从事全球价值链高端环节的活动,与上一章结论一致。

(五)服务业外资开放程度

基准检验回归结果显示,服务业外资进入对制造业企业全球价值链地位提升具有显著的促进作用,为探究这种影响结果是否因服务业初始对外资开放程度而有所差异,本书进一步按照服务业外资开放指数进行划分,若实际值大于其样本数值的 75% 分位,则为服务业外资开放程度较低的制造业企业;反之,则为服务业外资开放程度较高的企业。然后将其分别与 $openservice$ 相乘形成交互项 $low \times opensevice$ 和 $high \times opensevice$,实证结果见表 4-10 第(1)列。通过观察可以发现,交叉项 $high \times opensevice$ 的估计系数为 -0.1166,$low \times opensevice$ 的估计系数为 -0.0528,并且两者都在 5% 的统计性水平上显著,但后者估计系数的绝对值小于前者。表明服务业外资开放程度越高,外资进入对制造业企业全球价值链地位提升的促进作用越明显。与基准回归检验结果相一致,再次表明了本书结论的稳健性。

(六)服务业发展程度

服务业开放所产生的经济效应因一地区服务业发展程度的不同

而有所差异。一般来讲,服务业发展程度越高,服务业开放带来的积极作用越大。因此,本书按照服务业发展程度进行分组,将第三产业产值占 GDP 比重高于其中位数的地区称为服务业发达地区($hdevep=1$);将第三产业产值占 GDP 比重低于其中位数的地区称为服务业欠发达地区($ldevep=1$)。将其分别与 $openservice$ 相乘形成交互项 $hdevep \times openservice$ 和 $ldevep \times openservice$,实证结果如表 4-10 第(2)列所示。其中,交叉项 $hdevep \times openservice$ 的估计系数为 -0.1019,在 5% 的置信水平上显著;$ldevep \times openservice$ 的估计系数为 -0.0875,但仅通过了 10% 显著性水平上的检验。表明服务业外资进入更有利于促进服务业发达地区企业向全球价值链高端环节攀升。这是因为服务业越发达的地区,其所受服务业开放带来的溢出效应越大,并且也更有利于降低企业的生产成本。

(七) 服务使用率

制造业对服务业中间投入使用率越高,说明该制造业对服务业的依赖程度越高,从而可以预测服务业外资进入对使用服务要素投入更高的制造业企业的影响更大。为此,本书进一步按照制造业使用服务业中间投入与制造业使用所有行业总投入的比值对行业进行分组,将该值大于其中位数的行业称为服务使用率较高的行业($hservice=1$);将该值小于其中位数的行业称为服务使用率较低的行业($lservice=1$),两类型行业企业的回归结果见表 4-10 第(3)列。观察交互项系数可以发现,$hservice \times openservice$ 和 $lservice \times openservice$ 的估计系数均为负,但前者的显著性和系数绝对值均大于后者,表明服务业外资进入对服务使用率较高的行业企业全球价值链升级的推动作用更大,验证了猜测的合理性。

(八) 区域类型

由于发展政策、地理位置等方面的不同,中国各区域经济活动分布极为不均衡,外资企业主要分布在中国三大城市群①(长三角城市群、珠三角城市群、京津冀城市群),其他地区的外资企业十分有限。为分析服务业外资进入对不同区域制造业企业价值链地位提升的影响,本书将样本划分为两组:长三角城市群、珠三角城市群以及京津冀城市群归为一组($region1=1$),其余城市归为一组($region2=1$),相应结果见表4-10第(4)列。其中,$region1 \times openservice$ 和 $region2 \times openservice$ 的估计系数分别为-0.068 5和-0.050 5,前者通过了1%显著性水平上的检验,后者在5%统计性水平上显著,说明服务业外商直接投资限制的降低对两区域制造业企业价值链地位提升均具有正向促进作用,并且对三大城市群的影响更大。其可能的原因在于,大部分外资企业位于三大城市群,并且三大城市群的服务业开放程度要高于其他地区。仅从产业发展来看,中西部地区第三产业发展水平虽然有所提高,但总规模仍然偏小,比重较低,与东部地区,尤其是三大城市群存在较大的差距。特别是西部地区,服务业仍以生活性服务业和低端生产性服务业为主。而三大城市群服务业开放的时间较长,并且关于服务业发展的各项政策也更为成熟,因此三大城市群的制造业企业从服务业外资进入中获益最多。

(九) 城市规模

由于服务业专业化和多样化集聚特征受到城市规模的影响(席强敏等,2015),因而服务业开放程度对企业全球价值链的作用大小也会因城市规模而有所差异。本书以城市人口规模作为分组变量,

---

① 为了验证该实证结论的稳健性,本书又将所有省区划分为东部地区、中部地区、西部地区以及东北部地区,然后分别对其样本进行实证回归,结果表明,服务业外资进入更有利于东部沿海地区制造业企业全球价值链地位提升,而对中部地区、西部地区以及东北部地区制造业企业的影响并不显著。限于篇幅有限,本书未在正文中详述,此处予以说明。

将人口 100 万以上的城市称为大城市($reg1=1$),人口在 50—100 万之间的城市称为中等城市($reg2=1$),人口在 50 万以下的城市称为小城市($reg3=1$)。将三个虚拟变量分别与服务业外资进入指标相乘得到交互项,纳入模型(4.7)进行回归检验,结果见表 4-10 第(5)列。其中,$reg1\times openservice$ 的估计系数为 -0.0922,在 5% 的置信水平上显著;$reg2\times openservice$ 的估计系数虽亦为负,但仅在 10% 的统计性水平上显著;而 $reg3\times openservice$ 的估计系数并不显著。表明服务业外资进入对大城市制造业企业全球价值链升级的促进作用最明显,其次是一般城市,而对小城市企业的影响十分有限。可能的原因在于,服务业尤其是中高端的服务业主要集中在发达的大城市,而小城市生活性服务业和低端生产性服务业占据主要地位,服务能力较低,服务半径较小,难以形成规模效应和专业分工效应。因此,在服务业开放的情形下,大城市所受影响更大,并且更有利于其地区内企业价值链地位提升。

(十) 区分时间段

随着中国改革开放进程不断深化,全球经济一体化发展,中国外资进入以指数级速度爆发式增长。从 20 世纪 80 年代中后期开始,中国出台多项外资刺激政策,加大对外资的吸引力度。尤其是中国加入 WTO 之后,中国外商投资又进入一个新的高速增长期,与此同时,外资也由一开始的进入制造业部门向进入服务业部门转变(如图 4-1 所示)。为考察中国加入 WTO 前后服务业外资进入对制造业企业全球价值链地位提升的差异化影响,本书构造了时间段虚拟变量,当年份在 2002 年之前时,$year_1$ 取值为 1,否则取 0;当年份处于 2001 年之后时,$year_2$ 取值为 1,否则取 0,相应实证结果见表 4-10 第(6)列。通过观察可以发现,交叉项估计量 $year_1\times openservice$ 的系数为 -0.0393,但未能通过 10% 显著性水平上的检验;$year_2\times openservice$

表 4-10 区分服务业性质、地区性质和时间段的异质性检验

变量	服务业外资开放程度 (1)	服务业发展程度 (2)	服务使用率 (3)	区域类型 (4)	城市规模 (5)	区分时间段 (6)
$high \times openservice$	−0.116 6** (0.051 5)					
$low \times openservice$	−0.052 8** (0.020 9)					
$hdevep \times openservice$		−0.101 9** (0.043 0)				
$ldevep \times openservice$		−0.087 5* (0.045 5)				
$hservice \times openservice$			−0.066 1*** (0.024 3)			
$lservice \times openservice$			−0.044 0* (0.022 7)			
$region1 \times openservice$				−0.068 5*** (0.022 4)		
$region2 \times openservice$				−0.050 5** (0.024 4)		
$reg1 \times openservice$					−0.092 2** (0.043 9)	

续表

变量	服务业外资开放程度 (1)	服务业发展程度 (2)	服务使用率 (3)	区域类型 (4)	城市规模 (5)	区分时间段 (6)
$reg2 \times openservice$					-0.1319^* (0.0689)	
$reg3 \times openservice$					0.2391 (0.5431)	
$year1 \times openservice$						-0.0393 (0.0271)
$year2 \times openservice$						-0.0679^{***} (0.0242)
$lowopenservice$	0.0061 (0.0036)					
$hdevep$		0.0029^{**} (0.0008)				
$hservice$			-0.0034^* (0.00176)			
$region1$				-0.0028 (0.0030)		
$reg1$					0.0170 (0.0325)	

续表

变量	服务业外资开放程度 (1)	服务业发展程度 (2)	服务使用率 (3)	区域类型 (4)	城市规模 (5)	区分时间段 (6)
reg2					0.019 6 (0.032 9)	
year1						−0.001 3 (0.002 5)
age	0.003 0*** (0.000 7)	0.002 7*** (0.000 9)	0.003 1*** (0.000 7)	0.003 1*** (0.000 7)	0.002 6*** (0.000 9)	0.003 0*** (0.000 7)
agesq	−0.000 6*** (0.000 2)	−0.000 7*** (0.000 3)	−0.000 6*** (0.000 2)	−0.000 6*** (0.000 2)	−0.000 7** (0.000 3)	−0.000 6*** (0.000 2)
size	0.000 4 (0.000 3)	0.000 2 (0.000 3)	0.000 4 (0.000 3)	0.000 4 (0.000 3)	0.000 2 (0.000 3)	0.000 4 (0.000 3)
subsidydum	0.000 8** (0.000 4)	0.000 4 (0.000 4)	0.000 8** (0.000 4)	0.000 8** (0.000 4)	0.000 4 (0.000 4)	0.000 8** (0.000 4)
kl	−0.000 3 (0.000 2)	−0.000 3 (0.000 3)	−0.000 3 (0.000 2)	−0.000 2 (0.000 2)	−0.000 3 (0.000 3)	−0.000 3 (0.000 2)
tfp	−0.000 7*** (0.000 1)	−0.000 7*** (0.000 2)	−0.000 7*** (0.000 1)	−0.000 7*** (0.000 1)	−0.000 7*** (0.000 2)	−0.000 7*** (0.000 1)
hhi	−0.000 3 (0.000 4)	−0.000 2 (0.000 5)	−0.000 4 (0.000 4)	−0.000 3 (0.000 4)	−0.000 2 (0.000 5)	−0.000 3 (0.000 4)

续表

变量	服务业外资开放程度 (1)	服务业发展程度 (2)	服务使用率 (3)	区域类型 (4)	城市规模 (5)	区分时间段 (6)
foreign	0.000 1 (0.000 5)	0.000 4 (0.000 5)	0.000 1 (0.000 5)	0.000 1 (0.000 5)	0.000 4 (0.000 5)	0.000 1 (0.000 5)
soe	−0.001 3 (0.000 8)	−0.000 7 (0.001 3)	−0.001 35 (0.000 8)	−0.001 4 (0.000 8)	−0.000 7 (0.001 3)	−0.001 3 (0.000 8)
o	0.010 3*** (0.001 5)	0.011 6*** (0.001 9)	0.010 3*** (0.001 5)	0.010 3*** (0.001 5)	0.011 6*** (0.001 86)	0.010 3*** (0.001 5)
p	0.003 1*** (0.000 6)	0.003 5*** (0.000 7)	0.003 0*** (0.000 6)	0.003 1*** (0.000 6)	0.003 5*** (0.000 7)	0.003 0*** (0.000 6)
常数项	0.011 0*** (0.003 7)	0.012 1** (0.005 3)	−0.003 4* (0.001 8)	0.013 9*** (0.003 6)	−0.004 3 (0.034 4)	0.011 0*** (0.003 2)
R^2	0.393 2	0.393 6	0.393 6	0.393 1	0.393 6	0.393 1
样本量	267 644	267 644	267 644	267 644	267 644	267 644

注：***、**、* 分别表示参数的估计值在 1%、5%、10% 的统计水平上显著；括号内为稳健标准差；标准误差均在 2 位码行业—年份层面进行聚类。

的估计系数在 1% 的统计性水平上显著为负,表明加入 WTO 更有利于强化服务业外资进入对中国制造业企业全球价值链地位提升的促进作用。

第四节　影响机制检验

通过上文的分析发现,服务业外资进入对我国制造业企业全球价值链地位提升具有显著的促进作用,但其影响机制究竟如何尚未可知。本部分归纳总结服务业外资进入对制造业企业全球价值链地位提升的作用渠道,然后通过建立实证模型进行回归检验。

制造业的商品生产既包含制造环节,也包含服务环节。不同的环节对应的要素密集度存在一定的差异,同一企业不可能在所有的价值环节都具有要素禀赋和优势。服务要素作为商品生产中的中间投入可以来源于制造业企业内部,也可以向制造业企业外部采购获得。随着社会分工不断深化细化,服务活动从制造业企业中分离出来,制造业企业通过向企业外部采购服务环节来创造货物的价值。而中国服务业开放尤其是外资管制放松,减少了国外服务供应商进入中国的壁垒,更多先进的国际服务企业进入中国市场,不仅能够影响服务业自身的发展,而且对制造业部门具有重要的作用。

首先,服务业外资进入,一方面可以直接提升中间品市场上服务供给规模、产品范围、服务效率和质量,进而有助于制造业企业向依靠技术、人才和管理等要素的转变,有利于形成产品的水平异质性、垂直异质性和技术异质性,并提升产品的个性化设计水平,增加企业的技术创新特性;另一方面,制造业竞争力的提升以及保持其在全球价值链上的位置需要技术创新和技术进步的支持,而技术创新和技术进步需要依靠高级人力资本和知识资本。外资生产性服务业作为制造业的中间投入,其技术和人力资本含量较高,可以为制造业企业带来示范和竞争效应(Fernandes and Paunov,2012;Duggan et al.,2013),推进制造业企业进行管理模式创新,调整结构向先进技术前沿靠近,激励企业增加研发投入进行技术创新,进而提高企业在全球价值链上游环节的位置。

其次,服务作为制造业的中间投入品,服务业外资进入可以给本国制造业带来直接的国际技术引入,或者在同等技术条件下节约成本。一方面,随着服务中间投入的逐渐提升,企业通过外购效率更高、质量更优、费用更低的专业化生产性服务,能够直接降低生产成本。另一方面,企业可将非核心环节外包给外资服务企业,自身专注于主营业务,间接降低制造成本(Grossman and Rossi-Hansberg,2008)。此外,随着产业分工的深化,企业生产中的统筹、协调等环节将主要由能力更强的外资生产性服务业完成,进而节约了企业的交易成本(吕政等,2006)。此时,服务业外资进入能够促使制造业企业将具有劣势的服务环节外包给外资服务企业,将其资源专注于知识和技术密集型产品的生产,从而有利于实现企业的内部规模经济和外部规模经济(刘斌等,2016b),降低企业成本,提高企业所在全球价值链上的位置。

综上所述,本书可以将服务业外资进入影响制造业企业全球价值链地位提升的作用机制归纳为技术创新效应和成本效应,并且服务业外资进入可以通过提高企业技术创新能力和降低企业成本,对其全球价值链地位升级产生正向促进作用。

一、模型构建

根据前文的分析,本书将服务业外资进入作用于制造业企业全球价值链地位提升的渠道归结为技术创新效应和成本效应,并对其进行实证检验。与上一章做法一致,构造模型(4.8)对上述两种渠道进行检验:

$$gvcupgrade_{ijt} = \alpha + \beta opensevice_{jt} + \phi opensevice_{jt} \times Channel_k \\ + \nu Channel_k + \sum \gamma M_{jt} + \sum \kappa N_{it} + \mu_i + \mu_t + \varepsilon_{ijt}$$

(4.8)

其中,$Channel_k$ 表示不同的机制。$Channel_k$ 与 $opensevice_{jt}$ 交互项的系数 ϕ 为本文关注的焦点,可分别表示服务业外资进入通过技术创新效应和成本效应对制造业企业价值链地位提升的作用强度。其中,技术创新($innovation$)采用企业新产品产值与工业总产值的比重衡量,由于数据库中未提供2004年新产品产值,本书对技术创新作为影响渠道的检验未包含2004年(许和连等,2017)。对于企业成本($cost$)的衡量,本书借鉴刘斌和王乃嘉(2016)的做法,采用管理费用、财务费用、销售费用、主营业务应付工资总额以及主营业务应付福利费总额的加总并取自然对数。其余变量与基准模型相一致。

二、计量结果分析

表4-11呈现了服务业外资进入通过技术创新效应和成本效应对制造业企业全球价值链地位提升的影响。首先,第(1)、(2)列为单独检验技术创新效应的回归检验结果,其中第(1)列在控制企业固定效应和时间固定效应之后,仅加入了服务业外资进入、技术创新及其交叉项。而第(2)列在此基础上又加入了企业层面和行业层面的控制变量,发现各变量系数大小和显著性并无实质性区别。以第(2)列完整的实证结果为分析对象,发现 $opensevice$ 的估计系数显著

表 4-11　影响机制检验

变量	技术创新效应		成本效应		总效应	
	(1)	(2)	(3)	(4)	(5)	(6)
openservice	−0.051 1**	−0.045 4**	−0.065 8***	−0.058 9**	−0.050 5**	−0.044 9**
	(0.019 0)	(0.020 1)	(0.021 5)	(0.022 8)	(0.019 0)	(0.020 1)
innovation	0.000 2**	0.000 2***			0.000 2**	0.000 2***
	(0.000 7)	(0.000 1)			(0.000 1)	(0.000 1)
openservice×innovation	−0.023 4*	−0.028 9**			−0.023 1*	−0.028 7**
	(0.012 8)	(0.013 2)			(0.012 9)	(0.013 2)
cost			0.000 4*	0.000 9***	0.000 4*	0.001 1***
			(0.000 2)	(0.000 2)	(0.000 2)	(0.000 3)
openservice×cost			−0.043 4*	−0.041 5*	−0.046 6*	−0.045 0*
			(0.022 8)	(0.022 8)	(0.026 1)	(0.025 7)
age		0.002 8***		0.002 8***		0.002 8***
		(0.000 9)		(0.000 7)		(0.000 9)
agesq		−0.000 5**		−0.000 6***		−0.000 5**
		(0.000 2)		(0.000 2)		(0.000 2)
size		0.000 5*		0.000 2		0.000 6*
		(0.000 3)		(0.000 3)		(0.000 3)
subsidydum		0.000 9**		0.000 8**		0.000 9**
		(0.000 4)		(0.000 4)		(0.000 4)
kl		−0.000 1		−0.000 3		−0.000 1
		(0.000 1)		(0.000 2)		(0.000 1)

续表

变量	技术创新效应 (1)	技术创新效应 (2)	成本效应 (3)	成本效应 (4)	总效应 (5)	总效应 (6)
tfp		−0.000 8***		−0.000 7***		−0.000 8***
		(0.000 2)		(0.000 1)		(0.000 2)
hhi		0.000 0		−0.000 3		0.000 0
		(0.000 5)		(0.000 4)		(0.000 5)
$foreign$		0.000 0		0.000 1		0.000 0
		(0.000 5)		(0.000 5)		(0.000 5)
soe		−0.001 1		−0.001 4		−0.001 1
		(0.000 9)		(0.000 8)		(0.000 9)
o		0.010 0***		0.010 3***		0.010 0***
		(0.001 5)		(0.001 5)		(0.001 5)
p		0.003 0***		0.003 1***		0.003 0***
		(0.000 7)		(0.000 6)		(0.000 7)
常数项		0.008 0**		0.013 2***		0.007 8*
		(0.003 9)		(0.003 6)		(0.003 9)
控制变量	否	控制	否	控制	否	控制
时间固定效应	控制	控制	控制	控制	控制	控制
企业固定效应	控制	控制	控制	控制	控制	控制
R^2	0.394 7	0.405 5	0.383 0	0.393 1	0.394 6	0.405 5
样本量	234 440	229 493	275 597	267 602	234 399	229 493

注：***、**、* 分别表示参数的估计值在 1%、5%、10% 的统计水平上显著；括号内为稳健标准误差；标准误差均在 2 位码行业—年份层面进行聚类。

为负,说明服务业外资限制程度越高,越不利于制造业企业向全球价值链上游环节攀升,即服务业外资管制程度越低,越有利于促使制造业企业全球价值链地位提升。本书最为关注的交叉项 $opensevice \times innovation$ 的估计系数为 -0.0289,在 5% 的统计性水平上显著,表明服务业外资限制程度下降可以促使制造业企业技术创新,进而有利于其向全球价值链上游环节攀升。第(3)、(4)列为单独检验企业成本效应的回归检验结果,发现 $opensevice$ 的估计系数仍然显著为负,再次确认了服务业外资进入对制造业企业全球价值链地位提升的促进作用。交叉项 $opensevice \times cost$ 的估计系数为负,仅在 10% 的统计性水平上显著,说明服务业外资进入通过成本效应对制造业企业全球价值链地位提升具有促进作用,但其影响程度不及技术创新效应。为了更进一步考察技术效应和成本效应孰大孰小,本书将两作用渠道同时放进公式(4.8),相应实证结果见于表 4-11 第(5)、(6)列。发现第(6)列完整的回归结果中,交叉项 $opensevice \times innovation$ 的估计系数为负,通过了 5% 显著性水平上的检验;而交叉项 $opensevice \times cost$ 的估计系数值亦为负,但仅在 10% 的统计性水平上显著。其说明服务业外资进入可以通过技术创新效应和成本效应促使制造业企业全球价值链地位提升,但前者所产生的作用效果更为明显,该结论与前 4 列实证结论一致。

第五节　服务业外资进入、制度环境与企业全球价值链地位提升

考虑到中国各个省区的制度环境存在明显的差异,为考察不同地区制度环境的差异是否对服务业外资进入的企业价值链升级效应

结果存在影响。本章与上一章做法一致,参照李文贵和余明桂(2012)、杨瑞龙等(2017)的做法,将市场化总分作为制度环境的衡量指标,然后在基准模型的基础上引入服务业外资进入与制度环境变量的交互项,继而可以得(4.9)式:

$$gvcupgrate_{ijt} = \alpha_1 + \phi_1 opensevice_{jt} + \beta_1 opensevice_{jt} \times ins_{kt} \\ + \sum \gamma M_{jt} + \sum \kappa N_{it} + \mu_i + \mu_t + \varepsilon_{ijt} \quad (4.9)$$

同理,借鉴杨瑞龙等(2017)的做法,将市场化指数中"政府与市场关系"得分作为产权制度的代理变量,将"中介组织和法律"得分作为契约制度的代理变量,构造如下模型:

$$gvcupgrate_{ijt} = \alpha_2 + \phi_2 opensevice_{jt} + \beta_2 opensevice_{jt} \times property_{kt} \\ + \sum \gamma M_{jt} + \sum \kappa N_{it} + \mu_i + \mu_t + \varepsilon_{ijt} \quad (4.10)$$

$$gvcupgrate_{ijt} = \alpha_3 + \phi_3 opensevice_{jt} + \beta_3 opensevice_{jt} \times contract_{kt} \\ + \sum \gamma M_{jt} + \sum \kappa N_{it} + \mu_i + \mu_t + \varepsilon_{ijt} \quad (4.11)$$

公式(4.9)至(4.11)中,ins_{kt}、$property_{kt}$和$contract_{kt}$分别表示制度环境(市场化总分)、产权制度和契约制度的虚拟变量,若其实际值大于样本中的均值,则ins_{kt}、$property_{kt}$和$contract_{kt}$均取值为1;若其实际值小于样本中的均值,则ins_{kt}、$property_{kt}$和$contract_{kt}$均取值为0(许和连等,2017)。交叉项$openservice_{jt} \times ins_{kt}$、$openservice_{jt} \times property_{kt}$以及$openservice_{jt} \times contract_{kt}$是本书最为感兴趣的变量,用于考察制度环境、产权制度和契约制度对服务业外资进入与制造业企业全球价值链升级之间关系的调节作用。如果$\beta_i < 0 (i=1,2,3)$且显著,说明两者在影响制造业企业全球价值链地位提升方面存在互补性,即在制度越完善的地区,服务业外资进入对制造业企业全球价值链地位攀升的促进作用就越大;如果$\beta_i > 0 (i=1,2,3)$且显著,则说明两者在影响制造业企业全球价值链地位提升方面存在替代性,即在制度越完善的地区,服务业外资进入对制造业企业全球价值链地位提升的促进作用越小。

表 4-12 第(1)列呈现了制度环境对服务业外资进入与制造业企业全球价值链升级之间关系的作用结果。在控制企业固定效应、时间固定效应以及企业层面和行业层面影响企业价值链地位提升的影响因素后,交叉项 $openservice \times ins$ 的估计系数为-0.0194,并且通过了 1% 统计性水平上的显著性检验,表明在制度越完善的地区,服务业外资管制程度越高,其对制造业企业全球价值链地位提升的抑制作用越大,即制度环境越完善,服务业外资进入对制造业企业全球价值链地位攀升的促进作用越大。这也说明制度环境强化了服务业外资进入对制造业企业全球价值链地位提升的促进作用。进一步从(4.10)式的估计结果,即表 4-12 第(2)列中可以看到,交叉项 $opensevice \times property$ 的估计系数为-0.0173,同样在 1% 的显著性水平上通过了检验,表明在产权制度较为完善的地区,服务业外资进入对制造业企业向全球价值链上游攀升的促进作用较大,即地区的产权制度强化了服务业外资进入对企业全球价值链地位的提升效应。第(3)列交叉项 $openservice \times contract$ 的估计系数为-0.0080,通过了 5% 显著性水平上的检验,但其系数绝对值小于交叉项 $opensevice \times property$ 的估计系数,表明契约制度同样强化了服务业外资进入对制造业企业全球价值链地位提升的促进作用,但其作用程度弱于产权制度。其可能的原因在于,完善的产权制度可以通过强化产权独占性、抬高模仿成本、打击机会主义、增强合作伙伴承诺等方式降低创新技术或产品被侵权模仿的可能性或保证侵权行为发生时受损方得到相应补偿(Kafouros et al., 2015)。在此背景下,知识密集型服务业外资企业基于"双赢"的初衷更有意愿进入产权制度

表 4-12　服务业外资进入、制度环境与制造业企业全球价值链地位提升

变量	制度环境 (1)	产权制度 (2)	契约制度 (3)	产权+契约加权 (4)	产权+契约 (5)
$openservice \times ins$	−0.019 4*** (0.004 8)				
$openservice \times property$		−0.017 3*** (0.005 8)			−0.016 3*** (0.005 8)
$openservice \times contract$			−0.008 0** (0.003 5)		−0.006 6* (0.003 6)
$openservice \times prcon$				−0.011 0** (0.004 4)	
$openservice$	−0.056 2** (0.022 6)	−0.056 9** (0.022 5)	−0.057 0** (0.022 5)	−0.056 5** (0.022 3)	−0.055 0** (0.022 3)
age	0.003 1*** (0.000 7)	0.003 1*** (0.000 7)	0.003 0*** (0.000 7)	0.003 0*** (0.000 7)	0.003 1*** (0.000 7)
$agesq$	−0.000 6*** (0.000 2)	−0.000 6*** (0.000 2)	−0.000 6*** (0.000 2)	−0.000 6*** (0.000 2)	−0.000 6*** (0.000 2)
$size$	0.000 4 (0.000 3)	0.000 4 (0.000 3)	0.000 4 (0.000 3)	0.000 4 (0.000 3)	0.000 4 (0.000 3)
$subsidydum$	0.000 8** (0.000 4)	0.000 8** (0.000 4)	0.000 8** (0.000 4)	0.000 8** (0.000 4)	0.000 8** (0.000 4)
kl	−0.000 2 (0.000 2)	−0.000 3 (0.000 2)	−0.000 3 (0.000 2)	−0.000 3 (0.000 2)	−0.000 3 (0.000 2)

续表

变量	制度环境 (1)	产权制度 (2)	契约制度 (3)	产权+契约加权 (4)	产权+契约 (5)
tfp	−0.000 7***	−0.000 7***	−0.000 7***	−0.000 7***	−0.000 7***
	(0.000 1)	(0.000 1)	(0.000 1)	(0.000 1)	(0.000 1)
hhi	−0.000 3	−0.000 3	−0.000 3	−0.000 3	−0.000 3
	(0.000 4)	(0.000 4)	(0.000 4)	(0.000 4)	(0.000 4)
foreign	0.000 1	0.000 1	0.000 1	0.000 1	0.000 1
	(0.000 5)	(0.000 5)	(0.000 5)	(0.000 5)	(0.000 5)
soe	−0.001 2	−0.001 3	−0.001 3	−0.001 3	−0.001 3
	(0.000 8)	(0.000 8)	(0.000 8)	(0.000 8)	(0.000 8)
o	0.010 3***	0.010 3***	0.010 3***	0.010 3***	0.010 3***
	(0.001 5)	(0.001 5)	(0.001 5)	(0.001 5)	(0.001 5)
p	0.003 1***	0.003 0***	0.003 0***	0.003 0***	0.003 0***
	(0.000 6)	(0.000 6)	(0.000 6)	(0.000 6)	(0.000 6)
常数项	0.011 2***	0.011 5***	0.011 5***	0.011 5***	0.011 2***
	(0.003 6)	(0.003 6)	(0.003 6)	(0.003 6)	(0.003 6)
R²	0.393 1	0.393 0	0.393 0	0.393 0	0.393 0
样本量	267 626	267 626	267 626	267 626	267 626

注：***、**、* 分别表示参数的估计值在1%、5%、10%的统计水平上显著，括号内为稳健标准误差；标准误差均在2位码行业—年份层面进行聚类。

较为完善地区,并与该地区的制造业企业进行技术合作与技术交流,进而有利于该地区制造业企业全球价值链地位提升。

为证明上述结论的稳健性,表 4-12 第(4)列采用产权制度和契约制度的算术平均数作为产权制度和契约制度综合效应的替换变量重新进行实证检验,结果显示,交叉项的估计系数 $opensevice \times prcon$ 仍然显著为负,表明产权制度和契约制度平均水平越高,服务业外资进入对制造业企业全球价值链地位提升的促进作用越强。为了考察产权制度和契约制度对服务业外资进入与制造业企业全球价值链地位攀升之间关系的综合作用,本书进一步将产权制度和契约制度的交叉项同时纳入实证模型,其结果如表 4-12 第(5)列所示。其中,交叉项 $openservice \times property$ 的估计系数为 $-0.016\ 3$,通过了 1% 显著性水平上的检验;$opensevice \times contract$ 的估计系数为负但仅通过 10% 显著性水平上的检验,并且其系数的绝对值远远小于 $openservice \times property$ 估计系数的绝对值,这表明相比契约制度而言,产权制度更能强化服务业外资进入对制造业企业全球价值链地位的提升效应。

综上所述,制度环境能够强化服务业外资进入对制造业企业全球价值链地位提升的促进作用。将制度环境划分为产权制度和契约制度后,发现产权制度发挥的作用强于契约制度,与上一章的结论相一致。

第六节　本章小结

改革开放以来,中国一直推行对外开放政策,加快市场开放进程。但国内服务业开放速度较为缓慢,关于服务业市场开放对制造业以及中国经济发展的潜在影响一直被低估,为数不多的几篇关于外资进入制造业企业经济效益的研究文章也主要集中在企业生产率和出口两个方面,缺乏服务业外资进入对制造业企业全球价值链地位提升影响的研究。党的十九大报告指出要促进中国产业向全球价值链中高端迈进。2019年中央经济工作会议也提出要推动制造业高质量发展,促进产业迈向全球价值链中高端。服务要素作为制造业重要的中间投入品,其与制造业企业全球价值链紧密相关。为此,本章基于2000—2007年中国工业企业数据库、海关数据库、产品关税数据库的合并数据,利用投入产出关系测度服务业外资管制放松来衡量外资进入指标,实证检验了服务业外资进入对制造业企业全球价值链地位提升的影响,其结果如下所示。

第一,基准回归检验结果表明,在控制时间固定效应、企业固定效应之后,逐步加入企业层面和行业层面控制变量的实证结果均显示服务业外资进入估计量的系数显著为负,表明在控制了其他影响因素之后,外商直接投资的限制水平越低,服务业部门外资开放程度越高,对制造业企业全球价值链地位提升的促进作用越明显。

第二,为验证基准回归检验结果的稳健性及合理性,本书进一步从改变固定效应形式、实证方法、核心指标衡量方式、聚类方式等几个方面进行稳健性检验。首先,本书在变化不同固定效应形式之后,发现服务业外资进入仍有利于制造业企业全球价值链地位提升。在采用Heckman两步法以及替换价值链地位提升测算方式之后,该结论依然成立。其次,改变聚类方式方面,本书进一步在2位码行业、地级市以及省区层面进行了更高层次的聚类,发现其结果仍然稳健。另外,剔除了全资企业和纯进口企业,发现服务业外资开放程度越高,对制造业企业全球价值链地位提升的促进作用越明显。最后,本书控制了国有企业改革和贸易开放度指标,以缓解遗漏此变量带来的实证误差,发现服务业外资进入仍有利于促使制造业企业全球价值链地位提升。

第三,考虑到模型的建立可能存在内生性问题,本文借鉴Arnold等(2016)的方法选择与中国经济发展历史进程相似、产业政策相似的印度的服务业外资管制放松指标作为工具变量。在控制企业固定效应和时间固定效应之后,逐步加入企业和行业层面的控制变量,发现服务业外资进入估计量的系数均为负数,并且都在1%的统计性水平上显著,表明服务业外资进入有利于中国制造业企业向全球价值链上游环节攀升,与基准回归检验结果一致。为了验证本书选取印度服务业外资管制指标所得实证结果的稳健性,本书又采用服务业外资进入的滞后一期和滞后两期指标分别作为工具变量,重新对实证模型进行回归检验,发现服务业外资进入的估计系数同样在1%统计性水平上显著为负,再次验证了基准回归结果的稳健性。

第四,本书又从企业特征、行业特征、地区特征以及时间特征四个方面考察了服务业外资进入对制造业企业全球价值链地位提升的异质性影响。研究发现服务业外资进入对规模较大企业、私营企业、一般贸易类型企业以及非劳动密集型、技能密集型制造业企业全球价值链地位提升的促进作用更为明显;并且服务业外资进入更有利于三大城市群内制造业企业全球价值链地位提升。外商直接投资的限制水平越低,服务业外资进入程度越高,对制造业企业全球价值链地位提升的促进作用越明显。服务业外资进入更有利于服务业发达地区企业、服务业开放程度较高的行业企业、使用服务要素投入更高的企业以及大城市企业全球价值链地位提升。2001年中国加入WTO之后,服务业外资进入更显著促进了中国制造业企业全球价值链地位提升。

第五，在梳理已有文献的基础上，本书将服务业外资进入对制造业企业全球价值链地位提升的作用机制归结为技术创新效应和成本效应。通过模型分别检验了服务业外资进入通过这两种渠道对制造业企业全球价值链地位提升的影响，发现服务业外资进入可以通过技术创新效应和成本效应促使制造业全球价值链向上游攀升，将两渠道同时纳入模型，发现技术创新效应发挥的作用大于成本效应。

最后，本书进一步考察了制度环境对服务业外资进入对制造业企业全球价值链地位提升影响的调节作用，发现制度环境能够强化服务业外资进入对制造业企业全球价值链地位提升的促进作用。将制度环境进一步细分为产权制度和契约制度重新进行回归检验后发现，产权制度发挥的作用强于契约制度。

上述结论对中国目前的经济结构调整与开放具有重要的政策借鉴意义。服务业对外开放是提升中国国际竞争力的必由之路。服务业将是中国下一步对外开放的重中之重。有鉴于此，本书提出以下建议。第一，应扩大服务业开放力度，按照负面清单等管理模式，更大力度地放宽服务业的准入和投资限制，提高服务业资源的配置效率。第二，从区域分布来看，一方面，中国要扩大三大城市群之外地区服务业开放力度，鼓励当地对外资服务业企业的招商引资，给予相应优惠引导外资服务业企业进入该地区；另一方面，要降低地区之间贸易壁垒，消除市场分割，使得三大城市群服务业开放的福利通过地区间溢出效应惠及其他地区，带动其他地区经济的快速发展。最后，外资服务业企业进入在带来溢出效应的同时，难免会对国内服务业企业产生一定的竞争压力，中国政府可以制定相应的政策优惠来减免中国服务业企业的成本支出，促使其增强自身的竞争力，从而更好地促使中国制造业转型升级。

第五章　外资进入与中国国内价值链地位提升:空间溢出效应视角的思考

第一节　引　言

中国作为典型的经济大国,国内经济循环与国际经济循环在过去的发展格局下却呈现长期分离趋势,突出表现为外向型经济"两头在外、大进大出"。随着近年来以美国为首的发达国家提出所谓的"去中国化",导致中国国内经济循环与国际经济循环面临进一步分离的压力,加剧国内经济结构失衡。新经济地理理论所揭示的"国内市场效应"原理表明,在垄断竞争和规模报酬递增情形下,拥有相对较大国内市场的国家将成为净出口国。这意味着,国内大市场循环可以支撑国内企业参与国际经济大循环,国内经济循环与国际经济循环在功能上可实现互补,而国内市场需求较小的小国经济则不具备该优势。据国家统计局数据显示,2015—2019 年,中国居民人均可支配收入及消费支出均呈稳步增长态势,中国经济正在逐步从满足外需转向满足内需,经历构建国内大循环的过程。其中,国内价值链(National Value Chain,NVC)作为构建国内大循环的物质基础,是基于国内市场需求发育而成的,由本国企业掌握产品价值链的核心环节(刘志彪和张少军,2008;黎峰,2016),在本国市场获得品牌和销售渠道以及自主研发创新能力的产品链具备高端竞争力,然后进入区域或全球市场的价值链分工生产体系。理论上,国内价值链可以通过错综交织的区际垂直一体化分工网络将各地区经济紧密地联系在一起,使知识、技术、信息等要素在地区间充分流动(Tagliono and Winkler,2016)。其中,位于价值链上游的地区以供给者的身份参与到国内价值链分工体系中,在价值链中主要承担产品设计、品牌创新以及关键零部件生产等高附加值环节,具有较强的产品附加值俘获能力,可以获得更多的利益分配,进而有助于实现当地产业结构升级。通过向国内价值链高附加值环节攀升,还可以将劳动密集型的加工组装环节转移至国内其他地区,延长国内价值链的链条,同时将自身先进的技术传递至国内价值链下游参与地区,在带动经济增长的基础上实现区域经济的协调发展。因此,在当今国际经济形势不容乐观的背景下,如何充分发挥国内各地区比较优势,构建基于内生增长能力的国内价值链,形成以国内大循环为主体,国内国际双循环相互促进的新发展格局,显得尤为重要。本章考察中国国内价值链地位提升的动力因素,对于中国应对贸易保护主义、发展经济增长新动力既具有现实研究基础,又具有重大的理论价值和政策借鉴意义。

目前关于国内价值链的研究大多聚焦于国内价值链发展所带来的经济效应。如Taglioni和Winkler(2016)研究发现,国内价值链可以通过垂直一体化的分工网络促使知识、技术、信息等要素在地区之间充分流动,带动技术前沿的发达地区向技术落后的欠发达地区进行技术溢出,促使两地区技术收敛,进而实现各地区之间发展的平衡。Rumelt(1975)、刘志彪和张少军(2008)认为,延伸国内价值链可以利用与分工相关的比较优势,促使国内产业的关联度提高,带动上下游产业发展,最终实现产业升级。黎峰等(2020)研究指出,国内价值链分工与资源整合是推动中国制造业部门全球价值链地位提升的重要因素。鉴于国内价值链发展带来的诸多好处,近年来国内学者开始对国内价值链的影响因素进行研究,例如黎峰(2017a)将国内价值链分工细分为嵌套于全球价值链的国内价值链分工(NVC_1)和基于内生能力的国内价值链分工(NVC_2),发现进口贸易对 NVC_1 的发展具有积极效应,而对 NVC_2 的培育具有负面影响。黎峰(2017b)随后研究了外国投资对中国国内价值链分工的影响,发现扩大外国投资进入的机会对国内价值链构建产生负面影响。陆铭和陈钊(2009)也认为,外资进入会鼓励地方政府利用国际市场上的规模经济,放弃国内市场上的规模经济,通过地方保护和市场分割来促进地方经济的发展。相反,陈敏等(2008)指出,在对外开放程度较低的时期,外国投资将进一步加剧市场分割,但随着对外开放的步伐继续加快和深化,外国投资将进一步发展内部市场的整合,为构建国内价值链并促进其升级作出更大的贡献。通过以上文献可以看出,尽管目前学术界对国内价值链问题的研究取得了一定的进展,但是关于外资进入这一开放性因素对国内价值链的作用,结论并不统一。

近年来,中国致力于供给侧结构性改革和更高水平的对外开放,不断形成进口和出口平衡、利用外资和对外投资相互协调的良性循环系统,为稳定国际产业链,促进全球良性循环作出了贡献。与此同时,扩大对外开放尤其是引进外资也是发展国内价值链、促使国内循环与国际循环对接的重要纽带,对中国形成国内国际双循环相互促进的新发展格局具有重要的作用。沈剑飞(2018)发现,国内市场壁垒和市场分割随着跨国公司的进入逐步被打破,劳动、资本、信息等要素在区域之间充分流动,各地区参与国内价值链的程度均有所提升。虽然目前中国的工业化体系发展得较为完整,但根据赶超工业化理论,中国仍然需要吸引高技术外资深度嵌入国内高技术领域分工网络,并通过技术溢出和技术创新等途径来促使中国向工业化第三阶段乃至后工业化时代跃升。另外,外资企业还可以通过参与本地分工网络中的高附加值环节,促使中国尽快由进口替代向高质量发展转变,进而推动国内价值链升级(Fernandes and Paunov,2012)。基于以上事实,本章从外资进入视角入手,考察其对我国国内价值链地位提升的影响。但值得注意的是,传统的面板数据通常假定各地区的经济效益是相互独立的,忽略了外资进入存在的空间溢出效应,即一个省区的国内价值链(NVC)不仅受到自身的外商直接投资(FDI)技术溢出效应的影响,而且还受到周边地区FDI的影响。而且NVC的链式循环过程本质上是一个价值增值的过程,在NVC联结的分工网络中,各参与地区通过增加值流动产生真实经济联系,而隐含在增加值中的知识、技术和信息要素也必然随着这些增加值的流动被传播和扩散。因此,NVC具有很强的空间自相关性,通过引入空间权重矩阵可以更为准确地捕捉变量之间的空间关联和溢出效应。有鉴于此,本书在采用普通面板模型进行实证回归的基础上,重点采用空间计量模型考察外资进入对中国国内价值链地位提升的综合作用。不仅为中国国内价值链地位提升和平衡各地区协调发展提供一个新的视角,而且可为中国由参与全球价值链向构建国内价值链转变提供重要的政策借鉴。

本书的研究建立在已有研究基础之上,但与之又有所不同,具体体现在以下三个方面。第一,研究视角方面,本书将以外资进入为出发点,考察其对中国国内价值链地位提升的影响及其空间溢出和空间关联效应,不仅对中国国内价值链地位提升和平衡各地区协调发展提供一个新的视角,而且对中国由参与全球价值链向构建国内价值链转变,形成国内国际双循环新发展格局具有重要的政策借鉴意义。第二,研究方法方面,由于NVC链式循环过程本质上属于价值增值的过程,知识、技术和信息等要素会被隐含在增加值中,随其在各地区之间被广泛扩散。因此,NVC在空间上具有较强的相关性,若将此空间关联性忽略,则会导致有偏的估计结果或错误的参数出现(Anselin,1988)。有鉴于此,本书主要通过构建空间计量模型进行实证检验,不仅可以测度相邻地区对本地区的空间关联和溢出效应,而且能够降低相反因果关系存在的可能性,使得实证结果更为稳健、可信。第三,在研究内容方面,考虑到国内价值链地位提升对地区产业结构升级具有较大的推动作用,而吸引外资又是发展国内价值链、构建国内一体化市场的重要抓手。因此,本书进一步分析外资进入通过国内价值链这一渠道对当地产业结构升级的影响及其空间效应,对于如何促使中国向工业化第三阶段乃至后工业化时代跃升具有重要的启示作用。

本章接下来的结构安排如下:第二节构建计量模型,阐述指标测度方法及数据来源;第三节对实证结果进行分析,包括面板模型结果分析、空间自回归模型(SAR)结果分析、稳健性检验以及异质性讨论;第四节探究了市场化在外资进入与国内价值链地位提升相关关系中发挥的作用;第五节为拓展分析,主要考察外资进入通过提高国内价值链地位对产业结构升级的影响;第六节为本章小结。

第二节 模型构建、指标与数据来源

一、模型设定

外商直接投资(FDI)一般通过促进溢出效应来直接或间接地影响区域国内价值链(NVC)地位提升,借鉴 Antweiler 等(2001)的一般均衡模型研究思路,本书首先建立如下计量模型:

$$pinvcupgrate_{ijt} = \phi_0 + \phi_1 drf_{jt} + \phi_2 X_{ijt} + \phi_3 Z_{it} + v_i + v_j + v_t + \varepsilon_{ijt} \tag{5.1}$$

其中,i、j 和 t 分别表示第 i 个省区第 j 个行业第 t 年的数据,$pinvcupgrate$ 为被解释变量,用来衡量省区—行业层面国内价值链地位提升;drf 为本书的核心解释变量,表示外资进入程度;X 为影响省区—行业层面国内价值链地位提升的控制变量,Z 为省区层面影响国内价值链地位提升的控制变量。v_i、v_j 和 v_t 分别表示省区固定效应、行业固定效应以及时间固定效应;ε_{ijt} 为随机扰动项。

二、指标测度

(一) 被解释变量:国内价值链地位提升

在国内价值链生产体系下,某一产品不再由单一地区制造和销售,而是由多个地区分工协作完成。这表明每个地区流出的产品机制仅一部分由自身创造,剩余部分则由其他地区创造,由此构成了国内价值链分工体系。本章在测度国内价值链时,参照 Koopman 等(2010)对国家层面出口价值来源分解的方法,将其运用到内部地区层面,进而构建了基于 NVC 的地区流出增加值分解框架。

对比 Koopman 等(2014)分析所用的世界投入产出表,本书使用的区域间非竞争型投入产出表增加了国内各地区各产业对其他国家的进口和出口两项。首先,定义基于区域间投入产出表直接增加值系数矩阵 V 如下:

$$V = \begin{bmatrix} V_1 & 0 & \cdots & 0 \\ 0 & V_2 & \cdots & 0 \\ \vdots & \vdots & \vdots & \vdots \\ 0 & 0 & \cdots & V_r \end{bmatrix} \tag{5.2}$$

其中,元素 V_r 表示地区 r 直接增加值占总投入的比重。

然后,生成矩阵 Z_{r*} 用来表示地区 r 对国内其他地区总流出,包括中间品流出和最终品流出。与构造直接增加值系数矩阵 V 类似,将各地区对国内其他地区的总流出矩阵 Z 表示成如下形式:

$$Z = \begin{bmatrix} Z_{1*} & 0 & \cdots & 0 \\ 0 & Z_{2*} & \cdots & 0 \\ \vdots & \vdots & \vdots & \vdots \\ 0 & 0 & \cdots & Z_{r*} \end{bmatrix} \quad (5.3)$$

最后,根据直接增加值系数矩阵 V、里昂惕夫逆矩阵 B 以及总流出矩阵 Z,基于国内价值链分工对各地区总流出中的国内增加值来源进行分解如下:

$$VBZ = \begin{bmatrix} V_1 B_{11} Z_{1*} & V_1 B_{12} Z_{2*} & \cdots & V_1 B_{1G} Z_{G*} \\ V_2 B_{21} Z_{1*} & V_2 B_{22} Z_{2*} & \cdots & V_2 B_{2G} Z_{G*} \\ \vdots & \vdots & \vdots & \vdots \\ V_G B_{G1} Z_{1*} & V_G B_{G2} Z_{2*} & \cdots & V_G B_{GG} Z_{G*} \end{bmatrix} \quad (5.4)$$

其中,元素 $V_s B_{sr} Z_{r*}$ 表示地区 r 总流出中蕴含的地区 s 的增加值,记为 OV_{sr}。基于上述分析,本书将地区总流出中的国内增加值来源分解为以下五个部分:

$$Z_{r*}^{国内} = DV_r + OV_r = \underbrace{V_r B_{rr} \sum_{s \neq r} Y_{rs}}_{(1)} + \underbrace{V_r B_{rr} \sum_{s \neq r} A_{rs} X_{ss}}_{(2)}$$

$$+ \underbrace{V_r B_{rr} \sum_{s \neq r} \sum_{k \neq r,s} A_{rs} X_{sk}}_{(3)} + \underbrace{V_r B_{rr} \sum_{s \neq r} A_{rs} X_{sr}}_{(4)} + \underbrace{OV_r}_{(5)}$$

$$(5.5)$$

其中,(1)表示地区 r 最终产品流出中,被直接流入地 s 吸收的地区 r 增加值;(2)表示 r 地区中间产品流出中,被直接流入地 s 吸收的地区 r 增加值;(3)表示 r 地区中间产品流出中,被直接流入地 s 加工生产,再向第三个地区 k 流出的地区 r 增加值,即"间接流出增加值"(Indirect Value-added Outflow, iv);(4)表示 r 地区中间产品流出中,被直接流入地 s 加工生产,再向地区 r 回流的地区 r 增加值,即"返回增加值";(5)表示地区 r 总流出中包含的国内其他地区的增加值,其计算公式为 $OV_r = \sum_{s \neq r} OV_{sr} = \sum_{s \neq r} V_s B_{sr} Z_{r*}$(Foreign Value-added, fv)。

进一步地,在 2002、2007、2010 和 2012 年 4 年中国 30 个省区区域间非竞争型投入产出表对区域增加值分解的基础之上,本书借鉴 Koopman 等(2010)、郭娟娟等(2020)的思路,构建用于衡量国内价值链地位提升的指标,如公式(5.6)所示:

$$nvcupgrate_i = \frac{iv_i}{X_i} \tag{5.6}$$

其中,$nvcupgrate_i$ 为 i 地区国内价值链上游参与度,用来表示国内价值链地位提升情况;分子 iv_i 为 i 地区"间接流出增加值",即 i 地区流出到其他地区后经二次加工后销售到第三个地区的中间品增加值,分母 X_i 是地区 i 的总产品流出值。根据 Wang 等(2013)的研究,若一个地区融入价值链分工的方式是以提供中间品为主,那么该地区位于价值链上游,在价值链分工中处于优势地位,所以 iv_i 体现了跨多地区配置分工环节的能力。根据以上指标的含义可知,公式(5.6)测度的数值越大,说明地区 i 产品流出中包含的间接流出增加值占比越高,即越靠近国内价值链的上游环节,所处国内价值链地位越高;该值越小,说明越靠近国内价值链的下游环节,所处国内价值链地位越低。

(二) 解释变量:外资进入

本节结合第三章关于 4 位码行业外资进入指标的测度,直接从中国的外资管制放松政策出发,利用中国《外商投资指导目录》,构建中国不同地区不同工业行业的外资进入程度变量。详细步骤如下。首先,识别出某一 4 位码行业在 1997、2002、2004、2007、2011 年是否为鼓励、限制、禁止或允许的行业,然后将 4 位码行业内产品或子类行业受到禁止的赋得分值为 -2,受到限制的赋得分值为 -1,受到鼓励的赋得分值为 2,受到允许的赋得分值为 0,将行业内在 4 个政策状态中的得分值进行加总得到的数值作为 4 位码工业行业外资进入指标的测度数据。由于 2002、2007、2010 和 2012 年 4 年中国 30 个省区区域间非竞争型投入产出表中所包含的 2 位码行业有所出入,本书在构建面板数据之前将所有年份行业统一成 2002 年的标准。与黎峰(2017a)的做法一致,本书一共选取十个 2 位码行业,包括食品加工业,纺织业,造纸业,石油加工、炼焦及核燃料加工业,化学工业,非金属制造业,钢铁及金属制品业,装备制造业,交通运输设备制造业以及电子及仪器仪表业。所以,为了使得各变量所在的层面一致,本书在测度外资进入指标时又将 4 位码工业行业统一汇总到 2 位码行业,最终得到 2 位码工业行业层面外资进入指标(drf)。

(三) 控制变量

1. 要素禀赋因素。从比较优势理论、HO 理论到 HOV 理论,经典贸易分工理论均表明要素禀赋特征对专业化分工的影响不容忽视,已有文献大多以传统的资本密集度来衡量要素禀赋结构,本书在采用资本密集度来衡量要素禀赋结构的基础上进一步考虑了技术密集度(黎峰,2017a)。其中,资本密集度以资本—劳动比(K/L)的对数值来衡量,资本以各地区各部门的固定资产净值年平均余额表示,劳动以地区—部门全部从业人员年平均人数表示;技术密集度以全员劳动生产率的对数值来衡量(TI),而劳动生产率则采用各地区部门中工业生产总值占比全部从业人员的比值来表示。以上数据来源于相应年度的《中国工业经济统计年鉴》。

2. 行政干预因素。行政干预是影响国内专业化分工另一个不可忽视的因素(黎峰,2017a)。Bai等(2004)、黄玖立和李坤望(2006)、陈敏等(2008)、刘小勇和李真(2008)均发现国有企业占比较高的行业对资源配置也具有较强的行政干预倾向;Bai等(2004)、黄玖立和李坤望(2006)发现为获取"财源",地方政府更倾向于对利税占比较高的部门进行市场切割。借鉴以上研究的做法,本书分别引入国有企业比重(SOE)、利税总额占比(TP)的对数值以衡量行政干预因素对国内价值链地位提升的作用。其中,国有企业比重以各地区各部门所有者权益中的国有资本占比来衡量,行业利润总额占比以各地区各部门利税总额占该地区工业利税总额比重来衡量,为避免对数值为0的情况,分别以$SOE+1$、$TP+1$来衡量各部门的国有经济比重、利税总额占比,以上数据来源均为相应年度的《中国工业经济统计年鉴》。

3. 出口开放因素。为控制出口对国内价值链地位提升的影响,本书引入出口贸易比重作为控制变量,采用各地区各工业部门出口总额占部门总产出的比值的对数值来衡量(TEI)。为避免对数值为0的情况,以$TEI+1$来衡量各部门出口开放程度,数据来源为相应年度《中国工业经济统计年鉴》。

除此之外,为了缓解遗漏变量导致的估计结果偏误,本书还在计量模型中加入了省区层面的控制变量,具体包括产业结构($prostruc$)、人力资本水平($prohuman$)以及国有经济比重($prosoe$)。其中,产业结构采用第三产业产值占比GDP的比重来表示;人力资本水平参照王小鲁(2000)、李平和许家云(2011)的做法使用平均受教育年限来衡量,具体如下:将小学毕业受教育年限设为6年,初中毕业受教育年限设为9年,高中毕业受教育年限设为12年,大学毕业受教育年限设为16年。平均受教育年限＝大学文化程度人口比重×16年＋高中文化程度人口比重×12年＋初中文化程度人口比重×9年＋小学文化程度人口比重×6年;国有经济比重用各省区全社会投资中的国有企业投资比重衡量(李平和郭娟娟,2017)。以上指标均采用其对数值进行实证回归。

三、数据来源

本章最主要的数据,即2002、2007、2010和2012年4年中国30个省区区域间非竞争型投入产出表,均来自中国科学院,其中2002年的由中国科学院虚拟经济与数据科学研究中心编制,2007、2010和2012年的由中国科学院区域可持续发展分析与模拟重点实验室编制。囿于数据的可得性,现有研究中国国内价值链的文献大多使用2007年一年的中国30个省区区域间投入产出表(苏庆义,2016),或者使用1997、2002和2007年共3年但仅有八大地区的区域间投入产出表(李跟强和潘文卿,2016;黎峰,2016),上述做法无法探讨各省区之间投入产出联结的结构变化,而本书所使用的4年30个省区的投入产出表则能够较好地弥补上述不足。鉴于中国省区区域间非竞争型投入产出表的不连续性,本书参照杨汝岱(2015)的处理方法并结合年份就近原则,在测度2000—2004、2005—2007、2008—2010年以及2011—2013年4个时间段国内价值链地位时分别使用了2002、2007、2010和2012年省区区域间投入产出表。而关于控制变量指标测度,其原始数据来自《中国工业经济统计年鉴》和各省区统计年鉴。另外,考虑到数据统计信息的遗漏,个别变量在某一年份的数据可能为缺失值。为了使更多的样本参与实证回归,扩大观察值的数量,达到渐进性质对大样本的要求,本书又对数据缺失的控制变量采取了均值、向后和向前的补漏方法,从而减少了缺失值的数量,最终共有 4 200 个样本参与回归,期间为 2000—2013 年。传统面板实证模型所用指标的统计性描述如表 5-1 所示。

表 5-1　统计性描述

变量	样本量	平均值	标准差	最小值	最大值
$pinvcupgrate$	4 200	0.044 0	0.032 4	0	0.501 8
$\ln drf$	4 200	3.750 7	0.907 9	2.079 4	5.332 7
$\ln SOE$	4 200	0.899 2	0.704 1	0	6.739 6
$\ln KL$	4 200	2.770 8	0.833 1	0	11.346 0
$\ln TI$	4 200	3.453 6	1.398 3	0	10.399 2
$\ln ETI$	4 200	0.035 9	0.058 0	0	0.678 9
$\ln TP$	4 200	0.083 7	0.111 4	−1.695 6	1.343 3
$\ln prostruc$	4 200	0.331 9	0.058 0	0.251 7	0.944 1
$\ln prohuman$	4 200	2.303 8	0.071 9	2.131 0	2.582 6
$\ln prosoe$	4 200	0.339 1	0.092 8	0.119 4	0.562 4

注:表中数据为作者计算所得。

四、空间计量

传统的面板数据通常假定各个地区的经济效益是相互独立的,忽略了外资进入存在的空间溢出效应,并且一个省区的 NVC 不仅受到自身 FDI 技术溢出效应的影响,而且还受到周边地区 FDI 的影响。在 NVC 联结的分工网络中,各参与地区通过增加值流动产生真实经济联系,而隐含在增加值中的知识、技术和信息要素也必然随着这些增加值的流动被传播和扩散。因此,NVC 具有很强的空间自相关性,而通过引入空间权重矩阵可以更为准确地捕捉变量之间的空间关联和溢出效应。进一步地,本书将以2000—2013年省区层面数据为研究对象,采用空间计量模型来考察外资进入对国内价值链地位提升的综合效应、直接效应和间接效应。

为了控制非观测的固定效应和空间自相关效应,本章将选择同时固定个体效应和时间效应的空间面板模型。在具体模型的选择上,Anselin 和 Florax(1995)提出了判断准则,并在后期进行改进,提出了适合空间面板数据的 LM 检验(Anselin et al.,2008)。本章据此进行空间相关性检验,结果如表5-2[①]所示。比较 LMERR、LM-LAG 以及 R-LMERR、R-LMLAG 可以发现,面板空间自回归模型(SAR)和面板空间误差模型(SEM)对于本书来讲并无较大差异。为了更清楚地查看地区国内价值链之间的相互依赖机制,本书接下来将重点报告 SAR 模型的回归结果,并构建 SEM 模型进行稳健性检验。其中,面板 SAR 模型构建如下:

$$nvcupgrate_{it}=\rho W nvcupgrate_{it}+\alpha_0+\alpha_1 \ln fdi_{it}+\alpha_3 Z_{it}+v_i+v_t+\varepsilon_{it} \tag{5.7}$$

其中,$\varepsilon_{it} \sim N(0,\sigma_{it}^2)$。

公式(5.7)中,$nvcupgrate_{it}$ 是用来衡量省区层面国内价值链地位提升的指标;$\ln fdi_{it}$ 为省区 i 在 t 时期实际利用外资占比总产值的对数值,用来衡量 i 地区外资进入程度;$\rho W nvcupgrate_{it}$ 为被解释变量 $nvcupgrate_{it}$ 的空间滞后项,用来区分省区国内价值链的空间滞后效应;ρ 为空间滞后项回归系数,反映了样本观测值之间的空间依赖程度,即邻近省区的国内价值链地位提升对本省区国内价值链地位提升的影响方向和程度;W 为空间权重矩阵,主要包括静态空

[①] 由于现有 Stata 命令只能运行横截面的空间相关性检验,本书随机挑选了2004年,其他年份的情况与2004年类似,限于篇幅,书中没有显示。

间权重矩阵和动态空间权重矩阵。控制变量主要包括产业结构($\ln prostruc$),用第三产业占比总产值比重的对数值来衡量;人力资本($\ln prohuman$),用受教育年限的对数值来表示;贸易依存度($\ln tradeopen$),用进出口总额占比 GDP 比重的对数值来衡量;金融发展水平($\ln profinance$),用存贷款总额占比 GDP 的对数值表示;资本产出比($\ln proky$)、资本劳动比($\ln prokl$),分别采用固定资本存量与实际 GDP 和就业人数比重的对数值来衡量;国有经济比重($\ln prosoe$),用全社会投资中国有企业投资比重的对数值表示。v_i、v_t 分别表示地区固定效应和时间固定效应。ε_{it} 为随机误差项变量。

表 5-2 空间相关性检验结果

检 验	统计量	P
空间误差:		
拉格朗日乘数(LMERR)	1.800	0.180
稳健的拉格朗日乘数(R-LMERR)	4.214	0.040
空间滞后:		
拉格朗日乘数(LMLAG)	1.318	0.251
稳健的拉格朗日乘数(R-LMLAG)	3.732	0.053

注:根据 Stata 计算所得。

为了验证空间计量结果的稳健性,本书进一步构建了空间误差模型,其表达式如下:

$$nvcupgrate_{it}=\beta_0+\beta_1\ln FDI_{it}+\beta_3 Z_{it}+v_i+v_t+\varepsilon_{it} \quad (5.8)$$

其中,$\varepsilon_{it}=\lambda W nvcupgrate_{it}+\mu_{it}$,$\mu_{it}\sim N(0,\sigma_{it}^2)$。

公式(5.8)中,参数 λ 为空间误差系数,衡量了样本观察值中的空间依赖程度,即邻近省区的国内价值链地位提升对本省区国内价值链地位提升的影响程度和方向。与 SAR 模型不同的是,SEM

模型中的空间依赖性作用存在于误差中,度量了邻近省区关于因变量的误差冲击对本省区观测值的影响程度。同样地,v_i、v_t 分别表示地区固定效应和时间固定效应。μ_{it} 为正态分布的随机误差向量。

空间权重矩阵设定(静态空间权重矩阵和动态空间权重矩阵)是指在进行空间计量模型实证回归检验之前,需要建立空间权重矩阵。当前大多数研究从地理位置是否接近等静态空间特征来考察地区间的空间相关关系(Keller,2002),但静态空间特征并不足以揭示空间关联产生的内在原因与机制。有鉴于此,本书在设定静态空间权重矩阵的同时,从要素区际流动这一动态化空间视角构建了动态空间权重矩阵,以验证实证结论的稳健性。其中,静态空间权重矩阵,根据现有研究,主要包括二进制 0—1 空间权重矩阵(W_1)、地理距离空间权重矩阵(W_2、W_3)和经济距离空间权重矩阵。其中,W_1 的对角线元素为 0,非对角线元素满足:若两地区相邻则为 1,否则为 0。地理距离空间权重矩阵相比 0—1 空间权重矩阵可以考虑更远地区之间的空间相关关系,主要包括两种设定方法:其一,将 W_2 的对角线元素设定为 0,非对角线元素为两省会之间距离平方的倒数;其二,将 W_3 的对角线元素设定为 0,非对角线元素为根据经纬度设定的地理距离权重。经济距离空间权重矩阵(W_4)使用 2000—2013 年人均 GDP 进行设定,其对角线元素设定为 0,非对角线元素为两地区人均 GDP 差值绝对值的倒数。对于动态空间权重矩阵,本书中的动态空间关联主要指地区由于劳动力、物质资本等要素流动而产生的空间相互作用。参照 Zipf(1946)的做法,本书采用引力模型对省区要素流动引起的空间关联进行度量。劳动力的空间关联度可表示为如下:

$$SL_{ip} = \alpha L_i L_p / D_{ip} \qquad (5.9)$$

其中，SL_{ip} 表示地区 i 和地区 p 之间劳动力的空间关联度；α 为常数，其取值为 1；L_i 和 L_p 分别表示地区 i 和地区 p 的就业人数；D_{ip} 表示地区 i 和地区 p 之间的距离，本书采用两省会之间的直线距离来表示。基于此，本书的劳动力流动空间权重矩阵（W_5）的元素可设置为：对角线元素为 0，非对角线元素为 SL_{ip}。

同理，物质资本的空间关联度与物质资本流动空间权重矩阵（W_6）可参照上述劳动力的空间关联度和劳动力流动空间权重矩阵来设置。其中，各地区物质资本存量采用永续盘存法进行估算（Goldsmith，1951）。具体地，资本存量的基本估计公式可以表达为如下：

$$K_{it}=K_{it-1}(1-\delta)+I_{it} \tag{5.10}$$

$$K_0=I_{i0}/(g+\delta) \tag{5.11}$$

其中，K_{it} 为地区 i 在 t 时期的资本存量；I_{it} 为地区 i 在 t 时期的固定资本形成总额；δ 为经济折旧率。为消除价格影响，固定资本形成总额选取以 1998 年为基期的数据，经济折旧率选择 5%。最终获得物质资本流动空间权重矩阵（W_6）。为了能够将来自近邻的观测值构成一个线性组合，本书进一步将上述六个空间权重矩阵标准化，使其各行元素之和为 1。表 5-3 是省区层面空间计量模型所用变量的统计性描述。

表 5-3 统计性描述

变量	样本量	平均值	标准差	最小值	最大值
nvcupgrate	420	0.056 2	0.024 1	0.019 3	0.157 5
ln fdi	420	0.026 3	0.023 6	0.000 5	0.162 2
ln $prostruc$	420	0.331 9	0.058 1	0.251 7	0.944 1
ln $prohuman$	420	2.303 8	0.072 0	2.131 0	2.582 6

续表

变量	样本量	平均值	标准差	最小值	最大值
$\ln tradeopen$	420	0.250 6	0.262 2	0.035 1	1.044 8
$\ln profinance$	420	1.230 6	0.216 1	0.823 9	2.116 6
$\ln proky$	420	1.036 1	0.109 7	0.794 6	1.352 6
$\ln prokl$	420	1.990 0	0.684 6	0.657 9	3.677 6
$\ln prosoe$	420	0.339 1	0.092 9	0.119 4	0.562 4

注：表中数据为作者计算所得。

第三节 实证结果分析

本节首先利用普通面板模型对方程(5.1)进行回归检验，不仅可以初步判断外资进入与国内价值链地位提升之间的相关关系，还可以为后续采用 SAR 模型对方程(5.7)和 SEM 模型对方程(5.8)进行回归做铺垫和比较。

一、面板模型回归结果分析

表 5-4 为利用面板模型对方程(5.1)进行回归检验所得结果,其中,第(1)至(4)列为 OLS(普通最小二乘法)的实证结果；第(5)列为固定效应检验结果；第(6)列为 GLS 检验结果；第(7)列为 2SLS(广义最小二乘法)的检验结果。具体来看,第(1)列在控制年份固定效应、行业固定效应和省区固定效应之后仅加入了核心解释变量——外资进入,发现外资进入($\ln drf$)的估计系数为 0.016 2,并且通过了 1% 显著性水平上的检验,说明外资进入有利于国内价值链地位提升。进一步地,第(2)列加入了省区—行业层面的控制变量,包括资本

表 5-4 面板模型回归结果

变量	OLS检验 (1)	OLS检验 (2)	OLS检验 (3)	固定效应检验 (4)	GLS检验 (5)	GLS检验 (6)	2SLS检验 (7)	2SLS检验 (8)
$\ln drf$	0.016 2***	0.015 0***	0.015 0***	0.016 1***	0.015 2***	0.012 1***	0.011 0**	0.020 7***
	(0.002 2)	(0.002 2)	(0.004 8)	(0.002 1)	(0.002 3)	(0.002 8)	(0.004 4)	(0.003 2)
$\ln SOE$		−0.007 3***	−0.007 3*	−0.005 1***	−0.007 4***	−0.007 7***	−0.007 9***	−0.006 1***
		(0.001 5)	(0.004 1)	(0.002 0)	(0.001 5)	(0.001 5)	(0.001 6)	(0.001 6)
$\ln KL$		0.004 6***	0.004 6	0.003 9***	0.004 6***	0.004 5***	0.004 5***	0.005 0***
		(0.001 1)	(0.003 6)	(0.001 2)	(0.001 1)	(0.001 2)	(0.001 1)	(0.001 1)
$\ln TI$		−0.001 6	−0.001 6	−0.001 7	−0.001 6	−0.001 4	−0.001 3	−0.002 3**
		(0.001 1)	(0.001 8)	(0.001 1)	(0.001 1)	(0.001 1)	(0.001 1)	(0.001 1)
$\ln ETI$		0.017 6*	0.017 6	−0.034 1***	0.018 3*	0.018 5**	0.018 8**	0.013 2
		(0.009 6)	(0.014 0)	(0.012 7)	(0.009 6)	(0.009 8)	(0.009 6)	(0.010 5)
$\ln TP$		0.013 9***	0.013 9**	0.013 9*	0.014 1***	0.013 7***	0.013 7***	0.016 7***
		(0.005 1)	(0.006 1)	(0.006 3)	(0.005 1)	(0.005 0)	(0.005 0)	(0.005 8)
$\ln struc$		−0.019 6	−0.019 6	−0.020 9*	−0.020 4	−0.019 4	−0.019 4	−0.017 6
		(0.012 4)	(0.017 1)	(0.011 1)	(0.012 5)	(0.012 3)	(0.012 3)	(0.012 4)
$\ln human$		0.018 8	0.018 8	0.023 3	0.020 3	0.018 7	0.018 6	0.022 2
		(0.033 0)	(0.064 4)	(0.029 7)	(0.033 2)	(0.032 8)	(0.032 8)	(0.033 6)
$\ln soe$		−0.005 9	−0.005 9	−0.008 0	−0.006 3	−0.005 6	−0.005 5	−0.009 4
		(0.012 0)	(0.018 3)	(0.010 8)	(0.012 1)	(0.011 9)	(0.011 9)	(0.012 5)

续表

变量	OLS检验 (1)	OLS检验 (2)	OLS检验 (3)	固定效应检验 (4)	GLS检验 (5)	(6)	2SLS检验 (7)	2SLS检验 (8)
C	−0.024 3*** (0.007 3)	−0.060 8 (0.073 4)	−0.060 8 (0.145 7)	−0.047 1 (0.067 3)	−0.064 8 (0.073 7)	−0.052 9 (0.076 6)	−0.051 7 (0.078 7)	−0.102 2 (0.079 0)
R^2	0.276 1	0.283 0	0.293 2	0.134 5	0.285 1			
F值				14.04				
第一阶段F值						2 582.32	1 429.27	5 921.99
Under identification test						1 613.39*** (0.000 0)	1 078.06*** (0.000 0)	2 365.89*** (0.000 0)
Weak identification test						2 582.316	1 429.274	2 365.886
				第一阶段回归				
时间固定效应	控制	控制	控制	控制	控制	否	控制	控制
行业固定效应	控制	控制	控制	控制	控制	否	控制	控制
省区固定效应	控制	控制	控制	控制	控制	否	控制	控制
样本量	4 200	4 200	4 200	4 200	4 200	4 200	4 200	3 930
工具变量						2.115 1*** (0.041 6)	0.481 4*** (0.012 7)	0.724 9*** (0.009 4)

注：***、**、*分别表示参数的估计值在1%、5%、10%的统计水平上显著，括号内为稳健标准误差。

密集度($\ln KL$)、技术密集度($\ln TI$)、国有企业比重($\ln SOE$)、利税总额占比($\ln TP$)、出口贸易比重($\ln ETI$)以及省区层面的控制变量,包括产业结构($\ln struc$)、人力资本水平($\ln human$)以及国有经济比重($\ln soe$),发现外资进入($\ln drf$)的估计系数为0.0150,同样在1%的统计性水平上显著,即外资进入程度越高,越有利于国内价值链向上游环节攀升。在第(2)列的基础上,第(3)列又控制了省区×行业固定效应,发现外资进入亦通过了1%显著性正向水平上的检验。第(4)列为在省区—行业层面聚类的实证结果,发现外资进入($\ln drf$)系数仍显著为正,进一步验证了外资进入能够促进国内价值链地位提升这一结论。为了便于比较,本书还进行了固定效应检验和GLS检验,如第(5)、(6)列所示,发现外资进入($\ln drf$)系数均为正数,并且都通过了1%显著性水平上的检验,说明外资进入确实有利于国内价值链地位提升。其可能的解释是,外资进入不仅可以产生技术溢出效应和产业关联效应,而且由于竞争加剧倒逼国内企业进行技术创新,此时外资进入的积极效应大于外资进入所产生的"替代效应",进而促进国内价值链地位提升。

但值得注意的是,使用外资管制放松这一政策变量来衡量外资进入,可能存在内生性问题。如果一省区某行业国内价值链地位越高,其所获得的价值增值越多,政府可能会优先支持这类行业发展,制定开放政策鼓励外资进入该行业,导致国内价值链地位变动,也会影响外资进入水平。

为缓解该内生性问题导致的实证结果偏误,本书选取前定变量——1995年外资管制放松程度作为工具变量,采用2SLS估计方法进一步考察外资进入对中国省区—行业国内价值链地位提升的影响,相应结果见于第(6)列。首先,本书样本区间为2000—2013年,而1995年外资管制放松指标是前定变量,其与回归方程的扰动项不相关,保证了该工具变量外生性的条件。其次,第一阶段 F 值为 2 582.32,并且 Underidentification test 和 Weak identification test 均通过了 1% 的显著性水平,工具变量的有效性得到了满足。最后,第(6)列 $\ln drf$ 的估计系数仍通过了 1% 显著性水平上的正向检验,表明外资进入确实对中国国内价值链地位提升具有促进作用。进一步地,考虑到将 1995 年外资管制放松程度作为工具变量具有不随时间变化的特征,因此我们借鉴 Wrenn 等(2019)、Waxman 等(2020)的做法,将国家经济发展水平(人均国内生产总值)与 1995 年外资管制放松程度的乘积作为新的工具变量,重新进行实证检验,这样做的原因在于:其一,外资管制放松政策的实施与一国经济发展水平或所处的发展阶段具有较大的关联性,这在一定程度上可以保证该工具变量与核心解释变量高度相关;其二,国家经济发展水平作为比省区、行业更高层面的宏观变量,无法影响省区、行业层面经济指标的大小,进而确保了该工具变量与被解释变量的不相关性。第(7)列第一阶段 F 值为 1 429.27,Underidentification test 和 Weak identification test 均通过了 1% 的显著性水平,说明工具变量是有效的。综上几个方面可知对该工具变量的选取是合理的。核心解释变量 $\ln drf$ 的估计系数为 0.011 0,在 5% 的置信水平上显著,证实了外资进入有利于国内价值链地位提升这一结论。第(8)列采用外资进入滞后一期指标作为工具变量的结果仍然稳健,表明外资进入确实有利于国内价值链地位提升。

对于控制变量而言,如第(7)列结果显示,$\ln SOE$ 的估计系数显著为负,在 1% 的统计性水平上显著,似乎表明某省区行业国有企业比重越高,越不利于国内价值链向上游攀升;$\ln KL$ 的估计系数显著为正,说明省区内某行业资本密集型水平越高,国内价值链越容易向上游环节延伸;同样地,$\ln ETI$ 和 $\ln prohuman$ 的估计系数同样为正数,但仅前者通过了 5% 显著性水平上的检验,表明对外开放程度发挥的作用更大。此外,ln TI 等控制变量未能通过 10% 显著性水平上的检验,表明其对国内价值链地位提升的影响并不十分明显。

二、SAR 模型回归结果分析

上述传统面板模型实证结果表明,外资进入对我国国内价值链地位提升具有显著的正向影响。但由于国内价值链的链式循环过程本质上是一个价值增值的过程,在 NVC 联结的分工网络中,各参与地区通过增加值流动产生真实经济联系,而隐含在增加值中的知识、技术和信息要素也必然随着这些增加值的流动被传播和扩散。因此,国内价值链具有很强的空间自相关性,而通过引入空间权重矩阵可以更为准确地捕捉变量之间的空间关联和溢出效应。但对于国内价值链地位而言,外资的进入通常会产生以下效应。一是替代效应,即跨国公司拥有一套完整的生产分工体系,外资进入在兼并国内品牌及大企业的同时,往往把配套企业也纳入其全球生产体系,从而很大程度上表现为对国内原有生产配套体系的替代(黎峰,2017b),进而不利于国内价值链地位提升。二是促进效应。外资进入可以通过水平溢出效应、前向关联效应和后向关联效应带动国内的垂直专业化分工(Rodríguez-Clare,1996;Du et al.,2014;杨红丽和陈钊,2015),进而有利于地区国内价值链地位提升。此外,外资进入还可以通过示范效应、培训效应以及加剧国内竞争来促使国内企业进行技术创新,进而推动当地国内价值链升级。为考察两种效应孰大孰小,本书在该部分采用随机效应 SAR 模型[①]对方程(5.7)进行回归,

---

① 通过豪斯曼检验,本书发现采用邻近矩阵所得的豪斯曼统计量为负数,故可以接受随机效应的原假设,采用随机效应的 SAR 模型进行回归检验。

得到表 5-5 的实证结果。

(一) 静态权重矩阵回归结果

1. 地理距离空间权重矩阵

普通的地理距离空间权重矩阵仅考虑了空间距离远近对外资进入外部性的影响,主要包括邻近空间权重矩阵和地理距离空间权重矩阵两个方面。其中,第(1)列为采用邻近空间矩阵所得的实证结果,主要包括空间相关系数、直接效应、间接效应和总效应估计。由表 5-5 第一行可知,空间估计系数 rho 为正,并且通过了 5% 显著性概率检验,说明空间相关的影响不可忽视,各省区国内价值链地位存在显著的正相关关系,即在示范效应、溢出效应和带动效应的作用下,某一省区的国内价值链地位在一定程度上依赖其临近具有相似空间特征的省区的国内价值链地位。地理位置越相邻或者接近,越利于相邻省区之间 FDI、科学技术、知识产出尤其是隐性知识的扩散,促进相邻省区间共享和合理配置资源,进而形成国内价值链的分工网络,促使整个价值链条向上游攀升。

空间自回归模型(SAR)不仅可以验证省区间国内价值链地位的空间相关性,使得模型估计更加可靠,而且可以分别估计省区内 FDI (直接效应)、省区间 FDI(间接效应)以及整体 FDI(总效应)对省区国内价值链地位提升的外溢效应。从表 5-5 的第(1)列可以看出,在直接效应方面,省区内 FDI 对国内价值链地位提升的影响系数显著为正,说明省区内 FDI 对国内价值链地位提升具有促进作用。在间接效应方面,省区间 FDI 对国内价值链地位提升的作用虽然为正,但未能通过 10% 显著性水平上的检验,说明省区间 FDI 对国内价值链地位升级的促进作用十分有限。在总效应方面,整体 FDI 对国内价值链地位提升也存在显著的正向作用,并且直接效应的系数的绝对值大于间接效应的系数的绝对值,即省区内 FDI 对国内价值链地位提升的促进作用大于省区间 FDI 的作用。进一步地,表 5-5 在一定程度上反映了 FDI 进入对地区国内价值链地位升级的空间溢出机制可以从 FDI 进入地区、邻近地区、进入地区与邻近地区之间三个空间关系角度进行细化,具体如下。第一,通过 FDI 进入地区的"非自愿扩散效应"产生空间溢出。FDI 进入地区在获取直接效应的同时,也会以非自愿扩散、传播等途径对邻近地区产生溢出效应。第二,通过邻近地区的"学习模仿效应"产生空间溢出。随着 FDI 进入对地区国内价值链地位提升促进作用的显现,邻近地区会主动学习和模仿 FDI 参与地区的先进技术和管理经验,提高自身技术和生产水平。第三,通过 FDI 进入地区与邻近地区之间的竞争效应、要素流动效应和产业关联效应产生空间溢出。

为了检验采用邻近矩阵所得实证结果的稳健性,本书进一步构建了距离空间权重矩阵,主要包括基于经纬度构建的距离空间权重矩阵和采用全国各省会之间直线距离的倒数获得的距离空间权重矩阵,所对应的实证结果如表 5-5 第(2)、(3)列所示。观察其结果可以发现,在总效应方面,整体 FDI 对国内价值链地位提升的影响系数显著为正,说明外资进入确实对国内价值链升级具有显著的促进作用。在直接效应中,$\ln fdi$ 的估计系数均为正数,并且都在 1% 的显著性水平上通过了检验,说明省区内 FDI 对国内价值链地位提升存在显著的正向外溢效应。在间接效应中,$\ln fdi$ 的估计系数亦为正数,但其大小或显著性却不及直接效应,说明省区内 FDI 对国内价值链地位提升的促进作用大于省区间 FDI 对国内价值链的促进作用。

2. 经济距离空间权重矩阵

表 5-5 第(4)列为采用经济距离矩阵所得的实证结果。其中,空间相关系数为 0.211 3,在 1% 的显著性水平上通过了检验,说明各省区之间的国内价值链存在显著的正相关关系,即某一省区的国内价值

表 5-5 空间自回归模型回归结果

变量	W_1 (1)	W_2 (2)	W_3 (3)	W_4 (4)	W_5 (5)	W_6 (6)
Spatial(rho)	0.164 5** (0.082 0)	0.280 5*** (0.050 3)	0.290 2*** (0.052 6)	0.211 3*** (0.078 2)	0.536 2*** (0.080 5)	0.580 4*** (0.069 2)
Direct						
$\ln fdi$	0.133 6** (0.052 6)	0.154 8*** (0.052 7)	0.154 0*** (0.053 0)	0.132 8** (0.054 9)	0.152 6*** (0.055 8)	0.149 7*** (0.055 2)
$\ln prostruc$	−0.008 0 (0.018 5)	−0.007 9 (0.019 1)	−0.007 9 (0.019 2)	−0.008 5 (0.020 1)	−0.007 8 (0.019 5)	−0.008 3 (0.019 5)
$\ln prohuman$	−0.094 1* (0.051 0)	−0.087 9* (0.052 9)	−0.087 4* (0.053 1)	−0.083 2 (0.050 9)	−0.074 1 (0.052 0)	−0.085 1 (0.051 8)
$\ln tradeopen$	0.006 1 (0.015 2)	0.002 5 (0.014 5)	0.002 1 (0.014 4)	0.005 5 (0.014 0)	−0.004 4 (0.014 3)	−0.003 8 (0.014 8)
$\ln profinance$	−0.014 8 (0.014 9)	−0.012 3 (0.014 6)	−0.012 4 (0.014 6)	−0.013 4 (0.015 4)	−0.008 4 (0.014 4)	−0.007 3 (0.014 3)
$\ln proky$	−0.005 3 (0.022 2)	−0.006 8 (0.022 3)	−0.005 9 (0.022 4)	−0.004 6 (0.023 1)	−0.005 8 (0.022 5)	−0.008 5 (0.022 3)

续表

变量	W_1 (1)	W_2 (2)	W_3 (3)	W_4 (4)	W_5 (5)	W_6 (6)
$\ln prokl$	0.000 0 (0.005 6)	0.001 5 (0.005 7)	0.001 4 (0.005 8)	−0.000 1 (0.005 8)	0.002 9 (0.005 9)	0.004 2 (0.005 8)
$\ln prosoe$	−0.027 5 (0.028 4)	−0.021 7 (0.028 6)	−0.022 2 (0.028 6)	−0.019 3 (0.028 9)	−0.018 1 (0.028 4)	−0.018 7 (0.028 2)
Indirect						
$\ln fdi$	0.027 8 (0.018 5)	0.057 4*** (0.022 0)	0.060 0*** (0.023 2)	0.035 5* (0.018 8)	0.168 9** (0.070 2)	0.196 0** (0.081 0)
$\ln prostruc$	−0.000 2 (0.004 1)	−0.003 3 (0.007 4)	−0.003 3 (0.007 7)	−0.001 3 (0.005 8)	−0.009 0 (0.022 9)	−0.011 5 (0.026 5)
$\ln prohuman$	−0.019 8 (0.016 3)	−0.032 9 (0.021 7)	−0.034 7 (0.023 4)	−0.024 1 (0.018 9)	−0.088 3 (0.074 0)	−0.116 0 (0.083 1)
$\ln tradeopen$	0.001 0 (0.003 4)	0.001 1 (0.005 4)	0.001 1 (0.005 6)	0.001 5 (0.004 0)	−0.004 1 (0.015 9)	−0.004 5 (0.019 3)
$\ln profinance$	−0.002 8 (0.003 2)	−0.004 8 (0.005 7)	−0.005 1 (0.005 9)	−0.004 2 (0.005 1)	−0.011 0 (0.018 0)	−0.011 4 (0.020 4)

续表

变量	W_1 (1)	W_2 (2)	W_3 (3)	W_4 (4)	W_5 (5)	W_6 (6)
$\ln proky$	−0.0014 (0.0046)	−0.0023 (0.0082)	−0.0022 (0.0086)	−0.0007 (0.0068)	−0.0068 (0.0249)	−0.0118 (0.0289)
$\ln prokl$	0.0002 (0.0013)	0.0007 (0.0022)	0.0007 (0.0024)	0.0003 (0.0016)	0.0042 (0.0075)	0.0063 (0.0088)
$\ln prosoe$	−0.0058 (0.0070)	−0.0077 (0.0104)	−0.0081 (0.0108)	−0.0047 (0.0085)	−0.0195 (0.0324)	−0.0235 (0.0371)
Total						
$\ln fdi$	0.1614** (0.0661)	0.2122*** (0.0716)	0.2140*** (0.0731)	0.1682** (0.0684)	0.3215*** (0.1163)	0.3458*** (0.1292)
$\ln prostruc$	−0.0100 (0.0222)	−0.0112 (0.0263)	−0.0112 (0.0268)	−0.0098 (0.0255)	−0.0168 (0.0420)	−0.0198 (0.0457)
$\ln prohuman$	−0.1139* (0.0638)	−0.1209* (0.0731)	−0.1221 (0.0750)	−0.1073 (0.0672)	−0.1625 (0.1217)	−0.2011 (0.1309)
$\ln tradeopen$	0.0071 (0.0182)	0.0036 (0.0198)	0.0032 (0.0199)	0.0070 (0.0177)	−0.0085 (0.0300)	−0.0083 (0.0339)

续表

变量	W_1 (1)	W_2 (2)	W_3 (3)	W_4 (4)	W_5 (5)	W_6 (6)
$\ln profinance$	−0.017 6 (0.017 4)	−0.017 1 (0.020 1)	−0.017 5 (0.020 4)	−0.017 6 (0.020 1)	−0.019 4 (0.031 9)	−0.018 7 (0.034 4)
$\ln proky$	−0.006 7 (0.026 4)	−0.009 2 (0.030 3)	−0.008 1 (0.030 8)	−0.005 4 (0.029 5)	−0.012 6 (0.047 0)	−0.020 3 (0.050 9)
$\ln prokl$	0.000 2 (0.006 8)	0.002 1 (0.007 9)	0.002 1 (0.008 2)	0.000 4 (0.007 3)	0.007 1 (0.013 3)	0.010 5 (0.014 4)
$\ln prosoe$	−0.033 2 (0.034 4)	−0.029 4 (0.038 7)	−0.030 3 (0.039 1)	−0.024 0 (0.036 7)	−0.037 6 (0.060 1)	−0.042 1 (0.064 8)
R^2	0.172 0	0.169 6	0.169 1	0.176 5	0.168 0	0.157 1
Log-likelihood	1 193.777 1	1 199.062 6	1 199.381 6	1 195.450 8	1 207.535 6	1 209.315 2
样本量	420	420	420	420	420	420

注：***、**、* 分别表示参数的估计值在1%、5%、10%的统计水平上显著，括号内为稳健标准误差。

链地位在一定程度上依赖于其他有相似空间特征的省区的国内价值链地位。在直接效应中，$\ln fdi$ 的估计系数为 0.132 8，通过了 5% 显著性水平上的检验，说明省区内 FDI 对国内价值链升级存在显著的正向作用。而在间接效应中，$\ln fdi$ 的估计系数为 0.035 5，仅在 10% 的显著性水平上通过了检验，说明省区内 FDI 对国内价值链地位提升的促进作用大于省区间 FDI 对国内价值链的促进作用。同理，在总效应中，外资进入也显著促进了该地区向国内价值链上游环节攀升，与前三列实证结果相一致，验证了实证结果的稳健性。

（二）动态权重矩阵回归结果

表 5-5 第（5）、（6）列呈现了采用动态权重矩阵所得的实证结果，主要包括劳动力流动空间权重矩阵和物质资本流动空间权重矩阵。观察两列可以发现，其中，空间相关系数 rho 均显著为正，与前文结论相吻合。在总效应方面，$\ln fdi$ 的估计系数均通过了 1% 显著性正向水平上的检验，说明整体 FDI 对国内价值链地位提升具有显著的促进作用。在直接效应和间接效应方面，$\ln fdi$ 的估计系数分别通过了 1% 显著性水平和 5% 显著性水平上的检验，表明省区内 FDI 和省区间 FDI 对国内价值链升级均具有显著的促进作用，但前者的促进作用更强，再次验证了上述实证结论的稳健性。

三、稳健性检验

（一）SEM 模型

为了验证 SAR 模型实证结果的稳健性，本书又进一步构建了空间误差模型（SEM），如公式（5.8）所示，SEM 模型度量了邻近地区关于因变量的误差冲击对本地区观测值的影响程度，有助于探讨省区间国内价值链地位的空间相关关系。参照表 5-5 对 SAR 模型的回归分析，本书分别采用静态空间权重矩阵和动态空间权重矩阵对

SEM模型进行实证检验,相应结果见表5-6。观察表5-6可以发现,第(1)至(6)列中空间误差系数 $lambda$ 均为正数,并且通过了1%显著性水平上的检验,说明邻近地区关于国内价值链的误差冲击会影响本地区在国内价值链中的地位。具体地,第(1)列结果显示,在加入邻近空间矩阵后,核心解释变量 $\ln fdi$ 对国内价值链的影响系数为0.145 6,在5%的显著性水平上通过了检验,表明外资进入对国内价值链地位提升具有显著的促进作用。第(2)、(3)列为加入地理距离空间权重矩阵之后所得的实证结果,其中,$\ln fdi$ 的估计系数分别为0.177 5和0.175 3,相比第(1)列的系数大小有所增加,并且通过了1%显著性水平上的检验,与上述结论相一致。第(4)列呈现了加入经济距离空间权重矩阵之后的实证结果,$\ln fdi$ 的估计系数同样通过了5%显著性正向水平的检验。同理,第(5)、(6)列中 $\ln fdi$ 也在5%的统计性水平上通过了检验,更加验证了外资进入有利于国内价值链向上游环节延伸这一结论。由此可知,SAR模型和SEM模型的结果均证明,在以后的国内价值链研究中,不能将各省区作为独立的个体来研究,省区间具有明显的溢出现象,有必要通过空间计量模型估计省区间的相互联系。

(二) 滞后一期的空间自回归模型[①]

由于FDI与国内价值链之间可能存在相反的因果关系,即国内价值链地位较高的省区可能更容易吸收外商投资,所以为了降低相反因果关系存在的可能性,本书对所有控制变量均取一阶滞后,对模型(5.7)重新进行实证回归,相应结果见表5-7。其中,第一行结果显示,空间自回归模型系数 rho 至少通过了5%显著性正向水平上的检

[①] 此外,本书还采用外资流量、FDI占资本形成总额的比例来测度外资进入程度,重新对模型进行稳健性检验,发现基准检验结论依然成立,相应实证结果见附表5-1和附表5-2。

表 5-6　空间误差模型回归结果

变量	W_1 (1)	W_2 (2)	W_3 (3)	W_4 (4)	W_5 (5)	W_6 (6)
Spatial($lambda$)	0.181 1*** (0.103 0)	0.324 6*** (0.059 5)	0.333 5*** (0.065 0)	0.271 5*** (0.092 9)	0.625 5*** (0.155 2)	0.674 2*** (0.112 6)
$\ln fdi$	0.145 6** (0.063 1)	0.177 5*** (0.060 8)	0.175 3*** (0.062 2)	0.142 6** (0.060 4)	0.149 7** (0.063 8)	0.154 7** (0.061 7)
$\ln prostruc$	−0.009 2 (0.016 8)	−0.009 7 (0.017 6)	−0.010 1 (0.018 0)	−0.009 6 (0.018 3)	−0.005 8 (0.017 8)	−0.004 7 (0.016 9)
$\ln prohuman$	−0.101 0** (0.046 5)	−0.093 1* (0.048 4)	−0.092 4* (0.048 5)	−0.086 8* (0.048 5)	−0.088 7* (0.048 3)	−0.094 4** (0.048 3)
$\ln tradeopen$	0.003 5 (0.015 2)	−0.001 6 (0.013 7)	−0.002 3 (0.013 5)	0.001 5 (0.014 5)	−0.009 9 (0.016 5)	−0.011 7 (0.016 4)
$\ln profinance$	−0.020 0 (0.016 8)	−0.016 9 (0.016 9)	−0.017 7 (0.017 1)	−0.015 4 (0.016 2)	−0.013 6 (0.015 5)	−0.009 9 (0.015 7)
$\ln proky$	−0.008 8 (0.022 4)	−0.012 5 (0.022 8)	−0.010 6 (0.022 8)	−0.008 2 (0.023 3)	−0.014 1 (0.025 2)	−0.016 0 (0.024 5)

续表

变量	W_1 (1)	W_2 (2)	W_3 (3)	W_4 (4)	W_5 (5)	W_6 (6)
$\ln prokl$	0.000 7 (0.006 0)	0.002 7 (0.006 4)	0.002 6 (0.006 6)	−0.000 7 (0.005 8)	0.006 8 (0.010 5)	0.008 6 (0.009 7)
$\ln prosoe$	−0.024 8 (0.028 3)	−0.013 6 (0.028 6)	−0.014 9 (0.029 0)	−0.018 5 (0.027 4)	−0.008 8 (0.028 0)	−0.008 8 (0.027 3)
常数项	0.328 1*** (0.116 7)	0.302 6** (0.120 2)	0.301 0** (0.120 6)	0.290 5** (0.118 9)	0.281 8** (0.119 8)	0.289 0** (0.118 8)
R^2	0.169 1	0.157 7	0.157 2	0.164 2	0.092 6	0.047 3
Log-likelihood	1 193.765 3	1 199.549 0	1 199.724 8	1 195.345 0	1 207.703 6	1 209.763 8
样本量	420	420	420	420	420	420

注：***、**、* 分别表示参数的估计值在1%、5%、10%的统计水平上显著，括号内为稳健标准误差。

表 5-7 滞后一期的空间自回归模型回归结果

变量	W_1 (1)	W_2 (2)	W_3 (3)	W_4 (4)	W_5 (5)	W_6 (6)
Spatial(rho)	0.174 4**	0.300 7***	0.312 7***	0.261 9***	0.586 1***	0.616 5***
	(0.077 5)	(0.043 5)	(0.046 2)	(0.070 8)	(0.070 4)	(0.061 6)
Direct						
ln fdi	0.134 1**	0.155 1**	0.154 3**	0.137 9**	0.153 7**	0.147 9**
	(0.063 0)	(0.063 3)	(0.063 6)	(0.064 8)	(0.065 0)	(0.064 0)
$L.$ ln $prostruc$	−0.063 5	−0.060 4	−0.059 0	−0.068 9	−0.061 5	−0.063 3
	(0.050 5)	(0.051 6)	(0.051 6)	(0.052 1)	(0.049 7)	(0.050 1)
$L.$ ln $prohuman$	−0.029 5	−0.034 6	−0.034 6	−0.024 8	−0.027 2	−0.036 5
	(0.041 5)	(0.043 6)	(0.043 6)	(0.043 9)	(0.042 7)	(0.042 4)
$L.$ ln $tradeopen$	−0.014 8	−0.017 3	−0.017 7	−0.016 4	−0.025 2**	−0.023 1*
	(0.012 3)	(0.011 9)	(0.011 7)	(0.011 1)	(0.011 8)	(0.012 2)
$L.$ ln $profinance$	0.004 1	0.005 7	0.005 2	0.006 1	0.007 7	0.007 5
	(0.015 8)	(0.015 8)	(0.015 7)	(0.016 6)	(0.015 4)	(0.015 4)
$L.$ ln $proky$	0.010 7	0.006 9	0.007 6	0.008 2	0.003 7	0.001 4
	(0.020 8)	(0.020 4)	(0.020 5)	(0.021 4)	(0.020 4)	(0.020 2)
$L.$ ln $prokl$	−0.006 7	−0.004 1	−0.004 0	−0.005 7	−0.001 1	−0.000 2
	(0.005 0)	(0.005 0)	(0.005 1)	(0.005 4)	(0.005 0)	(0.005 0)
$L.$ ln $prosoe$	−0.029 3	−0.023 6	−0.023 6	−0.021 1	−0.018 8	−0.020 5
	(0.032 3)	(0.032 7)	(0.032 7)	(0.033 2)	(0.032 0)	(0.032 0)

续表

变量	W_1 (1)	W_2 (2)	W_3 (3)	W_4 (4)	W_5 (5)	W_6 (6)
Indirect						
$\ln fdi$	0.029 1	0.062 8**	0.066 0**	0.046 5*	0.204 3**	0.222 1**
	(0.020 7)	(0.027 0)	(0.028 7)	(0.024 5)	(0.091 3)	(0.103 2)
$L.\ln prostruc$	−0.014 5	−0.025 0	−0.025 5	−0.022 2	−0.084 5	−0.098 2
	(0.013 7)	(0.022 3)	(0.023 2)	(0.018 3)	(0.074 7)	(0.083 3)
$L.\ln prohuman$	−0.006 9	−0.013 8	−0.014 7	−0.009 8	−0.036 6	−0.054 6
	(0.010 5)	(0.018 0)	(0.019 2)	(0.016 4)	(0.059 7)	(0.066 2)
$L.\ln tradeopen$	−0.003 4	−0.006 9	−0.007 4	−0.005 7	−0.034 1**	−0.035 1*
	(0.003 3)	(0.004 7)	(0.004 7)	(0.004 1)	(0.017 1)	(0.019 2)
$L.\ln profinance$	0.001 1	0.002 0	0.001 9	0.001 5	0.008 0	0.009 2
	(0.003 3)	(0.006 3)	(0.006 7)	(0.005 9)	(0.021 3)	(0.023 3)
$L.\ln proky$	0.001 7	0.003 1	0.003 5	0.003 2	0.006 1	0.002 5
	(0.004 3)	(0.008 5)	(0.008 9)	(0.007 8)	(0.028 7)	(0.031 1)
$L.\ln prokl$	−0.001 2	−0.001 6	−0.001 6	−0.001 7	−0.000 9	0.000 1
	(0.001 1)	(0.002 0)	(0.002 1)	(0.001 8)	(0.006 9)	(0.007 7)
$L.\ln prosoe$	−0.006 3	−0.009 2	−0.009 5	−0.006 8	−0.025 3	−0.030 8
	(0.007 7)	(0.013 0)	(0.013 6)	(0.011 7)	(0.043 7)	(0.048 4)
Total						
$\ln fdi$	0.163 2**	0.217 8**	0.220 3**	0.184 4**	0.358 1**	0.370 0**
	(0.079 3)	(0.088 3)	(0.090 2)	(0.085 6)	(0.149 2)	(0.161 9)

续表

变量	W_1 (1)	W_2 (2)	W_3 (3)	W_4 (4)	W_5 (5)	W_6 (6)
L.ln prostruc	−0.0781 (0.0624)	−0.0854 (0.0733)	−0.0845 (0.0742)	−0.0911 (0.0688)	−0.1459 (0.1221)	−0.1615 (0.1315)
L.ln prohuman	−0.0364 (0.0508)	−0.0485 (0.0611)	−0.0493 (0.0623)	−0.0346 (0.0596)	−0.0638 (0.1009)	−0.0910 (0.1070)
L.ln tradeopen	−0.0182 (0.0152)	−0.0242 (0.0164)	−0.0251 (0.0163)	−0.0221 (0.0149)	−0.0593** (0.0279)	−0.0582 (0.0307)
L.ln profinance	0.0052 (0.0189)	0.0077 (0.0220)	0.0071 (0.0223)	0.0077 (0.0223)	0.0156 (0.0363)	0.0167 (0.0384)
L.ln proky	0.0124 (0.0246)	0.0100 (0.0289)	0.0111 (0.0293)	0.0114 (0.0289)	0.0098 (0.0487)	0.0039 (0.0510)
L.ln prokl	−0.0079 (0.0059)	−0.0057 (0.0070)	−0.0057 (0.0072)	−0.0074 (0.0070)	−0.0020 (0.0119)	−0.0001 (0.0126)
L.ln prosoe	−0.0356 (0.0390)	−0.0327 (0.0455)	−0.0331 (0.0461)	−0.0278 (0.0443)	−0.0442 (0.0749)	−0.0513 (0.0797)
R^2	0.1532	0.1469	0.1452	0.1491	0.1088	0.1133
Log-likelihood	1098.0859	1103.8837	1104.2910	1102.0084	1114.2668	1115.0994
样本量	390	390	390	390	390	390

注：***、**、* 分别表示参数的估计值在1%、5%、10%的统计水平上显著，括号内为稳健标准误差。

验,表明各省区之间的国内价值链地位存在显著的正相关关系,即某一省区的国内价值链地位在一定程度上依赖于其他有相似空间特征的省区的国内价值链地位。具体地,第(1)至(4)列实证结果表明,加入静态空间权重矩阵之后,在总效应方面,$\ln fdi$ 的估计系数均为正数,并且通过了 5%显著性水平上的检验,说明整体 FDI 对国内价值链地位提升具有显著的促进作用。同理,在直接效应和间接效应方面,$\ln fdi$ 的估计系数大多显著为正,并且直接效应估计系数均大于间接效应估计系数,表明省区内 FDI 对国内价值链的促进作用大于省区间 FDI 对国内价值链的促进作用,与前文结论相一致。第(5)、(6)列中加入动态空间矩阵之后发现,在总效应中,整体 FDI 有利于国内价值链地位提升,而对于直接效应和间接效应而言,间接效应中 $\ln fdi$ 的系数略高于直接效应,与前几列结果相悖。但综合几列的结果来看,表 5-7 仍验证了上文结论的稳健性,即外资进入整体上对国内价值链地位提升具有显著的促进作用,并且省区内外资的溢出效应大于省区间。

四、异质性讨论

针对以上现象,本书根据赶超理论与垄断优势理论,认为外资进入与国内价值链之间的关系受技术水平、外资进入程度等因素的影响。并且,外资进入价值链效应的大小也会因一省区所在地理位置的不同而有所差异。借鉴 Wright(1976)的思路,构建如下异质性分析模型:

$$nvcupgrate_{it} = \rho W nvcupgrate_{it} + \theta_0 + \sum_{k \in K} \theta_1 fdi_{it} \times H_k \\ + \sum_{k \in K-1} \theta_2 H_k + \theta_3 Z_{it} + v_i + v_t + \varepsilon_{it} \quad (5.12)$$

其中，H_k 表示异质性样本虚拟变量，主要包括技术水平、外资进入程度、地理位置等二值变量。本书参照 Long 等(2015)的做法进行如下处理。一是选取专利授权量(patentright)和外资固定资产投资总额占全省固定资产投资总额的比例(fmonopoly)作为衡量各省区技术水平及外资进入程度的指标。如果实际值大于等于均值，则虚拟变量 patentright 1 和 fmonopoly 1 取 1；反之，则 patentright 2 和 fmonopoly 2 取 1。二是若一地区为沿海省区，则 coastal 取 1；反之，则 inland 取 1。其中，沿海地区包括北京、天津、河北、辽宁、山东、江苏、上海、浙江、福建、广东、广西、海南；内陆地区包括黑龙江、吉林、内蒙古、山西、安徽、江西、河南、湖北、湖南、陕西、甘肃、青海、宁夏、新疆、四川、云南、贵州、重庆。三是使 fdi 与上述三种虚拟变量形成交互项，代替原来的 fdi 指标，θ_1 为本文最为关注的系数。四是利用 $W_1—W_6$，分别针对 patentright、fmonopoly 以及 coastal 逐步进行回归检验，得到表 5-8 至表 5-10 结果。

观察表 5-8 可以发现，首先，对于空间相关系数 rho 而言，第(1)至(6)列结果均显示，空间相关系数 rho 为正数，并且至少通过了 5% 显著性水平上的检验，说明各省区的国内价值链存在显著的正相关关系，即某一省区的国内价值链地位在一定程度上依赖于其他有相似空间特征的省区的国内价值链地位，与前述结论相吻合。其次，对于总效应而言，$\ln fdi \times patentright$ 1 估计系数均为正数，并且在 1% 的显著性水平上通过了检验；$\ln fdi \times patentright$ 2 的估计系数虽然为正，但其大小及显著性不及前者，表明技术水平强化了外资进入对国内价值链地位升级的促进作用。其可能的原因如下：一方面，技术水平较高的地区，内资企业对外资溢出效应的吸收能力较强，有利于其提高自身生产能力和效率，进而替代国内需求厂商对国外供应商的产品进口，进一步提高其国内价值链的参与程度和地位；另一

表 5-8 技术水平的空间自回归模型异质性分析

变量	W_1 (1)	W_2 (2)	W_3 (3)	W_4 (4)	W_5 (5)	W_6 (6)
Spatial(rho)	0.1627** (0.0812)	0.2771*** (0.0500)	0.2870*** (0.0516)	0.2189*** (0.0780)	0.5229*** (0.0793)	0.5684*** (0.0691)
Direct						
$\ln fdi \times patentright\ 1$	0.3865*** (0.0951)	0.4028*** (0.0987)	0.4012*** (0.0995)	0.4050*** (0.1017)	0.3696*** (0.0984)	0.3722*** (0.0993)
$\ln fdi \times patentright\ 2$	0.1436** (0.0650)	0.1645** (0.0653)	0.1636** (0.0656)	0.1432** (0.0653)	0.1611** (0.0667)	0.1585** (0.0667)
$patentright\ 1$	−0.0099** (0.0050)	−0.0097* (0.0051)	−0.0097* (0.0051)	−0.0103** (0.0049)	−0.0090* (0.0050)	−0.0090* (0.0051)
$\ln prostruc$	−0.0063 (0.0162)	−0.0064 (0.0166)	−0.0064 (0.0166)	−0.0068 (0.0176)	−0.0066 (0.0171)	−0.0071 (0.0171)
$\ln prohuman$	−0.0815* (0.0473)	−0.0753 (0.0484)	−0.0747 (0.0483)	−0.0707 (0.0468)	−0.0622 (0.0475)	−0.0729 (0.0474)
$\ln tradeopen$	0.0042 (0.0149)	0.0008 (0.0141)	0.0004 (0.0139)	0.0030 (0.0136)	−0.0052 (0.0140)	−0.0049 (0.0144)
$\ln profinance$	−0.0152 (0.0141)	−0.0124 (0.0136)	−0.0125 (0.0136)	−0.0137 (0.0148)	−0.0089 (0.0135)	−0.0078 (0.0135)

续表

变量	W_1 (1)	W_2 (2)	W_3 (3)	W_4 (4)	W_5 (5)	W_6 (6)
$\ln proky$	−0.012 4 (0.018 4)	−0.013 6 (0.018 6)	−0.012 6 (0.018 6)	−0.012 8 (0.019 6)	−0.012 6 (0.019 1)	−0.015 2 (0.019 0)
$\ln prokl$	0.001 9 (0.004 7)	0.003 3 (0.004 7)	0.003 3 (0.004 8)	0.002 1 (0.004 9)	0.004 7 (0.004 9)	0.005 9 (0.004 9)
$\ln prosoe$	−0.038 0 (0.024 3)	−0.031 9 (0.024 6)	−0.032 4 (0.024 6)	−0.030 2 (0.024 6)	−0.027 2 (0.025 2)	−0.028 0 (0.025 1)
Indirect						
$\ln fdi \times patentright\ 1$	0.070 5 (0.043 5)	0.148 5*** (0.054 0)	0.155 5*** (0.056 7)	0.110 2* (0.062 0)	0.403 0** (0.179 7)	0.484 7** (0.208 4)
$\ln fdi \times patentright\ 2$	0.026 5 (0.021 3)	0.058 0** (0.023 7)	0.060 6** (0.025 2)	0.036 7 (0.024 7)	0.163 3** (0.073 9)	0.193 7** (0.087 9)
$patentright\ 1$	−0.001 8 (0.001 3)	−0.003 7* (0.002 1)	−0.003 9* (0.002 3)	−0.002 9 (0.002 0)	−0.010 2 (0.006 9)	−0.012 2 (0.008 1)
$\ln prostruc$	−0.001 2 (0.003 6)	−0.002 4 (0.006 3)	−0.002 4 (0.006 6)	−0.000 8 (0.004 9)	−0.006 5 (0.019 6)	−0.003 6 (0.023 0)
$\ln prohuman$	−0.014 5 (0.011 5)	−0.027 4 (0.018 1)	−0.028 8 (0.019 4)	−0.019 7 (0.016 9)	−0.067 1 (0.055 9)	−0.092 9 (0.065 1)
$\ln tradeopen$	0.000 2 (0.002 8)	0.000 4 (0.005 2)	0.000 3 (0.005 3)	0.000 6 (0.003 5)	−0.005 6 (0.015 6)	−0.006 5 (0.018 8)

续表

变量	W_1 (1)	W_2 (2)	W_3 (3)	W_4 (4)	W_5 (5)	W_6 (6)
$\ln profinance$	−0.002 4 (0.003 1)	−0.004 6 (0.005 4)	−0.004 8 (0.005 6)	−0.003 7 (0.004 8)	−0.010 4 (0.016 8)	−0.010 9 (0.019 4)
$\ln proky$	−0.002 3 (0.004 2)	−0.004 8 (0.007 2)	−0.004 8 (0.007 6)	−0.003 0 (0.006 2)	−0.013 7 (0.023 1)	−0.020 1 (0.027 1)
$\ln prokl$	0.000 4 (0.000 9)	0.001 2 (0.001 7)	0.001 3 (0.001 9)	0.000 8 (0.001 5)	0.005 3 (0.005 7)	0.007 8 (0.006 8)
$\ln prosoe$	−0.007 0 (0.006 8)	−0.011 4 (0.009 4)	−0.012 0 (0.009 7)	−0.007 9 (0.007 7)	−0.029 7 (0.029 5)	−0.036 1 (0.034 4)
Total						
$\ln fdi \times patentright\ 1$	0.457 0*** (0.122 3)	0.551 3*** (0.147 4)	0.556 7*** (0.150 8)	0.515 2*** (0.152 8)	0.772 6*** (0.267 0)	0.857 0*** (0.299 1)
$\ln fdi \times patentright\ 2$	0.170 1** (0.080 6)	0.222 5*** (0.085 8)	0.224 2*** (0.087 3)	0.179 9** (0.083 5)	0.324 4** (0.130 9)	0.352 2** (0.146 5)
$patentright\ 1$	−0.011 7** (0.005 9)	−0.013 4* (0.007 1)	−0.013 6* (0.007 2)	−0.013 2** (0.006 6)	−0.019 2* (0.011 6)	−0.021 2 (0.012 9)
$\ln prostruc$	−0.007 5 (0.019 2)	−0.008 8 (0.022 7)	−0.008 8 (0.023 1)	−0.007 5 (0.022 1)	−0.013 1 (0.036 2)	−0.015 8 (0.039 7)

续表

变 量	W_1 (1)	W_2 (2)	W_3 (3)	W_4 (4)	W_5 (5)	W_6 (6)
$\ln prohuman$	−0.096 0* (0.055 7)	−0.102 7 (0.065 7)	−0.103 5 (0.066 9)	−0.090 4 (0.061 5)	−0.129 3 (0.101 4)	−0.165 8 (0.110 5)
$\ln tradeopen$	0.004 4 (0.017 2)	0.001 2 (0.019 1)	0.000 7 (0.019 1)	0.003 6 (0.016 7)	−0.010 8 (0.029 2)	−0.011 4 (0.032 9)
$\ln profinance$	−0.017 6 (0.016 5)	−0.017 0 (0.018 9)	−0.017 3 (0.019 2)	−0.017 4 (0.019 1)	−0.019 3 (0.030 0)	−0.018 6 (0.032 7)
$\ln proky$	−0.014 6 (0.022 0)	−0.018 5 (0.025 6)	−0.017 4 (0.026 0)	−0.015 9 (0.025 3)	−0.026 2 (0.041 6)	−0.035 3 (0.045 6)
$\ln prokl$	0.002 3 (0.005 5)	0.004 6 (0.006 4)	0.004 6 (0.006 7)	0.002 9 (0.006 3)	0.010 0 (0.010 5)	0.013 7 (0.011 6)
$\ln prosoe$	−0.045 0 (0.029 6)	−0.043 3 (0.033 5)	−0.044 5 (0.033 8)	−0.038 0 (0.031 0)	−0.056 9 (0.053 6)	−0.064 1 (0.058 5)
R^2	0.188 9	0.190 2	0.188 5	0.194 6	0.185 8	0.188 5
Log-likelihood	1 199.604 2	1 204.834 6	1 205.164 6	1 201.830 2	1 212.497 2	1 214.324 7
样本量	420	420	420	420	420	420

注：***，**，* 分别表示参数的估计值在 1%，5%，10% 的统计水平上显著，括号内为稳健标准差。

方面,外资进入可以通过对国内供应商进行采购,促使国内企业参与国内价值链,进而带动国内的垂直专业化分工。在直接效应方面,$\ln fdi \times patentright$ 1 的估计系数均通过了 1% 显著性水平上的检验,而 $\ln fdi \times patentright$ 2 的估计系数仅通过了 5% 统计水平上的显著性检验,并且其系数大小不及前者,说明技术水平更能强化省区内 FDI 对国内价值链地位提升的促进作用。在间接效应方面,$\ln fdi \times patentright$ 1 和 $\ln fdi \times patentright$ 2 的估计系数均为正数,但其显著性及大小都不及直接效应,并且 $\ln fdi \times patentright$ 1 的显著性和大小又强于 $\ln fdi \times patentright$ 2,说明技术水平对 FDI 溢出效应具有强化作用,但对省区间 FDI 溢出效应的强化作用十分有限。

表 5-9 呈现了在不同外资进入程度情况下外资对国内价值链地位提升的影响。首先,第一行结果显示空间相关系数(rho)为正,并且至少通过了 5% 显著性水平上的检验,再次验证了各省区的国内价值链存在显著的正相关关系。其次,总效应结果表明,在外资进入程度较高的省区,外资管制放松政策的实施对国内价值链向上游攀升具有显著的促进作用;而在外资进入程度较低的省区,外资对国内价值链向上游延伸的促进作用十分有限。可能的原因是,外资进入程度较高的省区对外开放程度较大,而在对外开放步伐较快的地区,外资进入能够促进其国内市场一体化(陈敏等,2008),进而有利于国内价值链地位提升。另外,对于外资进入程度较高的地区,其进入可能产生更大的技术溢出效应,从而表现为外资进入程度较高的省区,更容易向国内价值链高端攀升。此外,在直接效应和间接效应方面,$\ln fdi \times fmonopoly$ 1 和 $\ln fdi \times fmonopoly$ 2 的估计系数方向和显著性与总效应呈现的特征基本一致,即外资进入程度强化了外资对国内价值链升级的促进作用,但此作用在直接效应中更为明显。

表 5-9 外资进入程度的空间自回归模型异质性分析

变 量	W_1 (1)	W_2 (2)	W_3 (3)	W_4 (4)	W_5 (5)	W_6 (6)
Spatial(rho)	0.163 4** (0.083 0)	0.288 1*** (0.052 2)	0.298 6*** (0.053 8)	0.214 1*** (0.076 0)	0.537 1*** (0.080 0)	0.581 3*** (0.068 5)
Direct						
ln $fdi \times fmonopoly$ 1	0.177 5*** (0.063 8)	0.197 3*** (0.063 8)	0.196 7*** (0.064 1)	0.178 8*** (0.069 1)	0.196 5*** (0.068 5)	0.191 7*** (0.067 2)
ln $fdi \times fmonopoly$ 2	0.125 8 (0.091 0)	0.160 3* (0.094 0)	0.159 1* (0.093 4)	0.123 0 (0.090 3)	0.147 8 (0.092 5)	0.149 3 (0.093 2)
$fmonopoly$ 1	0.004 9 (0.007 4)	0.005 9 (0.007 3)	0.006 0 (0.007 3)	0.004 9 (0.007 6)	0.005 1 (0.007 2)	0.005 4 (0.007 2)
ln $prostruc$	−0.013 0 (0.016 0)	−0.013 3 (0.016 6)	−0.013 3 (0.016 7)	−0.013 7 (0.017 5)	−0.012 9 (0.017 1)	−0.013 5 (0.017 0)
ln $prohuman$	−0.080 8 (0.048 0)	−0.075 5 (0.049 5)	−0.074 9 (0.049 7)	−0.069 3 (0.047 9)	−0.060 8 (0.048 5)	−0.072 4 (0.043 5)
ln $tradeopen$	0.007 0 (0.015 9)	0.002 9 (0.015 1)	0.002 4 (0.015 0)	0.006 5 (0.014 7)	−0.003 7 (0.014 9)	−0.003 2 (0.015 4)
ln $profinance$	−0.020 3 (0.016 6)	−0.017 5 (0.016 1)	−0.017 7 (0.016 1)	−0.019 0 (0.017 1)	−0.013 7 (0.015 9)	−0.012 6 (0.016 0)

续表

变量	W_1 (1)	W_2 (2)	W_3 (3)	W_4 (4)	W_5 (5)	W_6 (6)
$\ln proky$	−0.003 2 (0.019 3)	−0.004 5 (0.019 2)	−0.003 4 (0.019 2)	−0.003 4 (0.020 1)	−0.004 1 (0.019 4)	−0.006 7 (0.019 3)
$\ln prokl$	0.000 6 (0.005 3)	0.002 5 (0.005 5)	0.002 4 (0.005 6)	0.000 7 (0.005 4)	0.003 8 (0.005 5)	0.005 0 (0.005 5)
$\ln prosoe$	−0.021 1 (0.024 5)	−0.014 7 (0.024 8)	−0.015 2 (0.024 7)	−0.012 7 (0.024 9)	−0.011 3 (0.024 7)	−0.012 1 (0.024 7)
Indirect						
$\ln fdi \times fmonopoly\ 1$	0.032 8 (0.023 2)	0.075 1*** (0.028 2)	0.078 4*** (0.029 5)	0.046 2* (0.028 6)	0.220 8** (0.099 6)	0.254 5** (0.113 0)
$\ln fdi \times fmonopoly\ 2$	0.023 0 (0.024 5)	0.060 6 (0.038 5)	0.062 4 (0.039 1)	0.028 2 (0.026 1)	0.156 3 (0.104 9)	0.186 4 (0.121 4)
$fmonopoly\ 1$	0.000 8 (0.001 5)	0.002 3 (0.002 9)	0.002 4 (0.002 9)	0.001 1 (0.002 0)	0.005 8 (0.008 1)	0.007 0 (0.009 3)
$\ln prostruc$	−0.002 4 (0.003 9)	−0.005 3 (0.006 8)	−0.005 4 (0.007 1)	−0.002 7 (0.004 5)	−0.014 0 (0.020 4)	−0.017 6 (0.024 0)
$\ln prohuman$	−0.014 3* (0.012 1)	−0.028 9 (0.019 6)	−0.030 2 (0.021 0)	−0.018 4 (0.015 8)	−0.070 8 (0.062 4)	−0.097 3 (0.072 5)
$\ln tradeopen$	0.000 7 (0.002 8)	0.001 1 (0.005 7)	0.001 0 (0.005 9)	0.001 4 (0.003 7)	−0.004 2 (0.017 4)	−0.004 3 (0.020 9)

续表

变量	W_1 (1)	W_2 (2)	W_3 (3)	W_4 (4)	W_5 (5)	W_6 (6)
$\ln profinance$	−0.003 2 (0.003 7)	−0.006 8 (0.006 7)	−0.007 2 (0.007 0)	−0.005 0 (0.005 8)	−0.017 3 (0.022 0)	−0.018 5 (0.024 8)
$\ln proky$	−0.000 6 (0.004 1)	−0.001 6 (0.007 6)	−0.001 3 (0.008 0)	−0.000 7 (0.005 8)	−0.005 0 (0.023 8)	−0.009 9 (0.027 3)
$\ln prokl$	0.000 2 (0.001 1)	0.001 0 (0.002 2)	0.001 0 (0.002 3)	0.000 3 (0.001 5)	0.004 7 (0.007 1)	0.007 0 (0.008 1)
$\ln prosoe$	−0.004 0 (0.005 7)	−0.005 4 (0.009 9)	−0.005 8 (0.010 3)	−0.002 8 (0.006 7)	−0.012 5 (0.029 0)	−0.015 8 (0.034 1)
Total						
$\ln fdi \times fmonopoly1$	0.210 3*** (0.081 0)	0.272 4*** (0.088 9)	0.275 1*** (0.090 4)	0.225 0** (0.092 4)	0.417 3*** (0.158 5)	0.446 2*** (0.172 5)
$\ln fdi \times fmonopoly2$	0.148 8 (0.110 1)	0.220 9* (0.130 1)	0.221 6* (0.130 0)	0.151 2 (0.111 1)	0.304 1 (0.190 5)	0.335 7 (0.208 8)
$fmonopoly1$	0.005 7 (0.008 6)	0.008 3 (0.010 1)	0.008 3 (0.010 1)	0.006 0 (0.009 3)	0.011 0 (0.015 0)	0.012 4 (0.016 3)
$\ln prostruc$	−0.015 4 (0.019 2)	−0.018 5 (0.023 2)	−0.018 6 (0.023 6)	−0.016 4 (0.021 4)	−0.027 0 (0.036 9)	−0.031 1 (0.040 5)

续表

变量	W_1 (1)	W_2 (2)	W_3 (3)	W_4 (4)	W_5 (5)	W_6 (6)
$\ln prohuman$	−0.095 1* (0.056 8)	−0.104 3 (0.068 1)	−0.105 1 (0.069 7)	−0.087 7 (0.061 2)	−0.131 6 (0.108 4)	−0.169 7 (0.118 4)
$\ln tradeopen$	0.007 7 (0.018 1)	0.003 9 (0.020 7)	0.003 4 (0.020 8)	0.007 9 (0.017 9)	−0.007 8 (0.031 9)	−0.007 5 (0.035 9)
$\ln profinance$	−0.023 6 (0.019 6)	−0.024 4 (0.022 6)	−0.024 8 (0.022 9)	−0.024 0 (0.022 1)	−0.031 0 (0.037 3)	−0.031 1 (0.040 3)
$\ln proky$	−0.003 8 (0.023 1)	−0.006 0 (0.026 7)	−0.004 7 (0.027 0)	−0.004 0 (0.025 6)	−0.009 2 (0.042 8)	−0.016 6 (0.046 2)
$\ln prokl$	0.000 8 (0.006 2)	0.003 5 (0.007 7)	0.003 4 (0.007 9)	0.001 1 (0.006 8)	0.008 5 (0.012 5)	0.012 0 (0.013 4)
$\ln prosoe$	−0.025 1 (0.029 3)	−0.020 1 (0.034 5)	−0.021 0 (0.034 7)	−0.015 5 (0.030 9)	−0.023 7 (0.053 0)	−0.027 9 (0.058 1)
R^2	0.190 4	0.184 5	0.183 9	0.196 4	0.185 3	0.173 8
Log-likelihood	1 197.771 8	1 203.702 2	1 204.081 5	1 199.664 8	1 211.889 6	1 213.674 6
样本量	420	420	420	420	420	420

注：***、**、* 分别表示参数的估计值在1%、5%、10%的统计水平上显著，括号内为稳健标准误差。

表 5-10　沿海与内陆地区的空间自回归模型异质性分析

变量	W_1 (1)	W_2 (2)	W_3 (3)	W_4 (4)	W_5 (5)	W_6 (6)
Spatial(rho)	0.182 0** (0.084 1)	0.310 0*** (0.050 4)	0.319 9*** (0.052 6)	0.227 2*** (0.082 9)	0.572 9*** (0.076 4)	0.609 5*** (0.066 0)
Direct						
$\ln fdi \times coastal$	0.225 9*** (0.065 3)	0.257 3*** (0.062 9)	0.256 6*** (0.063 6)	0.224 4*** (0.071 2)	0.259 9*** (0.069 2)	0.253 8*** (0.067 2)
$\ln fdi \times inland$	−0.085 6 (0.090 2)	−0.085 1 (0.088 1)	−0.087 2 (0.087 7)	−0.085 3 (0.091 3)	−0.108 4 (0.087 6)	−0.102 9 (0.085 1)
$coastal$	−0.026 9*** (0.009 2)	−0.028 1*** (0.009 1)	−0.027 8*** (0.009 1)	−0.026 7*** (0.009 0)	−0.027 6*** (0.008 7)	−0.027 7*** (0.008 8)
$\ln prostruc$	−0.011 7 (0.014 2)	−0.012 1 (0.014 5)	−0.012 1 (0.014 5)	−0.012 3 (0.015 0)	−0.012 5 (0.014 5)	−0.012 9 (0.014 5)
$\ln prohuman$	−0.061 8 (0.041 9)	−0.053 2 (0.043 5)	−0.052 6 (0.043 6)	−0.050 9 (0.042 0)	−0.038 6 (0.042 2)	−0.051 1 (0.042 4)
$\ln tradeopen$	0.014 8 (0.017 1)	0.011 1 (0.016 4)	0.010 7 (0.016 3)	0.014 6 (0.016 0)	0.003 7 (0.016 3)	0.004 8 (0.015 8)
$\ln profinance$	−0.014 2 (0.014 0)	−0.010 9 (0.013 6)	−0.011 0 (0.013 6)	−0.013 3 (0.014 5)	−0.006 9 (0.013 5)	−0.036 0 (0.013 4)

续表

变量	W_1 (1)	W_2 (2)	W_3 (3)	W_4 (4)	W_5 (5)	W_6 (6)
$\ln proky$	−0.000 5 7 (0.019 8)	−0.007 4 (0.020 0)	−0.006 3 (0.020 0)	−0.005 8 (0.020 9)	−0.006 7 (0.020 5)	−0.009 3 (0.020 4)
$\ln prokl$	−0.001 8 (0.004 3)	−0.000 2 (0.004 3)	−0.000 3 (0.004 4)	−0.001 6 (0.004 6)	0.001 2 (0.004 4)	0.002 5 (0.004 4)
$\ln prosoe$	−0.024 6 (0.027 7)	−0.018 3 (0.027 5)	−0.018 8 (0.027 4)	−0.015 7 (0.028 6)	−0.014 6 (0.027 5)	−0.015 3 (0.027 6)
Indirect						
$\ln fdi \times coastal$	0.048 0 (0.031 4)	0.107 6*** (0.033 7)	0.112 7*** (0.036 3)	0.062 0* (0.035 8)	0.333 1** (0.130 8)	0.376 7*** (0.144 9)
$\ln fdi \times inland$	−0.019 4 (0.025 0)	−0.038 3 (0.041 6)	−0.041 5 (0.043 8)	−0.025 0 (0.032 6)	−0.151 3 (0.143 2)	−0.166 4 (0.157 2)
$coastal$	−0.005 4 (0.003 4)	−0.011 8** (0.004 7)	−0.012 3** (0.004 9)	−0.007 3* (0.004 1)	−0.036 5** (0.018 2)	−0.041 6** (0.018 7)
$\ln prostruc$	−0.002 5 (0.004 0)	−0.005 1 (0.006 6)	−0.005 3 (0.006 8)	−0.002 5 (0.004 3)	−0.015 3 (0.021 3)	−0.018 7 (0.023 8)
$\ln prohuman$	−0.012 4 (0.010 8)	−0.022 4 (0.018 6)	−0.023 4 (0.019 8)	−0.014 6 (0.014 7)	−0.050 8 (0.057 3)	−0.076 1 (0.065 3)
$\ln tradeopen$	0.002 3 (0.003 2)	0.004 7 (0.006 8)	0.004 8 (0.007 1)	0.003 4 (0.004 3)	0.004 7 (0.020 8)	0.006 6 (0.024 7)

续表

变量	W_1 (1)	W_2 (2)	W_3 (3)	W_4 (4)	W_5 (5)	W_6 (6)
$\ln profinance$	−0.002 5 (0.003 5)	−0.004 5 (0.006 0)	−0.004 7 (0.006 3)	−0.003 7 (0.005 0)	−0.009 8 (0.019 8)	−0.009 9 (0.022 1)
$\ln proky$	−0.001 5 (0.005 0)	−0.003 4 (0.008 9)	−0.003 1 (0.009 4)	−0.001 3 (0.006 6)	−0.010 9 (0.029 4)	−0.016 5 (0.032 9)
$\ln prokl$	−0.000 3 (0.001 1)	−0.000 1 (0.001 9)	−0.000 1 (0.002 0)	−0.000 3 (0.001 4)	0.001 7 (0.006 5)	0.003 8 (0.007 3)
$\ln prosoe$	−0.005 1 (0.007 2)	−0.007 3 (0.011 6)	−0.007 7 (0.012 1)	−0.003 9 (0.008 3)	−0.019 8 (0.037 5)	−0.022 9 (0.042 1)
Total						
$\ln fdi \times coastal$	0.273 9*** (0.089 7)	0.364 9*** (0.364 9)	0.369 3*** (0.094 9)	0.286 3*** (0.098 2)	0.593 0*** (0.184 9)	0.630 4*** (0.200 1)
$\ln fdi \times inland$	−0.105 0 (0.111 7)	−0.123 4 (0.128 6)	−0.128 7 (0.130 4)	−0.110 2 (0.120 3)	−0.259 7 (0.226 2)	−0.269 3 (0.238 7)
$coastal$	−0.032 3*** (0.011 2)	−0.039 9*** (0.013 3)	−0.040 1*** (0.013 4)	−0.033 9*** (0.011 8)	−0.064 1*** (0.025 6)	−0.069 3*** (0.026 2)
$\ln prostruc$	−0.014 3 (0.017 6)	−0.017 3 (0.020 9)	−0.017 4 (0.021 1)	−0.014 8 (0.018 6)	−0.027 8 (0.034 9)	−0.031 5 (0.037 6)
$\ln prohuman$	−0.074 2 (0.050 3)	−0.075 6 (0.061 6)	−0.075 9 (0.062 9)	−0.065 4 (0.055 1)	−0.089 4 (0.098 3)	−0.127 1 (0.106 3)

续表

变量	W_1 (1)	W_2 (2)	W_3 (3)	W_4 (4)	W_5 (5)	W_6 (6)
ln $tradeopen$	0.017 1 (0.019 7)	0.015 8 (0.023 1)	0.015 5 (0.023 3)	0.018 0 (0.019 6)	0.008 4 (0.036 7)	0.011 4 (0.041 2)
ln $profinance$	−0.016 7 (0.016 9)	−0.015 4 (0.019 5)	−0.015 7 (0.019 8)	−0.016 9 (0.018 9)	−0.016 7 (0.032 9)	−0.015 8 (0.035 2)
ln $proky$	−0.007 2 (0.024 5)	−0.010 8 (0.028 8)	−0.009 4 (0.029 2)	−0.007 1 (0.027 1)	−0.017 6 (0.049 2)	−0.025 8 (0.052 7)
ln $prokl$	−0.002 1 (0.005 3)	−0.000 3 (0.006 2)	−0.000 5 (0.006 4)	−0.001 8 (0.005 9)	0.002 9 (0.010 7)	0.006 4 (0.011 5)
ln $prosoe$	−0.029 7 (0.033 8)	−0.025 5 (0.038 8)	−0.026 6 (0.039 2)	−0.019 6 (0.036 3)	−0.034 4 (0.064 0)	−0.038 2 (0.068 8)
R^2	0.177 8	0.171 9	0.170 2	0.185 9	0.138 6	0.142 5
Log-likelihood	1 201.032 2	1 207.542 3	1 207.873 3	1 202.761 9	1 217.015 8	1 218.428 9
样本量	420	420	420	420	420	420

注：***，**，* 分别表示参数的估计值在 1%，5%，10% 的统计水平上显著，括号内为稳健标准误差。

此外，为了考察不同地区外资进入对国内价值链地位提升的异质性影响，表5-10进一步呈现了沿海与内陆地区外资进入对中国国内价值链地位升级的空间自回归检验结果。首先，第一行结果表明，空间相关系数 rho 为正，并且至少通过了 5% 显著性水平上的检验，与前文结论相一致。其次，在总效应、直接效应和间接效应中，$\ln fdi \times coastal$ 的估计系数整体上显著为正；而 $\ln fdi \times inland$ 的估计系数均未能通过 10% 显著性水平上的检验，表明外资进入整体上对沿海地区国内价值链地位提升具有显著的促进作用，而对内陆地区国内价值链的作用十分有限，并且东部地区省区内 FDI 的溢出效应大于省区间 FDI 的溢出效应。这可能是因为东部地区外资进入程度较高，并且其经济发展水平和技术水平远远高于内陆地区，进而导致该地区内资企业更容易吸收外资的技术溢出效应，提高自身的生产效率和创新水平，从而有利于促使该地区向国内价值链上游环节攀升。不难发现该结论与表 5-8 和表 5-9 的结论是相吻合的，再次验证了基准检验实证结果的稳健性。

第四节　市场化程度是否重要

前文研究的一个主要发现是，外资进入对中国国内价值链地位提升产生了显著的溢出效应，但忽略了市场化程度的作用。戴翔和金培(2014)，以及戴翔和郑岚(2015)对全球价值链的研究表明，市场化程度对 GVC 的分工模式和地区配置具有重要影响。史宇鹏和周黎安(2007)，以及张杰等(2010)也发现，中国省区间"以邻为壑"的地方保护主义导致了地区间的市场分割，提高了地区之间的交易成本，导致国内贸易的交易成本甚至高于国际贸易，从而降低了各地区国内价值链参与程度和地位。因此,将市场化程度纳入实证模型对于探究外资进入对中国国内价值链地位提升的影响具有重要的意义。但由于历史、文化、地理、经济发展水平等方面的差异,中国各地区的市场化程度存在较大的不同(张杰等,2010)。从本书构建的地区市场化程度指标来看,在2000—2013年期间,市场化程度最高的地区是最低地区的3倍。那么中国各地区的市场化程度是否会影响FDI的溢出效应,进而成为影响外资进入与国内价值链地位提升之间关系的重要因素呢?本节将市场化纳入前文的分析框架,着重探讨市场化程度对外资进入与国内价值链之间关系的影响。

一、计量模型设定

为了检验市场化对外资进入与国内价值链升级相关关系的调节作用,本书参照许和连等(2017)的做法,在基准模型(5.7)的基础上,引入市场化程度变量及其与外资进入的交叉项,所得模型如下所示:

$$nvcupgrate_{it}=\rho W_1+\gamma_0+\gamma_1 fdi_{it}\times market+\gamma_2 fdi_{it}+\gamma_3 Z_{it}+\varepsilon_{ijt} \quad (5.13)$$

其中,$market$ 表示各地区市场化程度的虚拟变量,若其实际值大于均值,则 $market$ 取 1;若其实际值小于均值,则取 0;交互项 $fdi\times market$ 为本部分关注的核心变量,估计系数 γ_1 衡量了市场化程度对外资进入国内价值链升级效应的调节作用,本书预期该系数为正。当采用市场分割指数作为市场化程度指标的稳健性指标时,预期其系数为负。

二、市场化程度指标的度量

基准指标方面,由于市场化程度涉及经济、社会、法律体制等方方面面,因此樊纲等(2011)和王小鲁等(2017)开发的覆盖维度较广的中国市场化指数得到了较多学者的认可和运用。由此,本书选取樊纲等(2011)编制的1997—2009年中2000—2007年期间的市场化指数以及王小鲁等(2017)编制的2008—2014年中2008—2013年期间的市场化指数来表示中国各地区2000—2013年期间的市场化程度。该指标越大,表明该地区的市场化程度越高(毛其淋和方森辉,2020)。

稳健性指标方面,本书采用市场分割指数(seg)来反映地区市场化程度,市场分割指数越大,市场化程度越低;反之,市场分割指数越小,市场化程度越高。目前,关于市场分割指标的测度主要有生产法(Young,2000;郑毓盛和李崇高,2003)、经济周期法(Xu,2002)、贸易流量法(Naughton,2003)、价格法(Parsley and Wei,2001;陆铭和陈钊,2009;吕越等,2017)以及问卷调查法(李善同等,2004)等。相比其他方法,价格法能够更准确、更直接地反映地区之间的市场分割程度,因此,本书使用价格法来测算2000—2013年中国省区层面的地区市场分割程度。具体地,本书构建了年份、省区和商品层面的三维数据,基于数据的完整性,在分地区商品零售价格指数的筛选过程中选择粮食、油脂、水产品、饮料烟酒、服装鞋帽、纺织品、化妆品、日用品、燃料9类产品作为市场分割的衡量产品(徐保昌和谢建国,2016)。然后,采用接壤省区之间产品相对价格方差衡量市场分割程度(陈敏等,2008),原始数据皆来自历年《中国统计年鉴》。在测算市场分割程度时,本书根据吕越等(2018a)、盛斌和毛其淋(2011)的做法,采用价格比的对数一阶差分的形式来度量相对价格如下:

$$\Delta Q_{ijt}^{k} = \ln(p_{it}^{k}/p_{jt}^{k}) - \ln(p_{it-1}^{k}/p_{jt-1}^{k})$$
$$= \ln(p_{it}^{k}/p_{it-1}^{k}) - \ln(p_{jt}^{k}/p_{jt-1}^{k}) \quad (5.14)$$

其中，k 为产品种类，i、j 分别表示相邻省区，将相对价格取绝对值，以避免因地区顺序不同而影响到相对价格方差，进而可以得到以下测量公式：

$$|\Delta Q_{ijt}^{k}| = |\ln(p_{it}^{k}/p_{it-1}^{k}) - \ln(p_{jt}^{k}/p_{jt-1}^{k})| \qquad (5.15)$$

由于 $|\Delta Q_{ijt}^{k}|$ 中没有剔除产品种类效应，容易造成对两地市场分割程度的高估，在得到相邻省区商品的相对价格 ΔQ_{ijt}^{k} 后，本书采用去除同年份该类产品均值的方法消除产品种类效应的影响，实际的相对价格变动 q_{ijt}^{k} 可以设定为如下：

$$q_{ijt}^{k} = |\Delta Q_{ijt}^{k}| - |\Delta Q_{t}^{k}| \qquad (5.16)$$

然后计算每两个地区之间 9 类商品的相对价格波动方差 $var(q_{ijt}^{k})$，可以进一步得到 2000—2013 年省区组合的相对价格变动方差，取组内均值，从而可以得到中国各省区的市场分割程度 $var(q_{nt}^{k}) = \left[\sum_{i \neq j} var(q_{ijt}^{k})/N\right]$，其中，$n$ 为地区数目，N 为合并时省区组合数目。

三、计量结果及分析

表 5-11 呈现了市场化程度对外资进入与国内价值链升级相关关系的作用结果。可以看到，在考虑市场化程度影响后，空间相关系数 rho 仍为正数，并且至少通过了 10% 显著性水平上的检验，即省区间的国内价值链地位存在正相关关系，与基准回归结果保持了较好的一致性。另外，在总效应中，交互项 $\ln fdi \times market$ 的估计系数均为正数，并且整体在 5% 的统计性水平上通过了检验，表明高市场化程度强化了外资进入对国内价值链地位提升的促进作用。在直接效应中，交互项 $\ln fdi \times market$ 的估计系数均通过显著性水平上的正

表 5-11 市场化程度对外资进入与国内价值链地位提升相关关系的作用结果

变量	W_1 (1)	W_2 (2)	W_3 (3)	W_4 (4)	W_5 (5)	W_6 (6)
Spatial(rho)	0.155 4* (0.084 6)	0.269 2*** (0.052 6)	0.279 0*** (0.054 9)	0.196 2** (0.077 8)	0.520 7*** (0.085 0)	0.565 1*** (0.073 3)
Direct						
$\ln fdi \times market$	0.120 2** (0.053 2)	0.109 8** (0.053 4)	0.109 9* (0.053 3)	0.109 7** (0.051 8)	0.090 0* (0.051 6)	0.083 4* (0.051 9)
$\ln fdi$	0.116 5* (0.064 3)	0.138 8** (0.064 1)	0.138 1** (0.064 5)	0.117 4* (0.064 9)	0.140 8** (0.066 6)	0.139 3** (0.066 9)
$\ln prostruc$	−0.008 4 (0.017 8)	−0.008 5 (0.018 3)	−0.008 4 (0.018 4)	−0.008 9 (0.019 2)	−0.008 3 (0.018 8)	0.018 8 (0.018 8)
$\ln prohuman$	−0.092 3** (0.046 6)	−0.086 7* (0.047 8)	−0.086 2* (0.048 0)	−0.083 0 (0.045 4)	−0.074 1 (0.046 9)	−0.047 0* (0.047 0)
$\ln tradeopen$	0.003 8 (0.014 2)	0.000 7 (0.013 7)	0.000 2 (0.013 6)	0.003 7 (0.013 4)	−0.005 4 (0.013 6)	0.014 0 (0.014 0)
$\ln profinance$	−0.014 9 (0.015 7)	−0.012 2 (0.015 5)	−0.012 4 (0.015 5)	−0.013 7 (0.016 0)	−0.008 4 (0.015 1)	0.015 1 (0.015 1)
$\ln proky$	−0.009 7 (0.023 6)	−0.011 2 (0.023 5)	−0.010 2 (0.023 6)	−0.009 5 (0.024 5)	−0.010 5 (0.024 3)	0.024 0 (0.024 0)

续表

变量	W_1 (1)	W_2 (2)	W_3 (3)	W_4 (4)	W_5 (5)	W_6 (6)
ln prokl	0.000 2 (0.005 7)	0.001 6 (0.005 7)	0.001 6 (0.005 8)	0.000 3 (0.005 8)	0.003 1 (0.005 9)	0.005 8 (0.005 8)
ln prosoe	−0.023 0 (0.027 7)	−0.017 7 (0.028 0)	−0.018 1 (0.028 2)	−0.015 9 (0.028 2)	−0.014 7 (0.027 6)	0.027 6 (0.027 6)
Indirect						
ln fdi×market	0.021 9 (0.016 5)	0.038 6* (0.020 3)	0.040 6* (0.021 4)	0.026 5 (0.018 2)	0.097 9 (0.071 8)	0.106 5 (0.079 5)
ln fdi	0.025 1 (0.024 8)	0.050 5* (0.028 8)	0.053 2* (0.031 0)	0.028 9 (0.023 4)	0.152 2 (0.092 9)	0.178 6* (0.107 9)
ln prostruc	−0.001 9 (0.004 0)	−0.003 5 (0.007 2)	−0.003 4 (0.007 5)	−0.001 4 (0.004 6)	−0.009 0 (0.021 7)	0.025 6 (0.025 6)
ln prohuman	−0.017 2 (0.015 8)	−0.030 8* (0.018 1)	−0.032 5* (0.019 6)	−0.020 9* (0.016 5)	−0.082 8 (0.065 2)	0.074 9 (0.074 9)
ln tradeopen	0.000 4 (0.003 1)	0.000 5 (0.005 2)	0.000 4 (0.005 4)	0.000 8 (0.003 7)	−0.005 3 (0.015 9)	0.018 9 (0.018 9)
ln profinance	−0.002 5 (0.003 4)	−0.004 4 (0.005 8)	−0.004 7 (0.006 2)	−0.003 7 (0.004 5)	−0.010 6 (0.019 1)	0.021 9 (0.021 9)

续表

变量	W_1 (1)	W_2 (2)	W_3 (3)	W_4 (4)	W_5 (5)	W_6 (6)
$\ln proky$	−0.002 5 (0.005 6)	−0.004 2 (0.008 7)	−0.004 2 (0.009 2)	−0.002 6 (0.007 0)	−0.014 0 (0.031 8)	0.036 0 (0.036 0)
$\ln prokl$	0.000 3 (0.001 4)	0.000 6 (0.002 1)	0.000 7 (0.002 2)	0.000 3 (0.001 6)	0.003 9 (0.007 0)	0.008 3 (0.008 3)
$\ln prosoe$	−0.004 1 (0.006 9)	−0.006 1 (0.010 0)	−0.006 4 (0.010 6)	−0.003 3 (0.007 7)	−0.015 9 (0.033 1)	0.037 4 (0.037 4)
Total						
$\ln fdi \times market$	0.142 1** (0.063 7)	0.148 3** (0.071 6)	0.150 6** (0.072 6)	0.136 2** (0.066 4)	0.187 9 (0.117 5)	0.189 9 (0.127 1)
$\ln fdi$	0.141 6* (0.085 2)	0.189 3** (0.090 3)	0.191 3** (0.093 0)	0.146 3* (0.084 0)	0.293 0 (0.150 9)	0.317 9* (0.167 5)
$\ln prostruc$	−0.010 3 (0.021 3)	−0.011 9 (0.025 4)	−0.011 8 (0.025 7)	−0.010 3 (0.023 4)	−0.017 3 (0.040 0)	0.043 9 (0.043 9)
$\ln prohuman$	−0.109 6* (0.057 0)	−0.117 5* (0.064 6)	−0.118 7* (0.066 1)	−0.103 8* (0.058 9)	−0.156 8 (0.107 7)	0.117 6* (0.117 6)
$\ln tradeopen$	0.004 2 (0.017 0)	0.001 2 (0.018 8)	0.000 7 (0.018 9)	0.004 6 (0.016 9)	−0.010 7 (0.029 2)	0.032 6 (0.032 6)

续表

变量	W_1 (1)	W_2 (2)	W_3 (3)	W_4 (4)	W_5 (5)	W_6 (6)
ln $profinance$	−0.017 4 (0.018 4)	−0.016 6 (0.021 1)	−0.017 0 (0.021 4)	−0.017 3 (0.020 0)	−0.018 9 (0.033 6)	0.036 5 (0.036 5)
ln $proky$	−0.012 3 (0.028 7)	−0.015 3 (0.032 0)	−0.014 4 (0.032 7)	−0.012 1 (0.031 0)	−0.024 5 (0.054 8)	0.059 0 (0.059 0)
ln $prokl$	0.000 4 (0.006 9)	0.002 2 (0.007 7)	0.002 3 (0.007 9)	0.000 6 (0.007 3)	0.007 0 (0.012 7)	0.013 9 (0.013 9)
ln $prosoe$	−0.027 1 (0.033 2)	−0.023 8 (0.037 7)	−0.024 6 (0.038 4)	−0.019 2 (0.035 1)	−0.030 6 (0.059 3)	0.063 8 (0.063 8)
R^2	0.184 3	0.184 0	0.183 2	0.190 8	0.192 9	0.188 2
Log-likelihood	1 196.054 6	1 200.997 0	1 201.321 1	1 197.336 3	1 208.856 4	1 210.449 5
样本量	420	420	420	420	420	420

注：***、**、* 分别表示参数的估计值在1%、5%、10%的统计水平上显著，括号内为稳健标准误差。

向检验;而在间接效应中,交互项 $\ln fdi \times market$ 的系数为正,但其显著性低于直接效应,说明高市场化程度更加强化了省区内 FDI 对国内价值链地位升级的促进作用。这也反映出党的十八届三中全会以来国家一直强调"要全面深化改革以完善制度质量"对于国内价值链的塑造升级与作用发挥具有极为关键的意义。

鉴于樊纲等(2011)和王小鲁等(2017)开发的中国市场化指数统计口径并不一致,具有一定的局限性,本书进一步采用吕越等(2018a)、盛斌和毛其淋(2011)测算的市场分割指数作为中国市场化程度的反向指标,对模型(5.13)再次进行回归检验,相应实证结果见于表 5-12。首先,第一行结果显示,空间相关系数 rho 至少通过了 5%显著性水平上的正向检验,说明某一省区的国内价值链地位在一定程度上依赖于其他有相似空间特征的省区的国内价值链地位。其次,在总效应检验中,交叉项 $\ln fdi \times seg$ 的估计系数均为负数,并且都在 1%的统计性水平上显著,表明市场分割程度削弱了外资进入对国内价值链的促进作用;反过来讲,市场化程度强化了外资进入对国内价值链地位升级的促进作用。第三,在直接效应方面,交叉项 $\ln fdi \times seg$ 的估计系数亦为负数,同样通过了 1%显著性水平上的检验,说明市场化程度对省区内 FDI 的溢出效应具有强化作用。而在间接效应方面,交叉项 $\ln fdi \times seg$ 的估计系数虽然为负数,但其显著性及系数的绝对值均不及直接效应。从而可以得出结论认为,省区间 FDI 溢出效应对国内价值链地位提升的促进作用小于省区内 FDI 溢出效应的作用,与表 5-11 结果保持了较好的一致性,说明该结论是稳健的。

表 5-12 市场分割对外资进入与国内价值链地位提升相关关系的作用结果

变量	W_1 (1)	W_2 (2)	W_3 (3)	W_4 (4)	W_5 (5)	W_6 (6)
Spatial(rho)	0.166 8** (0.081 3)	0.281 5*** (0.050 8)	0.292 0*** (0.053 0)	0.215 3*** (0.077 8)	0.537 2*** (0.079 9)	0.580 3*** (0.069 0)
Direct						
$\ln fdi \times seg$	−0.089 8*** (0.028 6)	−0.088 7*** (0.029 9)	−0.090 1*** (0.030 1)	−0.092 8*** (0.030 9)	−0.089 1*** (0.030 2)	−0.086 5*** (0.030 0)
$\ln fdi$	0.191 3** (0.075 9)	0.211 8*** (0.077 1)	0.212 0*** (0.077 5)	0.192 3** (0.077 3)	0.210 2*** (0.080 3)	0.205 7*** (0.079 8)
$\ln prostruc$	−0.008 1 (0.017 0)	−0.008 1 (0.017 6)	−0.008 0 (0.017 7)	−0.008 7 (0.018 4)	−0.007 9 (0.018 0)	−0.008 5 (0.018 0)
$\ln prohuman$	−0.098 9** (0.047 1)	−0.092 8* (0.048 6)	−0.092 3* (0.048 7)	−0.088 1* (0.046 5)	−0.079 1* (0.047 9)	−0.090 0 (0.047 9)
$\ln tradeopen$	0.006 4 (0.013 7)	0.002 9 (0.013 0)	0.002 4 (0.012 8)	0.005 7 (0.012 8)	−0.004 0 (0.012 9)	−0.003 3 (0.013 3)
$\ln profinance$	−0.014 8 (0.015 7)	−0.012 1 (0.015 5)	−0.012 2 (0.015 5)	−0.013 4 (0.016 1)	−0.008 3 (0.015 2)	−0.007 3 (0.015 2)
$\ln proky$	−0.011 0 (0.022 9)	−0.012 4 (0.022 7)	−0.011 4 (0.022 8)	−0.010 7 (0.023 9)	−0.011 5 (0.023 5)	−0.014 1 (0.023 3)

续表

变量	W_1 (1)	W_2 (2)	W_3 (3)	W_4 (4)	W_5 (5)	W_6 (6)
$\ln prokl$	−0.000 1 (0.005 6)	0.001 4 (0.005 7)	0.001 4 (0.005 7)	0.000 1 (0.005 8)	0.003 0 (0.005 7)	0.004 2 (0.005 7)
$\ln prosoe$	−0.029 0 (0.027 3)	−0.022 9 (0.027 6)	−0.023 4 (0.027 7)	−0.020 7 (0.027 8)	−0.018 8 (0.027 1)	−0.019 4 (0.027 1)
Indirect						
$\ln fdi \times seg$	−0.018 8 (0.013 3)	−0.033 7** (0.014 4)	−0.036 2** (0.015 4)	−0.024 3* (0.012 9)	−0.101 2** (0.046 0)	−0.116 0** (0.052 7)
$\ln fdi$	0.042 7 (0.035 5)	0.081 0** (0.038 4)	0.086 0** (0.041 4)	0.052 1 (0.034 1)	0.238 8* (0.122 2)	0.276 6* (0.141 6)
$\ln prostruc$	−0.001 8 (0.003 9)	−0.003 4 (0.007 2)	−0.003 4 (0.007 6)	−0.001 5 (0.004 9)	−0.008 3 (0.021 4)	−0.010 8 (0.024 9)
$\ln prohuman$	−0.020 0 (0.016 3)	−0.034 8* (0.019 4)	−0.036 8* (0.021 1)	−0.024 4 (0.018 0)	−0.093 2 (0.071 5)	−0.122 9* (0.081 0)
$\ln tradeopen$	0.001 0 (0.003 2)	0.001 3 (0.005 2)	0.001 3 (0.005 5)	0.001 4 (0.003 8)	−0.003 9 (0.016 1)	−0.003 8 (0.019 3)
$\ln profinance$	−0.002 8 (0.003 7)	−0.004 6 (0.006 2)	−0.005 0 (0.006 6)	−0.004 1 (0.004 9)	−0.011 4 (0.020 3)	−0.011 7 (0.023 0)

续表

变量	W_1 (1)	W_2 (2)	W_3 (3)	W_4 (4)	W_5 (5)	W_6 (6)
$\ln proky$	−0.003 1 (0.006 2)	−0.004 9 (0.009 0)	−0.004 9 (0.009 6)	−0.003 2 (0.007 6)	−0.015 7 (0.032 4)	−0.021 8 (0.036 8)
$\ln prokl$	0.000 2 (0.001 3)	0.000 6 (0.002 1)	0.000 7 (0.002 3)	0.000 3 (0.001 7)	0.004 2 (0.007 3)	0.006 4 (0.008 6)
$\ln prosoe$	−0.005 8 (0.007 5)	−0.008 4 (0.010 2)	−0.008 9 (0.010 8)	−0.004 7 (0.008 0)	−0.021 0 (0.033 9)	−0.025 2 (0.038 4)
Total						
$\ln fdi \times seg$	−0.108 5*** (0.037 7)	−0.122 3*** (0.042 3)	−0.126 3*** (0.043 3)	−0.117 1*** (0.039 5)	−0.190 3*** (0.071 0)	−0.202 5*** (0.078 5)
$\ln fdi$	0.234 0** (0.106 0)	0.292 9*** (0.111 5)	0.298 0*** (0.114 8)	0.244 4** (0.104 3)	0.449 0** (0.190 8)	0.482 3** (0.212 2)
$\ln prostruc$	−0.009 9 (0.020 6)	−0.011 5 (0.024 7)	−0.011 4 (0.025 1)	−0.010 2 (0.022 9)	−0.016 2 (0.039 0)	−0.019 2 (0.042 5)
$\ln prohuman$	−0.118 8** (0.057 9)	−0.127 5* (0.066 5)	−0.129 0* (0.068 2)	−0.112 4* (0.061 1)	−0.172 4 (0.114 5)	−0.212 9* (0.124 1)
$\ln tradeopen$	0.007 4 (0.016 5)	0.004 3 (0.018 1)	0.003 7 (0.018 2)	0.007 1 (0.016 3)	−0.007 8 (0.028 7)	−0.007 1 (0.032 3)

续表

变量	W_1 (1)	W_2 (2)	W_3 (3)	W_4 (4)	W_5 (5)	W_6 (6)
$\ln profinance$	−0.017 5 (0.018 8)	−0.016 8 (0.021 5)	−0.017 2 (0.021 9)	−0.017 5 (0.020 6)	−0.019 7 (0.034 9)	−0.018 9 (0.037 7)
$\ln proky$	−0.014 1 (0.028 6)	−0.017 2 (0.031 6)	−0.016 4 (0.032 3)	−0.013 9 (0.031 0)	−0.027 3 (0.054 8)	−0.035 9 (0.059 1)
$\ln prokl$	0.000 1 (0.006 8)	0.002 0 (0.007 7)	0.002 1 (0.007 9)	0.000 4 (0.007 4)	0.007 2 (0.012 9)	0.010 7 (0.014 1)
$\ln prosoe$	−0.034 8 (0.033 2)	−0.031 3 (0.037 5)	−0.032 3 (0.038 2)	−0.025 3 (0.034 9)	−0.039 8 (0.059 4)	−0.044 5 (0.064 2)
R^2	0.177 1	0.174 2	0.173 1	0.181 1	0.168 2	0.160 8
Log-likelihood	1 195.285 7	1 200.562 8	1 200.931 4	1 197.069 2	1 209.082 7	1 210.772 3
样本量	420	420	420	420	420	420

注：***，**，* 分别表示参数的估计值在1%，5%，10%的统计水平上显著，括号内为稳健标准误差。

第五节　拓展分析:外资进入、国内价值链与产业结构升级

随着中国近年来成功实施进口替代战略,国内增加值比率不断提升,国内价值链越来越呈现对全球价值链的替代作用,成为实现一国产业结构升级的重要基础。产业结构升级的核心是要实现产业结构的高度化(也称产业结构高级化),指一国经济发展重点或产业结构重心由第一产业向第二产业和第三产业逐次转移的过程,是经济发展水平的高低和发展阶段的重要指标。Ohno(2009)赶超工业化的理论框架认为,虽然中国已经具备了相对完整的工业体系,但是在高技术领域仍然需要国外资本代表的先进技术深度嵌入国内分工网络,再通过技术吸收促使中国完成从工业化第二阶段到第三阶段的跃升过程。外资企业不仅是新知识和竞争压力的来源,而且可以作为本地分工网络中的高附加值环节来参与分工,加快中国完成进口替代到高质量发展与价值链攀升的过程(Fernandes and Paunov,2012)。通过外资开放带动国内价值链地位攀升是促使中国产业结构升级的重要途径。有鉴于此,本节进一步考察了外资进入通过国内价值链对产业结构升级的影响。

一、模型构建

在前文的基础上,本书进一步构建了公式(5.17),以考察外资进入通过提高国内价值链地位对产业结构升级的作用。

$$\ln IU_{it} = \rho \ln IU_{it} + \alpha_0 + \alpha_1 \ln fdi_{it} + \alpha_2 \ln fdi_{it} \times nvcupgrade_{it} \\ + \alpha_3 nvcupgrade_{it} + \alpha_4 \sum_k X_{it} + v_i + v_t + \varepsilon_{it} \qquad (5.17)$$

其中,被解释变量 IU 代表衡量产业结构升级的指标。由于产业结构高度化的特征是第三产业的地位越来越突出,第一产业所占比重越来越小,因此,本书借鉴徐敏和姜勇(2015)的方法,将第一、二、三产业均包含在内,构造了产业结构升级指数如下:

$$IU_{it} = \sum_{i=1}^{3} x_{it} \times i, \quad 1 \leqslant i \leqslant 3 \tag{5.18}$$

其中,x_{it} 表示在 t 年第 i 产业产值占总产值的比重,这一指数主要反映三次产业之间的升级状况。

公式(5.17)中的交叉项 $\ln fdi_{it} \times nvcupgrate_{it}$ 为本书主要关注的变量,其估计系数 α_2 表示外资进入通过国内价值链对产业结构升级的作用,本书预期该系数为正。$\sum_{k} X_{it}$ 为控制变量,主要包括通货膨胀率($inflation$),采用居民消费价格指数的增长率来表示(安苑和王珺,2012)。基础设施水平($\ln infra$),根据吴福象和沈浩平(2013)的研究,基础设施会通过空间溢出效应和蒂伯特机制促进产业结构升级,此处参考安苑和王珺(2012)的方法,采用每平方公里的铁路和公路里程的对数值来衡量。财政分权($\ln fiscal$),因魏福成等(2013)指出分权是阻碍产业结构升级的重要因素之一,本书采用各省区人均财政支出占中央人均财政支出的比重来衡量。国内市场潜力($\ln dmp$)的度量取自新经济地理学的方法,即一个地区所面临的潜在市场容量与本省区及其他省区的总收入呈正比,与其他省区到该省区的距离呈反比,即 $dmp = \sum_{i \neq j}(Y_i/D_{ji} + Y_{jt}/D_{jj})$,其中 Y_{jt} 为 j 省区的地区生产总值,D_{ji} 为 j 和 i 两省省会城市间的距离,D_{jj} 为 j 省区内部距离,各省区内部距离取地理半径的 2/3,即 $D_{jj} = (2/3)(S_j/\pi)^{1/2}$,$S_j$ 为省区 j 的陆地面积。经济发展水平($\ln$

$rgdp$),采用人均 GDP 的对数值来表示。人力资本水平($\ln human$),与上一章一致,采用平均受教育年限的对数值来衡量(王小鲁,2000;李平和许家云,2011)。国外开放程度($\ln open$),采用进出口总额占比 GDP 比重的对数值表示。资本劳动比($\ln pkl$)和资本产出比($\ln ky$),分别采用资本存量占比就业人数和生产总值来衡量。国有经济比重($\ln soeratio$),采用上一章的测度方法,用全社会投资中的国有企业投资比重衡量(李平和郭娟娟,2017)。v_i 和 v_t 分别代表观测不到的省区固定效应和时间固定效应,ε_{it} 为随机扰动项。

二、SAR 模型回归结果分析

为缓解空间关联和溢出效应对实证结果的干扰,表 5-13 呈现了随机效应的空间自回归模型①(SAR)检验结果,主要包括空间相关系数、直接效应、间接效应和总效应估计。前 4 列为纳入普通地理空间权重矩阵之后的实证结果,其中第(1)列采用了近邻空间权重矩阵。由第(1)列可知,空间估计系数 rho 为正,并且通过了 1% 显著性概率检验,说明空间相关的影响不可忽视,各省区产业结构升级存在显著的正相关关系,即某一省区的产业结构升级在一定程度上依赖于其临近具有相似空间特征的省区的产业结构。

空间自回归模型(SAR)不仅可以验证省区间产业结构的空间相关性,使得模型估计计算更加可靠,而且可以分别估计省区内 FDI(直接效应)、省区间 FDI(间接效应)以及整体 FDI(总效应)通过提高

---

① 通过豪斯曼检验,本书发现采用邻近矩阵所得的豪斯曼统计 P 值为 0.839 9>0.05,故采用随机效应 SAR 模型进行实证检验。此外,由于外资进入只取对数之后的指标,而国内价值链地位为指数指标,为了消除两指标之间在属性和数量级方面存在的差异,本书在该部分构建交叉项之前对外资进入和国内价值链地位两变量进行标准化处理。

表 5-13　空间自回归模型回归结果

变量	W_1 (1)	W_2 (2)	W_3 (3)	W_4 (4)	W_5 (5)	W_6 (6)
Spatial(rho)	0.184 3*** (0.050 8)	0.280 2*** (0.068 4)	0.268 7*** (0.068 0)	0.092 8* (0.053 1)	0.376 7*** (0.087 6)	0.411 1*** (0.094 9)
Direct						
$\ln fdi \times nvcupgrate$	0.001 4*** (0.000 4)	0.001 3*** (0.000 4)	0.001 3*** (0.000 4)	0.001 4*** (0.000 4)	0.001 4*** (0.000 4)	0.001 4*** (0.000 4)
$nvcupgrate$	0.000 7** (0.000 3)	0.000 6** (0.000 3)	0.000 6** (0.000 3)	0.000 6** (0.000 3)	0.000 6** (0.000 3)	0.000 6** (0.000 3)
$\ln fdi$	−0.066 2 (0.085 4)	−0.031 8 (0.085 9)	−0.036 3 (0.085 8)	−0.077 8 (0.085 4)	−0.090 3 (0.084 6)	−0.066 6 (0.085 1)
$inflation$	−0.001 0*** (0.000 3)	−0.000 9*** (0.000 3)	−0.000 9*** (0.000 3)	−0.001 1*** (0.000 3)	−0.000 8*** (0.000 3)	−0.000 8*** (0.000 3)
$\ln infra$	0.008 1 (0.006 7)	0.009 1 (0.006 8)	0.009 0 (0.006 8)	0.006 2 (0.006 6)	0.010 0 (0.006 6)	0.009 3 (0.006 8)
$\ln dmp$	0.010 7** (0.004 8)	0.009 3* (0.004 9)	0.009 3* (0.004 9)	0.012 2** (0.004 8)	0.008 0 (0.004 9)	0.008 4* (0.005 0)
$\ln fiscal$	−0.186 7*** (0.044 6)	−0.194 4*** (0.044 8)	−0.194 0*** (0.044 8)	−0.179 8*** (0.044 6)	−0.210 0*** (0.044 7)	−0.211 9*** (0.045 4)

续表

变量	W_1 (1)	W_2 (2)	W_3 (3)	W_4 (4)	W_5 (5)	W_6 (6)
$\ln rgdp$	0.530 7*** (0.020 6)	0.536 0*** (0.021 2)	0.535 0*** (0.021 0)	0.528 3*** (0.020 5)	0.527 3*** (0.020 5)	0.531 0*** (0.020 9)
$\ln human$	0.088 8** (0.040 1)	0.080 5* (0.041 3)	0.079 4* (0.041 2)	0.089 5** (0.041 0)	0.065 2 (0.041 1)	0.067 2 (0.041 8)
$\ln open$	0.050 9*** (0.013 8)	0.046 0*** (0.014 3)	0.046 1*** (0.014 3)	0.051 2*** (0.013 9)	0.052 9*** (0.013 8)	0.049 8*** (0.014 2)
$\ln ky$	0.592 2*** (0.024 3)	0.598 3*** (0.024 8)	0.596 6*** (0.024 6)	0.592 8*** (0.024 5)	0.581 5*** (0.024 5)	0.588 5*** (0.024 7)
$\ln kl$	−0.465 8*** (0.018 8)	−0.470 3*** (0.019 3)	−0.468 9*** (0.019 1)	−0.464 3*** (0.018 7)	−0.461 1*** (0.018 7)	−0.465 6*** (0.019 1)
$\ln soeratio$	−0.048 1** (0.019 3)	−0.053 8*** (0.019 4)	−0.052 5*** (0.019 4)	−0.048 6*** (0.019 3)	−0.062 4*** (0.019 3)	−0.061 4*** (0.019 5)
Indirect						
$\ln fdi \times nvcupgrate$	0.000 3** (0.000 1)	0.000 5** (0.000 2)	0.000 5** (0.000 2)	0.000 2* (0.000 1)	0.000 9** (0.000 4)	0.001 1** (0.000 5)
$nvcupgrate$	0.000 2 (0.000 1)	0.000 3 (0.000 2)	0.000 2 (0.000 2)	0.000 1 (0.000 1)	0.000 4 (0.000 3)	0.000 5 (0.000 4)
$\ln fdi$	−0.014 9 (0.020 0)	−0.011 0 (0.034 3)	−0.012 2 (0.032 5)	−0.008 6 (0.010 9)	−0.059 2 (0.058 6)	−0.049 3 (0.066 5)

续表

变量	W_1 (1)	W_2 (2)	W_3 (3)	W_4 (4)	W_5 (5)	W_6 (6)
$inflation$	−0.000 2*** (0.000 1)	−0.000 4*** (0.000 1)	−0.000 3*** (0.000 1)	−0.000 1* (0.000 1)	−0.000 5** (0.000 2)	−0.000 5** (0.000 3)
$\ln infra$	0.001 9 (0.001 9)	0.003 8 (0.003 4)	0.003 6 (0.003 2)	0.000 7 (0.001 0)	0.006 8 (0.005 8)	0.007 3 (0.006 8)
$\ln dmp$	0.002 5* (0.001 3)	0.003 7* (0.002 2)	0.003 5* (0.002 1)	0.001 4 (0.000 9)	0.005 0 (0.003 4)	0.006 2 (0.004 2)
$\ln fiscal$	−0.044 3** (0.017 5)	−0.079 5** (0.032 1)	−0.075 3** (0.030 8)	−0.021 3* (0.012 9)	−0.140 0** (0.059 9)	−0.164 9** (0.074 2)
$\ln rgdp$	0.125 8*** (0.040 5)	0.218 4*** (0.073 7)	0.206 8*** (0.070 9)	0.062 1* (0.034 0)	0.349 0*** (0.128 2)	0.410 1** (0.162 8)
$\ln human$	0.020 8* (0.011 4)	0.032 4 (0.019 8)	0.030 2 (0.018 7)	0.010 1 (0.007 2)	0.041 8 (0.030 4)	0.050 5 (0.037 7)
$\ln open$	0.012 0** (0.004 9)	0.018 5** (0.007 9)	0.017 5** (0.007 6)	0.006 0 (0.003 7)	0.034 9** (0.015 5)	0.038 1** (0.018 0)
$\ln ky$	0.140 1*** (0.044 5)	0.243 5*** (0.081 4)	0.230 2*** (0.078 1)	0.069 5* (0.037 8)	0.384 0*** (0.138 8)	0.453 7** (0.178 1)
$\ln kl$	−0.110 4*** (0.035 5)	−0.191 6*** (0.064 7)	−0.181 2*** (0.062 0)	−0.054 6* (0.029 9)	−0.304 9*** (0.111 8)	−0.359 5** (0.142 7)

续表

变量	W_1 (1)	W_2 (2)	W_3 (3)	W_4 (4)	W_5 (5)	W_6 (6)
$\ln soeratio$	−0.011 3** (0.005 5)	−0.021 9** (0.010 5)	−0.020 3** (0.009 8)	−0.005 7 (0.003 8)	−0.041 5** (0.019 5)	−0.047 5** (0.023 5)
Total						
$\ln fdi \times nvcupgrate$	0.001 7*** (0.000 5)	0.001 8*** (0.000 6)	0.001 8*** (0.000 5)	0.001 6*** (0.000 4)	0.002 4*** (0.000 7)	0.002 5*** (0.000 8)
$nvcupgrate$	0.000 9** (0.000 4)	0.000 9** (0.000 5)	0.000 9** (0.000 4)	0.000 7** (0.000 3)	0.001 0* (0.000 5)	0.001 0* (0.000 6)
$\ln fdi$	−0.081 1 (0.104 4)	−0.042 8 (0.119 1)	−0.048 5 (0.117 1)	−0.086 4 (0.094 4)	−0.149 5 (0.139 8)	−0.115 9 (0.148 5)
$inflation$	−0.001 2*** (0.000 3)	−0.001 3*** (0.000 4)	−0.001 3*** (0.000 4)	−0.001 2*** (0.000 3)	−0.001 3*** (0.000 5)	−0.001 4*** (0.000 5)
$\ln infra$	0.010 0 (0.008 4)	0.012 9 (0.010 0)	0.012 6 (0.009 8)	0.006 9 (0.007 4)	0.016 7 (0.012 0)	0.016 7 (0.013 2)
$\ln dmp$	0.013 2** (0.005 9)	0.013 0* (0.006 8)	0.012 8* (0.006 7)	0.013 5** (0.005 3)	0.013 0** (0.007 9)	0.014 6* (0.008 7)
$\ln fiscal$	−0.231 0*** (0.056 9)	−0.274 0*** (0.069 2)	−0.269 3*** (0.067 9)	−0.201 1*** (0.051 3)	−0.350 0*** (0.092 7)	−0.376 8*** (0.106 4)
$\ln rgdp$	0.656 5*** (0.051 4)	0.754 4*** (0.085 4)	0.741 9*** (0.082 1)	0.590 4*** (0.043 3)	0.876 3*** (0.135 5)	0.941 1*** (0.171 9)

续表

变量	W_1 (1)	W_2 (2)	W_3 (3)	W_4 (4)	W_5 (5)	W_6 (6)
$\ln human$	0.1096** (0.0495)	0.1129* (0.0582)	0.1096* (0.0571)	0.0996** (0.0452)	0.1070 (0.0680)	0.1177 (0.0749)
$\ln open$	0.0629*** (0.0172)	0.0645*** (0.0203)	0.0637*** (0.0199)	0.0572** (0.0158)	0.0878*** (0.0260)	0.0879*** (0.0285)
$\ln ky$	0.7323*** (0.0552)	0.8418*** (0.0929)	0.8268*** (0.0888)	0.6622*** (0.0462)	0.9655*** (0.1441)	1.0422*** (0.1860)
$\ln kl$	−0.5762*** (0.0451)	−0.6619*** (0.0750)	−0.6501*** (0.0719)	−0.5189*** (0.0378)	−0.7660*** (0.1178)	−0.8251*** (0.1506)
$\ln soeratio$	−0.0595** (0.0237)	−0.0757*** (0.0280)	−0.0728*** (0.0274)	−0.0543** (0.0215)	−0.1039*** (0.0352)	−0.1089*** (0.0390)
R^2	0.7692	0.7488	0.7520	0.7852	0.7696	0.7489
Log-likelihood	1106.7082	1108.3644	2207.8405	1101.8724	1108.6489	1108.4618
样本量	420	420	420	420	420	420

注：***、**、* 分别表示参数的估计值在 1%、5%、10% 的统计水平上显著，括号内为稳健标准误差。

国内价值链地位对产业结构升级的外溢效应。从表 5-13 的第(1)列可以看出,在直接效应方面,国内价值链地位升级 $nvcupgrate$ 的估计系数显著为正,在 5% 的统计性水平上通过了检验,并且省区内 FDI 通过国内价值链这一路径对产业结构升级的影响系数亦显著为正,说明省区内 FDI 通过提高国内价值链所在位置,对产业结构升级具有促进作用。在间接效应方面,省区间 FDI 通过国内价值链这一渠道对产业结构升级的作用仍为正数,并且通过了 5% 显著性水平上的检验,但国内价值链 $nvcupgrate$ 的估计系数未能在 10% 的统计性水平上显著,说明省区间 FDI 通过国内价值链对产业结构升级的作用十分有限。在总效应方面,交叉项 $\ln fdi \times nvcupgrate$ 和国内价值链 $nvcupgrate$ 的估计系数均显著通过了正向水平上的检验,表明外资进入通过提高国内价值链地位对产业结构升级确实具有显著的促进作用,但直接效应的作用大于间接效应。

为了检验采用邻近空间权重矩阵所得实证结果的稳健性,本书进一步构建了地理距离空间权重矩阵、经济距离空间权重矩阵、劳动力流动空间权重矩阵以及物质资本流动空间权重矩阵,对应的实证结果如表 5-13 第(2)至(6)列所示。观察其结果可以发现,各估计系数与第一列并无实质性区别,进而验证了外资进入通过促使国内价值链向上游环节攀升对当地产业结构升级确实具有显著促进作用这一结果的稳健性。

三、稳健性检验

(一) SEM 模型

为了验证 SAR 模型实证结果的稳健性,本书又进一步构建了空间误差模型(SEM),SEM 模型度量了邻近地区关于因变量的误差冲击对本地区观测值的影响程度,有助于探讨省区间产业结构升级的空间相关关系。参照表 5-13 对 SAR 模型的回归,本书分别采用静态空间矩阵和动态空间矩阵对 SEM 模型进行实证检验,相应结果见表 5-14。观察表 5-14 可以发现,第(1)至(6)列中空间误差系数 $lambda$ 均为正数,并且至少通过了 10% 显著性水平上的检验,说明邻近地区关于产业结构升级的误差冲击会影响本地区的产业结构升级。具体地,第(1)列结果显示,在加入邻近空间矩阵后,交叉项 $\ln fdi \times nvcupgrate$ 的估计系数为 0.001 3,在 1% 的统计性水平上通过了检验,国内价值链指标 $nvcupgrate$ 的估计系数为 0.000 8,同样通过了 1% 显著性水平上的检验,表明外资进入通过促使国内价值链地位向上游攀升而促进产业结构升级。第(2)、(3)列为加入地理距离矩阵的空间误差模型回归结果,发现交叉项 $\ln fdi \times nvcupgrate$ 和 $nvcupgrate$ 的估计系数均为正数,并且在 1% 的统计性水平上显著,表明外资进入通过促使国内价值链向上游攀升有利于促进产业结构升级,与第(1)列实证结果相一致。第(4)列加入经济距离矩阵,发现各变量系数显著性和方向与前几列基本一致,再次验证了外资进入通过国内价值链有利于产业结构升级这一结论。第(5)、(6)列为加入动态权重——劳动力流动空间权重矩阵和物质资本流动空间权重矩阵之后的实证结果,发现交叉项 $\ln fdi \times nvcupgrate$ 和国内价值链的估计系数显著为正,再次验证了上述结论的稳健性。

(二) 中介效应检验

为了验证模型(5.17)构建的合理性以及所得实证结果的稳健性,本书参照温忠麟等(2004)的做法,构建中介效应模型以检验外资进入通过国内价值链对产业结构升级的影响,中介模型构建如下:

$$\ln IU_{it} = \rho W \ln IU_{it} + \beta_0 + \beta_1 \ln fdi_{it} + \sum_k \beta_2 X_{it} + v_i + v_t + \varepsilon_{it}$$

(5.19)

表 5-14　空间误差模型回归结果

变量	W_1 (1)	W_2 (2)	W_3 (3)	W_4 (4)	W_5 (5)	W_6 (6)
Spatial($lambda$)	0.349 0*** (0.062 9)	0.404 8*** (0.072 8)	0.456 1*** (0.073 0)	0.153 0* (0.090 3)	0.521 4*** (0.091 2)	0.528 4*** (0.093 5)
$\ln fdi \times nvcupgrate$	0.001 3*** (0.000 4)	0.001 2*** (0.000 4)	0.001 2*** (0.000 4)	0.001 4*** (0.000 5)	0.001 5*** (0.000 4)	0.001 5*** (0.000 4)
$nvcupgrate$	0.000 8*** (0.000 3)	0.000 7*** (0.000 3)	0.000 8*** (0.000 3)	0.000 7** (0.000 3)	0.000 7*** (0.000 3)	0.000 7*** (0.000 3)
$\ln fdi$	0.081 9 (0.094 8)	0.111 8 (0.092 3)	0.142 4 (0.092 2)	−0.061 2 (0.091 2)	−0.039 0 (0.089 4)	−0.028 7 (0.090 0)
$inflation$	−0.001 1*** (0.000 4)	−0.001 1*** (0.000 4)	−0.001 0** (0.000 4)	−0.001 2*** (0.000 3)	−0.001 0** (0.000 5)	−0.001 1** (0.000 5)
$\ln infra$	0.004 7 (0.007 0)	0.008 4 (0.007 3)	0.008 8 (0.007 3)	0.003 9 (0.006 9)	0.006 4 (0.007 3)	0.007 5 (0.007 5)
$\ln dmp$	0.020 4*** (0.005 6)	0.016 3*** (0.005 6)	0.018 1*** (0.005 8)	0.014 8*** (0.005 3)	0.020 6*** (0.006 0)	0.018 6*** (0.006 0)
$\ln fiscal$	−0.199 2*** (0.042 2)	−0.176 5*** (0.043 6)	−0.174 2*** (0.043 4)	−0.186 2*** (0.044 1)	−0.232 6*** (0.046 5)	−0.235 6*** (0.047 3)
$\ln rgdp$	0.527 7*** (0.018 7)	0.529 2*** (0.018 6)	0.533 0*** (0.018 4)	0.526 0*** (0.019 5)	0.524 0*** (0.019 1)	0.525 3*** (0.019 0)

续表

变 量	W_1 (1)	W_2 (2)	W_3 (3)	W_4 (4)	W_5 (5)	W_6 (6)
$\ln human$	0.108 7** (0.046 6)	0.094 1** (0.048 0)	0.090 8* (0.047 9)	0.091 0* (0.048 3)	0.094 1* (0.048 4)	0.089 8* (0.049 0)
$\ln open$	0.054 4*** (0.012 8)	0.040 6*** (0.013 8)	0.042 0*** (0.013 6)	0.052 7*** (0.013 6)	0.053 7*** (0.013 7)	0.052 6*** (0.013 8)
$\ln ky$	0.600 2*** (0.025 1)	0.604 2*** (0.025 0)	0.609 9*** (0.025 0)	0.591 1*** (0.025 1)	0.591 7*** (0.025 6)	0.591 9*** (0.025 5)
$\ln kl$	−0.469 5*** (0.017 3)	−0.469 0*** (0.017 2)	−0.473 4*** (0.017 3)	−0.463 2*** (0.017 7)	−0.465 2*** (0.017 8)	−0.466 4*** (0.017 7)
$\ln soeratio$	−0.052 0** (0.021 9)	−0.063 0*** (0.022 3)	−0.060 1*** (0.022 4)	−0.054 2** (0.022 5)	−0.081 1*** (0.022 8)	−0.082 0*** (0.022 9)
常数项	0.293 8*** (0.110 5)	0.354 8*** (0.112 8)	0.343 0*** (0.113 2)	0.381 8*** (0.110 5)	0.347 6*** (0.113 7)	0.373 5*** (0.115 1)
R^2	0.703 4	0.665 6	0.653 6	0.768 1	0.715 4	0.703 2
Log-likelihood	1 113.553 3	1 113.103 9	1 115.744 7	1 101.729 6	1 110.844 7	1 110.394 8
样本量	420	420	420	420	420	420

注：***、**、* 分别表示参数的估计值在 1%、5%、10% 的统计水平上显著，括号内为稳健标准误差。

$$nvcupgrate_{it} = \rho W nvcupgrate_{it} + \gamma_0 + \gamma_1 \ln fdi_{it}$$
$$+ \sum_k \gamma_2 X_{it} + v_i + v_t + \varepsilon_{it} \quad (5.20)$$

$$\ln IU_{it} = \rho W \ln IU_{it} + \theta_0 + \theta_1 \ln fdi_{it} + \theta_2 \ln nvcupgrate_{it}$$
$$+ \sum_k \theta_3 X_{it} + v_i + v_t + \varepsilon_{it} \quad (5.21)$$

其中，公式(5.19)表示外资进入对产业结构升级的总效应，系数 β_1 衡量总效应的大小；公式(5.20)表示外资进入对国内价值链地位提升的影响，系数 γ_1 表示外资进入对其影响程度的大小；公式(5.21)中 θ_1 衡量的是外资进入对产业结构升级的直接效应。将公式(5.19)、公式(5.20)代入公式(5.21)中得如下。

$$\ln IU_{it} = (\beta_0 + \gamma_0 \theta_2) + (\theta_1 + \gamma_1 \theta_2) + \varepsilon_{it} \quad (5.22)$$

系数 $\theta_1 + \gamma_1 \theta_2$ 度量总的中介效应，$\gamma_1 \theta_2$ 表示外资进入通过国内价值链对产业结构的影响。公式(5.19)至(5.21)各变量的测度与上述公式(5.17)一致，相应实证结果见表5-15。

表5-15 呈现了采用邻近空间权重矩阵(W_1)、地理空间权重矩阵(W_3)以及劳动力流动权重矩阵(W_5)[①]之后的空间自回归模型检验结果。首先，前3列加入了邻近矩阵，空间相关系数 rho 均显著为正，表明省区间产业结构存在正相关关系。具体地，在总效应方面，第(1)列外资进入对产业结构升级影响的实证结果显示，$\ln fdi$ 的估计系数为 0.179 1，并且通过了 5% 显著性水平上的检验，说明外资进入有利于产业结构升级；第(2)列为外资进入对国内价值链地位提升的影响，发现 $\ln fdi$ 的估计系数亦通过了 5% 显著性水平上的正向检

---

① 限于篇幅有限，此处仅呈现了采用邻近空间权重矩阵(W_1)、地理空间权重矩阵(W_3)以及劳动力流动权重矩阵(W_5)的实证回归结果，其余空间权重矩阵所得结果见附表5-3。

表 5-15 中介效应回归结果

变量	W_1 ln IU (1)	W_1 mxupgrate (2)	W_1 ln IU (3)	W_3 ln IU (4)	W_3 mxupgrate (5)	W_3 ln IU (6)	W_5 ln IU (7)	W_5 mxupgrate (8)	W_5 ln IU (9)
Spatial(rho)	0.177 7*** (0.051 8)	0.238 1*** (0.060 8)	0.189 6*** (0.051 2)	0.284 1*** (0.068 7)	0.344 5*** (0.065 8)	0.282 1*** (0.068 2)	0.380 7*** (0.088 5)	0.519 4*** (0.075 5)	0.371 5*** (0.088 3)
Direct									
ln fdi	0.147 2** (0.059 8)	0.157 9** (0.071 8)	0.106 3 (0.000 2)	0.168 8*** (0.059 5)	0.207 3*** (0.072 1)	0.130 3* (0.078 0)	0.128 0** (0.059 3)	0.233 8*** (0.071 3)	0.089 9 (0.078 0)
mxupgrate			0.000 9*** (0.078 3)			0.000 9*** (0.000 2)			0.000 8*** (0.000 2)
inflation	−0.000 9*** (0.000 3)	0.003 8 (0.063 8)	−0.001 0*** (0.000 3)	−0.000 8** (0.000 3)	0.004 6 (0.063 3)	−0.000 9*** (0.000 3)	−0.000 7** (0.000 3)	0.001 4 (0.062 4)	−0.000 7** (0.000 3)
ln infra	0.004 8 (0.008 0)	0.749 2 (0.567 9)	0.004 1 (0.006 8)	0.006 2 (0.008 1)	0.787 8 (0.563 6)	0.005 3 (0.007 0)	0.007 1 (0.008 0)	0.757 1 (0.555 7)	0.006 1 (0.006 8)
ln dmp	0.010 5** (0.004 7)	−1.075 6* (0.588 5)	0.011 9** (0.004 7)	0.008 8* (0.004 7)	−1.055 6* (0.583 2)	0.010 3** (0.004 8)	0.007 7 (0.004 7)	−0.480 9 (0.584 0)	0.009 3* (0.004 8)
ln fiscal	−0.191 1*** (0.042 6)	−6.043 6 (4.578 4)	−0.172 4*** (0.042 7)	−0.198 3*** (0.042 8)	−2.936 4 (4.598 9)	−0.179 8*** (0.042 8)	−0.213 5*** (0.043 4)	−0.663 1 (4.557 0)	−0.193 7*** (0.043 2)
ln rgdp	0.519 3*** (0.019 9)	−13.626 5*** (3.820 6)	0.528 4*** (0.020 4)	0.525 6*** (0.020 2)	−14.471 8*** (3.778 8)	0.533 0*** (0.020 6)	0.517 4*** (0.019 9)	−13.374 6*** (3.725 7)	0.524 6*** (0.020 3)

续表

变量	W_1 ln IU (1)	W_1 mocupgrate (2)	W_1 ln IU (3)	ln IU (4)	W_3 mocupgrate (5)	W_3 ln IU (6)	ln IU (7)	W_5 mocupgrate (8)	ln IU (9)
ln human	0.067 8 (0.050 6)	−3.554 9 (5.213 7)	0.086 8* (0.045 2)	0.056 5 (0.051 8)	−3.191 4 (5.168 4)	0.075 8* (0.046 2)	0.044 4 (0.051 8)	−0.899 8 (5.105 5)	0.064 4 (0.045 6)
ln open	0.043 3*** (0.012 9)	0.808 4 (1.056 2)	0.044 0*** (0.013 0)	0.039 2*** (0.013 1)	0.183 9 (1.063 4)	0.039 6*** (0.013 3)	0.045 1*** (0.013 0)	−0.115 5 (1.052 8)	0.045 7*** (0.013 1)
ln ky	0.576 9*** (0.024 3)	−14.302 7*** (4.257 8)	0.591 1*** (0.025 5)	0.582 8*** (0.024 5)	−15.044 7*** (4.210 8)	0.595 4*** (0.025 6)	0.568 0*** (0.024 1)	−13.093 0*** (4.158 7)	0.580 8*** (0.025 6)
ln kl	−0.456 8*** (0.017 0)	11.752 5*** (3.267 1)	−0.466 1*** (0.018 5)	−0.461 4*** (0.017 2)	12.691 0*** (3.237 1)	−0.469 4*** (0.018 6)	−0.453 4*** (0.016 9)	11.526 8*** (3.187 4)	−0.461 2*** (0.018 5)
ln soeratio	−0.059 8*** (0.020 0)	−6.518 0** (2.825 6)	−0.048 9** (0.020 3)	−0.063 7*** (0.019 9)	−4.509 9 (2.836 8)	−0.053 5*** (0.020 2)	−0.073 2*** (0.020 0)	−3.221 0 (2.806 7)	−0.062 4*** (0.020 6)
Indirect									
ln fdi	0.031 9** (0.017 2)	0.049 4* (0.028 0)	0.022 6 (0.018 5)	0.067 5** (0.034 2)	0.109 3** (0.051 4)	0.048 1 (0.034 0)	0.081 9 (0.051 1)	0.266 8** (0.124 0)	0.048 8 (0.047 4)
mocupgrate			0.000 2** (0.000 1)			0.000 3** (0.000 1)			0.000 5** (0.000 2)
inflation	−0.000 2** (0.000 1)	0.001 3 (0.021 2)	−0.000 2** (0.000 1)	−0.000 3** (0.000 1)	0.002 5 (0.034 7)	−0.000 3*** (0.000 1)	−0.000 4* (0.000 2)	0.001 3 (0.073 8)	−0.000 4* (0.000 2)

续表

变量	W_1 ln IU (1)	W_1 mvcupgrate (2)	ln IU (3)	ln IU (4)	W_3 mvcupgrate (5)	ln IU (6)	ln IU (7)	W_5 mvcupgrate (8)	ln IU (9)
ln infra	0.0011 (0.0019)	0.2323 (0.2039)	0.0010 (0.0016)	0.0027 (0.0037)	0.4084 (0.3306)	0.0021 (0.0028)	0.0051 (0.0064)	0.8418 (0.7165)	0.0039 (0.0046)
ln dmp	0.0022* (0.0011)	−0.3297 (0.2210)	0.0026** (0.0013)	0.0033* (0.0019)	−0.5465 (0.3594)	0.0037* (0.0021)	0.0046 (0.0030)	−0.5111 (0.7005)	0.0051 (0.0032)
ln fiscal	−0.0413** (0.0180)	−1.8645 (1.6714)	−0.0386** (0.0176)	−0.0788** (0.0336)	−1.4392 (2.5440)	−0.0681** (0.0311)	−0.1394* (0.0718)	−0.5350 (5.3740)	−0.1161* (0.0597)
ln rgdp	0.1117*** (0.0387)	−4.1656** (1.6858)	0.1173*** (0.0429)	0.2083*** (0.0715)	−7.4672*** (2.7834)	0.1999*** (0.0740)	0.3334** (0.1375)	−14.8598** (5.8318)	0.3087** (0.1309)
ln human	0.0141 (0.0121)	−1.0862 (1.7958)	0.0188* (0.0111)	0.0208 (0.0213)	−1.6196 (2.9246)	0.0275 (0.0182)	0.0250 (0.0346)	−0.7140 (6.5036)	0.0362 (0.0288)
ln open	0.0095** (0.0048)	0.2433 (0.3834)	0.0098* (0.0049)	0.0157** (0.0079)	0.0692 (0.6240)	0.0147* (0.0077)	0.0298* (0.0165)	−0.2019 (1.3799)	0.0272* (0.0156)
ln ky	0.1240*** (0.0430)	−4.3482** (1.7614)	0.1311** (0.0479)	0.2308*** (0.0787)	−7.7251*** (2.8933)	0.2231*** (0.0828)	0.3653** (0.1483)	−14.4228** (5.8635)	0.3413** (0.1445)
ln kl	−0.0982*** (0.0338)	3.5942** (1.4489)	−0.1034*** (0.0377)	−0.1828*** (0.0622)	6.5550*** (2.4305)	−0.1759*** (0.0649)	−0.2919** (0.1191)	12.7970** (4.9542)	−0.2712** (0.1114)
ln soeratio	−0.0128** (0.0060)	−2.0234* (1.1772)	−0.0107* (0.0058)	−0.0252** (0.0116)	−2.3082 (1.6763)	−0.0199* (0.0104)	−0.0477* (0.0250)	−3.5550 (3.6736)	−0.0370* (0.0203)

续表

变量	W_1 ln IU (1)	W_1 nvcupgrate (2)	W_1 ln IU (3)	W_1 ln IU (4)	W_3 nvcupgrate (5)	W_3 ln IU (6)	W_5 ln IU (7)	W_5 nvcupgrate (8)	W_5 ln IU (9)
Total									
ln fdi	0.179 1** (0.073 8)	0.207 3** (0.095 3)	0.128 9 (0.094 3)	0.236 3*** (0.088 1)	0.316 6*** (0.116 6)	0.178 4* (0.107 1)	0.210 0** (0.102 9)	0.500 6*** (0.181 6)	0.138 8 (0.120 2)
nvcupgrate			0.001 1*** (0.000 3)			0.001 2*** (0.000 3)			0.001 3*** (0.000 4)
inflation	−0.001 1*** (0.000 4)	0.005 1 (0.084 3)	−0.001 2*** (0.000 4)	−0.001 1*** (0.000 4)	0.007 1 (0.097 2)	−0.001 2*** (0.000 4)	−0.001 1** (0.000 5)	0.002 7 (0.134 9)	−0.001 2** (0.000 5)
ln infra	0.006 0 (0.009 8)	0.981 5 (0.755 3)	0.005 1 (0.008 4)	0.008 9 (0.011 6)	1.196 3 (0.874 8)	0.007 5 (0.009 6)	0.012 2 (0.013 9)	1.598 8 (1.237 9)	0.010 0 (0.011 1)
ln dmp	0.012 7** (0.005 6)	−1.405 3* (0.779 9)	0.014 4** (0.005 6)	0.012 1* (0.006 4)	−1.602 1* (0.910 1)	0.014 0** (0.006 4)	0.012 3* (0.007 4)	−0.992 1 (1.261 5)	0.014 3* (0.007 4)
ln fiscal	−0.232 4*** (0.055 3)	−7.908 1 (6.121 2)	−0.211 1*** (0.055 0)	−0.277 1*** (0.068 3)	−4.375 6 (7.081 3)	−0.247 9*** (0.066 1)	−0.352 9*** (0.102 9)	−1.198 2 (9.869 3)	−0.309 8*** (0.091 0)
ln rgdp	0.631 0*** (0.048 1)	−17.792 1*** (5.017 5)	0.645 7*** (0.051 1)	0.733 9*** (0.081 1)	−21.939 0*** (5.976 9)	0.732 9*** (0.082 2)	0.850 8*** (0.143 7)	−28.234 4*** (8.658 2)	0.833 3*** (0.135 3)
ln human	0.081 8 (0.061 3)	−4.641 2 (6.911 8)	0.105 7* (0.053 9)	0.077 3 (0.071 7)	−4.811 0 (7.990 0)	0.103 3* (0.061 4)	0.069 4 (0.084 4)	−1.613 7 (11.390 5)	0.100 6 (0.070 2)

续表

变量	W_1 ln IU (1)	W_1 mcupgrate (2)	W_1 ln IU (3)	W_1 ln IU (4)	W_3 mcupgrate (5)	W_3 ln IU (6)	W_3 ln IU (7)	W_5 mcupgrate (8)	W_5 ln IU (9)
ln open	0.052 7*** (0.016 7)	1.051 7 (1.422 0)	0.053 8*** (0.016 6)	0.054 9*** (0.019 7)	0.253 1 (1.673 0)	0.054 4*** (0.019 2)	0.074 9*** (0.027 1)	−0.317 5 (2.404 2)	0.073 0*** (0.025 6)
ln ky	0.700 9*** (0.054 3)	−18.651 0*** (5.509 4)	0.722 1*** (0.057 4)	0.813 6*** (0.089 4)	−22.769 8*** (6.496 7)	0.818 6*** (0.092 0)	0.933 3*** (0.153 6)	−27.515 9*** (9.153 7)	0.922 1*** (0.148 7)
ln kl	−0.555 0*** (0.041 4)	15.346 8*** (4.292 9)	−0.569 5*** (0.044 5)	−0.644 2*** (0.069 7)	19.246 0*** (5.153 1)	−0.645 3*** (0.071 6)	−0.745 3*** (0.123 5)	24.323 8*** (7.370 6)	−0.732 4*** (0.117 7)
ln soeratio	−0.072 6*** (0.024 6)	−8.541 4** (3.793 3)	−0.059 6** (0.024 8)	−0.088 9*** (0.029 1)	−6.818 2 (4.363 3)	−0.073 4*** (0.028 5)	−0.120 9*** (0.040 6)	−6.776 1 (6.259 4)	−0.099 4*** (0.035 9)
R^2	0.633 6	0.272 6	0.682 5	0.598 8	0.259 3	0.651 4	0.628 4	0.267 3	0.680 1
Log-likelihood	1 095.012 9	−1 089.173 0	1 102.116 4	1 097.400 7	−1 083.955 3	1 103.614 7	1 097.589 4	−1 077.144 6	1 103.476 8
样本量	420	420	420	420	420	420	420	420	420

注：***、**、* 分别表示参数的估计值在1%、5%、10%的统计水平上显著，括号内为稳健标准误差。

验,即外资进入对国内价值链地位提升具有正向促进作用;第(3)列为同时加入外资进入、国内价值链之后的影响,发现 $\ln fdi$ 的估计系数未能通过10%显著性水平上的检验,而 $nvcupgrate$ 的估计系数在1%的统计性水平上显著,说明国内价值链是外资进入影响产业结构升级的中介变量,并且外资进入通过提高国内价值链地位对产业结构升级具有显著的促进作用。其次,在直接效应和间接效应方面,第(1)列结果表明,$\ln fdi$ 的估计系数为0.147 2和0.031 9,分别通过了5%和10%显著性水平上的检验,表明省区内和省区间FDI对产业结构升级均具有显著的促进作用,但该作用在直接效应估计中更为显著。第(2)列中,$\ln fdi$ 的估计系数显著性和方向与第(1)列一致,表明外资进入对国内价值链升级具有直接效应和间接效应,并且前者作用更大。第(3)列结果显示,$\ln fdi$ 的估计系数均为正但并不显著,而 $nvcupgrate$ 的估计系数至少通过了5%显著性水平上的检验,说明在直接效应和间接效应估计中,外资进入通过提高国内价值链地位促使产业结构升级这一结论仍然成立,并且该作用在直接效应中表现得更为明显。为了检验该结论的稳健性,本书又采用地理空间权重矩阵和劳动力流动矩阵重新对公式(5.19)至(5.21)进行了回归检验,发现其结果与前3列基本一致,再次验证了基准回归结果的稳健性。

(三) 其他方法的稳健性检验

在检验一个变量对另一个变量的作用机制方面,既有研究比如于蔚等(2012)的普通做法是,首先检验核心解释变量是否作用于中间变量,然后通过引入中间变量与核心解释变量的交叉项检验核心解释变量的作用机制。为此,本书参照马述忠和张洪胜(2017)的方法进行稳健性检验,第一步先检验外资进入是否促进了国内价值链地位提升,相应模型设定与公式(5.20)一致。

第二步则检验外资进入通过国内价值链对产业结构升级的作用

机制,具体如下:

$$\ln IU_{it} = \rho W \ln IU_{it} + \kappa_0 + \kappa_1 \ln fdi_{it} \times nvcupgrate_{it} \\ + \kappa_2 nvcupgrate_{it} + \sum_k \kappa_3 X_{it} + v_i + v_t + \varepsilon_{it}$$

(5.23)

其中,$\ln fdi_{it} \times nvcupgrate_{it}$ 表示外资进入与国内价值链的交叉项,该指标是本书关注的核心变量,其他变量与前文一致。对公式(5.20)和(5.23)的实证检验结果见表5-16。

表5-16[①]第一行结果显示,空间相关系数 rho 的估计系数为正,并且均通过了1%显著性水平上的检验,说明各省区产业结构升级存在显著的正相关关系,即某一省区的产业结构升级在一定程度上依赖于其临近具有相似空间特征的省区的产业结构。$\ln fdi$ 的估计系数为正,至少在5%的统计性水平上通过了检验,说明国内价值链地位可能是外资进入影响产业结构升级的重要渠道。为此,本书又进一步对公式(5.23)进行了检验,发现交叉项 $\ln fdi \times nvcupgrate$ 的估计系数均显著为正,表明外资进入通过提高国内价值链地位确实有利于产业结构升级,与前文结果一致,从而证明了基准检验结果的稳健性。

(四) 空间动态面板的稳健性

通过以上检验可知,外资进入可以通过国内价值链这一渠道对产业结构升级产生显著的促进作用。为缓解模型存在的内生性问题,验证实证结论的稳健性,本书进一步采用空间动态面板模型进行估计,结果见表5-17。

[①] 与表5-15做法相一致,表5-16仅呈现了采用邻近空间权重矩阵(W_1)、地理空间权重矩阵(W_3)以及劳动力流动权重矩阵(W_5)的实证回归结果,其余空间权重矩阵所得结果见附表5-4。

表 5-16　其他方法的稳健性检验结果

变量	W_1 nvcupgrate (1)	W_1 $\ln IU$ (2)	W_3 nvcupgrate (3)	W_3 nvcupgrate (4)	W_5 $\ln IU$ (5)	W_5 nvcupgrate (6)
Spatial(rho)	0.238 1*** (0.060 8)	0.186 7*** (0.050 8)	0.344 5*** (0.065 8)	0.273 2*** (0.067 2)	0.519 4*** (0.075 5)	0.374 1*** (0.087 6)
Direct						
$\ln fdi$	0.157 9** (0.071 8)		0.207 3*** (0.072 1)		0.233 8*** (0.071 3)	
$\ln fdi \times nvcupgrate$		0.001 1*** (0.000 3)		0.001 2*** (0.000 3)		0.001 1*** (0.000 3)
nvcupgrate		0.000 7** (0.000 3)		0.000 6** (0.000 3)		0.000 6** (0.000 3)
$inflation$	0.003 8 (0.063 8)	−0.001 0*** (0.000 3)	0.004 6 (0.063 3)	−0.000 9*** (0.000 3)	0.001 4 (0.062 4)	−0.000 7** (0.000 3)
$\ln infra$	0.749 2 (0.567 9)	0.006 0 (0.006 6)	0.787 8 (0.563 6)	0.007 3 (0.006 7)	0.757 1 (0.555 7)	0.007 7 (0.006 7)
$\ln dmp$	−1.075 6* (0.588 5)	0.011 6*** (0.004 4)	−1.055 6* (0.583 2)	0.009 8** (0.004 5)	−0.480 9 (0.584 0)	0.009 2** (0.004 5)
$\ln fiscal$	−6.043 6 (4.578 4)	−0.180 1*** (0.041 8)	−2.936 4 (4.598 9)	−0.185 9*** (0.041 9)	−0.663 1 (4.557 0)	−0.203 6*** (0.042 6)

续表

变量	W_1 nvcupgrate (1)	W_1 $\ln IU$ (2)	W_3 nvcupgrate (3)	W_3 nvcupgrate (4)	W_5 $\ln IU$ (5)	W_5 nvcupgrate (6)
$\ln rgdp$	−13.626 5*** (3.820 6)	0.530 8*** (0.020 4)	−14.471 8*** (3.778 8)	0.534 7*** (0.020 5)	−13.374 6*** (3.725 7)	0.527 5*** (0.020 3)
$\ln human$	−3.554 9 (5.213 7)	0.084 8* (0.045 2)	−3.191 4 (5.168 4)	0.076 5* (0.046 1)	−0.899 8 (5.105 5)	0.060 5 (0.045 9)
$\ln open$	0.808 4 (1.056 2)	0.047 8*** (0.012 1)	0.183 9 (1.063 4)	0.044 3*** (0.012 4)	−0.115 5 (1.052 8)	0.048 7*** (0.012 1)
$\ln ky$	−14.302 7*** (4.257 8)	0.591 0*** (0.025 6)	−15.044 7*** (4.210 8)	0.595 4*** (0.025 6)	−13.093 0*** (4.158 7)	0.580 4*** (0.025 6)
$\ln kl$	11.752 5*** (3.267 1)	−0.466 1*** (0.018 6)	12.691 0*** (3.237 1)	−0.468 7*** (0.018 6)	11.526 8*** (3.187 4)	−0.461 4*** (0.018 5)
$\ln soeratio$	−6.518 0** (2.825 6)	−0.048 5** (0.020 5)	−4.509 9 (2.836 8)	−0.052 2** (0.020 4)	−3.221 0 (2.806 7)	−0.062 9*** (0.020 9)
Indirect						
$\ln fdi$	0.049 4* (0.028 0)		0.109 3** (0.051 4)		0.266 8** (0.124 0)	
$\ln fdi \times nvcupgrate$		0.000 2** (0.000 1)		0.000 4** (0.000 2)		0.000 7** (0.000 3)
nvcupgrate		0.000 1* (0.000 1)		0.000 2* (0.000 1)		0.000 3* (0.000 2)

续表

变量	W_1 nvcupgrate (1)	W_1 ln IU (2)	W_3 nvcupgrate (3)	W_3 nvcupgrate (4)	W_5 ln IU (5)	W_5 nvcupgrate (6)
$inflation$	0.001 3 (0.021 2)	−0.000 2** (0.000 1)	0.002 5 (0.034 7)	−0.000 3** (0.000 1)	0.001 3 (0.073 8)	−0.000 4* (0.000 2)
$\ln infra$	0.232 3 (0.203 9)	0.001 3 (0.001 6)	0.408 4 (0.330 6)	0.002 7 (0.002 8)	0.841 8 (0.716 5)	0.004 8 (0.004 7)
$\ln dmp$	−0.329 7 (0.221 0)	0.002 5** (0.001 2)	−0.546 5 (0.359 4)	0.003 3* (0.001 8)	−0.511 1 (0.700 5)	0.005 2* (0.003 1)
$\ln fiscal$	−1.864 5 (1.671 4)	−0.039 7** (0.018 1)	−1.439 2 (2.544 0)	−0.067 5** (0.031 8)	−0.535 0 (5.374 0)	−0.123 8* (0.063 9)
$\ln rgdp$	−4.165 6*** (1.685 8)	0.115 6*** (0.042 6)	−7.467 2*** (2.783 4)	0.191 5*** (0.073 1)	−14.859 8** (5.831 8)	0.313 5** (0.131 7)
$\ln human$	−1.086 2 (1.795 8)	0.017 9* (0.010 6)	−1.619 6 (2.924 6)	0.026 3 (0.017 3)	−0.714 0 (6.503 6)	0.033 7 (0.027 9)
$\ln open$	0.243 3 (0.383 4)	0.010 4** (0.004 9)	0.069 2 (0.624 0)	0.015 7** (0.007 7)	−0.201 9 (1.379 9)	0.029 1* (0.015 5)
$\ln ky$	−4.348 2** (1.761 4)	0.128 6*** (0.047 3)	−7.725 1*** (2.893 3)	0.213 1*** (0.081 4)	−14.422 8** (5.863 5)	0.344 3** (0.144 2)
$\ln kl$	3.594 2** (1.448 9)	−0.101 5*** (0.037 2)	6.555 0*** (2.430 5)	−0.167 8*** (0.063 7)	12.797 0*** (4.954 2)	−0.274 0** (0.114 5)

续表

变量	W_1 nvcupgrate (1)	W_1 $\ln IU$ (2)	W_3 nvcupgrate (3)	W_3 nvcupgrate (4)	W_5 $\ln IU$ (5)	W_5 nvcupgrate (6)
$\ln soeratio$	−2.023 4* (1.177 2)	−0.010 5* (0.005 8)	−2.308 2 (1.676 3)	−0.018 7* (0.010 2)	−3.555 0 (3.673 6)	−0.037 9* (0.021 3)
Total						
$\ln fdi$	0.207 3** (0.095 3)		0.316 6*** (0.116 6)		0.500 6*** (0.181 6)	
$\ln fdi \times nvcupgrate$		0.001 4*** (0.000 4)		0.001 6*** (0.000 4)		0.001 8*** (0.000 6)
nvcupgrate		0.000 8** (0.000 3)		0.000 9** (0.000 4)		0.000 9** (0.000 4)
$inflation$	0.005 1 (0.084 3)	−0.001 2*** (0.000 4)	0.007 1 (0.097 2)	−0.001 2*** (0.000 4)	0.002 7 (0.134 9)	−0.001 2** (0.000 5)
$\ln infra$	0.981 5 (0.755 3)	0.007 3 (0.008 1)	1.196 3 (0.874 8)	0.010 0 (0.009 3)	1.598 8 (1.237 9)	0.012 5 (0.011 0)
$\ln dmp$	−1.405 3* (0.779 9)	0.014 1*** (0.005 2)	−1.602 1** (0.910 1)	0.013 1** (0.005 9)	−0.992 1 (1.261 5)	0.014 4** (0.006 9)
$\ln fiscal$	−7.908 1 (6.121 2)	−0.219 8*** (0.054 7)	−4.375 6 (7.081 3)	−0.253 4*** (0.066 0)	−1.198 2 (9.869 3)	−0.327 4*** (0.095 6)

续表

变量	W_1			W_3		W_5	
	nvcupgrate (1)	ln IU (2)	nvcupgrate (3)	ln IU (4)	nvcupgrate	ln IU (5)	nvcupgrate (6)
					(4)		
ln rgdp	−17.792 1***	0.646 4***	−21.939 0***	0.726 2***		−28.234 4***	0.840 9***
	(5.017 5)	(0.050 6)	(5.976 9)	(0.080 7)		(8.658 2)	(0.135 8)
ln human	−4.641 2	0.102 7*	−4.811 0	0.102 8*		−1.613 7	0.094 2
	(6.911 8)	(0.053 4)	(7.990 0)	(0.060 4)		(11.390 5)	(0.070 1)
ln open	1.051 7	0.058 1***	0.253 1	0.060 0***		−0.317 5	0.077 8***
	(1.422 0)	(0.015 3)	(1.673 0)	(0.017 8)		(2.404 2)	(0.024 2)
ln ky	−18.651 0***	0.719 6***	−22.769 8***	0.808 4***		−27.515 9***	0.924 7***
	(5.509 4)	(0.056 4)	(6.496 7)	(0.089 9)		(9.153 7)	(0.147 5)
ln kl	15.346 8***	−0.567 5***	19.246 0***	−0.636 5***		24.323 8***	−0.735 4***
	(4.292 9)	(0.043 9)	(5.153 1)	(0.069 8)		(7.370 6)	(0.117 4)
ln soeratio	−8.541 4**	−0.058 9**	−6.818 2	−0.070 9**		−6.776 1	−0.100 9***
	(3.793 3)	(0.025 0)	(4.363 3)	(0.028 6)		(6.259 4)	(0.038 4)
R^2	0.272 6	0.734 4	0.259 3	0.728 5		0.267 3	0.722 0
Log-likelihood	−1 089.173 0	1 106.395 6	−1 083.955 3	1 107.738 4		−1 077.144 6	1 108.074 5
样本量	420	420	420	420		420	420

注：***，**，* 分别表示参数的估计值在 1%，5%，10% 的统计水平上显著，括号内为稳健标准误差。

表 5-17 空间动态面板模型回归结果

变量	W_1 (1)	W_2 (2)	W_3 (3)	W_4 (4)	W_5 (5)	W_6 (6)
Spatial(rho)	0.061 2 (0.042 2)	0.082 2* (0.047 0)	0.067 2 (0.046 7)	0.041 7 (0.052 6)	0.222 2** (0.094 0)	0.165 8* (0.096 6)
$L.\ln IU$	0.255 4*** (0.030 3)	0.255 4*** (0.030 2)	0.256 4*** (0.030 3)	0.259 0*** (0.030 3)	0.250 4*** (0.030 3)	0.255 0*** (0.030 3)
Direct						
$\ln fdi \times nvcupgrate$	0.002 2*** (0.000 5)	0.002 2*** (0.000 5)	0.002 2*** (0.000 5)	0.002 2*** (0.000 5)	0.002 2*** (0.000 5)	0.002 2*** (0.000 5)
$nvcupgrate$	0.000 6* (0.000 3)	0.000 6* (0.000 3)	0.000 6* (0.000 3)	0.000 6* (0.000 3)	0.000 6* (0.000 3)	0.000 6* (0.000 3)
$\ln fdi$	−0.311 2*** (0.054 6)	−0.304 3*** (0.054 4)	−0.305 3*** (0.054 5)	−0.308 4*** (0.054 6)	−0.322 5*** (0.054 7)	−0.314 2*** (0.054 6)
$inflation$	−0.001 7*** (0.000 3)	−0.001 7*** (0.000 3)	−0.001 7*** (0.000 3)	−0.001 7*** (0.000 3)	−0.001 5*** (0.000 3)	−0.001 6*** (0.000 3)
$\ln infra$	0.006 5** (0.003 1)	0.006 1** (0.003 1)	0.005 9* (0.003 1)	0.005 1* (0.003 0)	0.006 4** (0.003 1)	0.006 1** (0.003 1)
$\ln dmp$	0.011 9*** (0.004 1)	0.011 5*** (0.004 1)	0.011 8*** (0.004 1)	0.012 4*** (0.004 1)	0.009 8** (0.004 2)	0.010 2** (0.004 4)

续表

变量	W_1 (1)	W_2 (2)	W_3 (3)	W_4 (4)	W_5 (5)	W_6 (6)
$\ln fiscal$	-0.136 5***	-0.138 0***	-0.137 4***	-0.136 8***	-0.149 2***	-0.142 0***
	(0.026 6)	(0.026 7)	(0.026 7)	(0.026 7)	(0.027 4)	(0.027 0)
$\ln rgdp$	0.519 6***	0.520 7***	0.520 4***	0.521 0***	0.518 8***	0.519 9***
	(0.019 7)	(0.019 7)	(0.019 7)	(0.019 7)	(0.019 8)	(0.019 8)
$\ln human$	0.118 2***	0.122 1***	0.122 4***	0.119 4***	0.112 5***	0.119 4***
	(0.028 7)	(0.028 3)	(0.028 4)	(0.029 1)	(0.029 0)	(0.028 5)
$\ln open$	0.063 8***	0.062 8***	0.062 8***	0.063 3***	0.065 3***	0.063 3***
	(0.006 9)	(0.006 8)	(0.006 8)	(0.006 9)	(0.007 0)	(0.006 8)
$\ln ky$	0.576 3***	0.577 7***	0.578 0***	0.577 8***	0.569 5***	0.574 4***
	(0.023 8)	(0.023 8)	(0.023 8)	(0.023 8)	(0.024 2)	(0.024 0)
$\ln kl$	-0.461 8***	-0.462 7***	-0.462 7***	-0.463 4***	-0.460 2***	-0.461 8***
	(0.018 4)	(0.018 4)	(0.018 4)	(0.018 3)	(0.018 5)	(0.018 5)
$\ln soeratio$	-0.017 1	-0.017 5	-0.017 5	-0.021 5	-0.024 2	-0.021 2
	(0.018 2)	(0.018 1)	(0.018 1)	(0.018 1)	(0.018 0)	(0.017 9)
Indirect						
$\ln fdi \times nvcupgrate$	0.000 1	0.000 2	0.000 2	0.000 1	0.000 7*	0.000 5
	(0.000 1)	(0.000 1)	(0.000 1)	(0.000 1)	(0.000 4)	(0.000 3)
$nvcupgrate$	0.000 0	0.000 0	0.000 0	0.000 0	0.000 2	0.000 1
	(0.000 0)	(0.000 0)	(0.000 0)	(0.000 0)	(0.000 1)	(0.000 1)

续表

变量	W_1 (1)	W_2 (2)	W_3 (3)	W_4 (4)	W_5 (5)	W_6 (6)
$\ln fdi$	−0.020 0 (0.013 8)	−0.025 8* (0.015 6)	−0.020 6 (0.000 1)	−0.012 8 (0.016 5)	−0.097 0* (0.052 1)	−0.065 3 (0.043 9)
$inflation$	−0.000 1 (0.000 1)	−0.000 1 (0.000 1)	−0.000 1 (0.000 1)	−0.000 1 (0.000 1)	−0.000 4** (0.000 2)	−0.000 3 (0.000 2)
$\ln infra$	0.000 5 (0.000 4)	0.000 6 (0.000 5)	0.000 4 (0.000 4)	0.000 2 (0.000 3)	0.002 0 (0.001 5)	0.001 3 (0.001 2)
$\ln dmp$	0.000 7 (0.000 5)	0.000 9 (0.000 6)	0.000 8 (0.000 6)	0.000 5 (0.000 7)	0.002 7* (0.001 6)	0.001 8 (0.001 4)
$\ln fiscal$	−0.008 8 (0.006 1)	−0.011 8 (0.007 4)	−0.009 4 (0.007 0)	−0.005 7 (0.007 4)	−0.045 6* (0.025 5)	−0.030 0 (0.020 7)
$\ln rgdp$	0.033 2 (0.022 0)	0.044 3* (0.025 9)	0.035 3 (0.024 9)	0.021 4 (0.027 3)	0.154 5** (0.076 6)	0.107 0 (0.068 6)
$\ln human$	0.007 4 (0.005 3)	0.010 3 (0.006 7)	0.008 2 (0.006 4)	0.004 5 (0.006 1)	0.032 4* (0.017 0)	0.023 9 (0.016 3)
$\ln open$	0.004 1 (0.002 8)	0.005 4* (0.003 2)	0.004 3 (0.003 1)	0.002 7 (0.003 4)	0.019 7* (0.010 5)	0.013 1 (0.008 8)
$\ln ky$	0.036 8 (0.024 3)	0.049 2* (0.028 6)	0.039 1 (0.027 6)	0.023 7 (0.030 1)	0.169 2** (0.083 0)	0.117 9 (0.075 1)
$\ln kl$	−0.029 5 (0.019 5)	−0.039 3* (0.023 0)	−0.031 3 (0.022 2)	−0.019 0 (0.024 2)	−0.136 9** (0.067 7)	−0.094 9 (0.060 8)

续表

变量	W_1 (1)	W_2 (2)	W_3 (3)	W_4 (4)	W_5 (5)	W_6 (6)
ln soeratio	−0.001 0 (0.001 3)	−0.001 4 (0.001 7)	−0.001 1 (0.001 5)	−0.001 0 (0.001 5)	−0.007 6 (0.006 6)	−0.004 5 (0.004 6)
Total						
ln fdi×nvcupgrate	0.002 3*** (0.000 5)	0.002 4*** (0.000 6)	0.002 4*** (0.000 5)	0.002 3*** (0.000 5)	0.002 9*** (0.000 7)	0.002 7*** (0.000 7)
nvcupgrate	0.000 6* (0.000 3)	0.000 6* (0.000 3)	0.000 6* (0.000 3)	0.000 6* (0.000 3)	0.000 7* (0.000 4)	0.000 7* (0.000 4)
ln fdi	−0.331 2*** (0.060 6)	−0.330 1*** (0.060 6)	−0.325 9*** (0.059 8)	−0.321 1*** (0.060 0)	−0.419 5*** (0.090 6)	−0.379 5*** (0.081 3)
inflation	−0.001 8*** (0.000 3)	−0.001 8*** (0.000 3)	−0.001 8*** (0.000 3)	−0.001 8*** (0.000 3)	−0.001 9*** (0.000 4)	−0.001 9*** (0.000 4)
ln infra	0.006 9** (0.003 4)	0.006 7** (0.003 4)	0.006 4*** (0.003 3)	0.005 3* (0.003 1)	0.008 4** (0.004 3)	0.007 4* (0.004 0)
ln dmp	0.012 6*** (0.004 3)	0.012 4*** (0.004 3)	0.012 6* (0.004 2)	0.012 8*** (0.004 1)	0.012 5*** (0.005 1)	0.012 0** (0.004 8)
ln fiscal	−0.145 3*** (0.029 1)	−0.149 8*** (0.030 1)	−0.146 8*** (0.029 6)	−0.142 5*** (0.029 0)	−0.194 8*** (0.046 6)	−0.172 0*** (0.040 5)

续表

变量	W_1 (1)	W_2 (2)	W_3 (3)	W_4 (4)	W_5 (5)	W_6 (6)
$\ln rgdp$	0.552 8*** (0.031 8)	0.565 0*** (0.035 3)	0.555 7*** (0.034 2)	0.542 5*** (0.036 1)	0.673 3*** (0.082 1)	0.626 9*** (0.074 1)
$\ln human$	0.125 6*** (0.030 4)	0.132 5*** (0.031 4)	0.130 6*** (0.030 9)	0.123 9*** (0.029 6)	0.144 9*** (0.037 7)	0.143 4*** (0.036 0)
$\ln open$	0.067 9*** (0.008 2)	0.068 1*** (0.008 3)	0.067 1*** (0.008 1)	0.065 9*** (0.008 5)	0.085 0*** (0.015 1)	0.076 4*** (0.012 8)
$\ln ky$	0.613 0*** (0.036 1)	0.626 8*** (0.040 2)	0.617 1*** (0.039 1)	0.601 5*** (0.040 0)	0.738 7*** (0.087 4)	0.692 3*** (0.080 4)
$\ln kl$	−0.491 3*** (0.028 3)	−0.502 0*** (0.031 5)	−0.494 0*** (0.030 6)	−0.482 4*** (0.031 8)	−0.597 2*** (0.072 1)	−0.556 7*** (0.065 2)
$\ln soeratio$	−0.018 1 (0.019 1)	−0.018 9 (0.019 4)	−0.018 6 (0.019 1)	−0.022 4 (0.018 7)	−0.031 9 (0.023 6)	−0.025 7 (0.021 5)
R^2	0.926 5	0.928 7	0.928 3	0.928 0	0.928 7	0.927 5
Log-likelihood	1 013.760 3	1 014.233 7	1 013.744 7	1 013.027 9	1 015.405 1	1 014.150 4
样本量	390	390	390	390	390	390

注：***、**、*分别表示参数的估计值在1%、5%、10%的统计水平上显著，括号内为稳健标准误差。

通过表 5-17 总效应估计结果来看，在加入被解释变量——产业结构升级滞后一期变量后，交叉项 $\ln fdi \times nvcupgrate$ 的估计系数均在 1% 的正向统计性水平上通过了检验，表明外资进入通过促使国内价值链地位提升对产业结构升级确实具有促进作用。而对直接效应和间接效应而言，前者估计结果显示交叉项 $\ln fdi \times nvcupgrate$ 通过了 1% 显著性水平上的检验，但后者并不十分显著，说明外资进入通过国内价值链对产业结构升级的正向促进作用在直接效应中更为明显，与上文结果相一致，再次验证了实证结论的稳健性。

第六节　本章小结

中国自改革开放以来，通过积极参与全球价值链，提升了资源配置效率，国民经济由此实现了持续快速发展。2008 年国际金融危机之后，外部需求持续疲软，全球贸易发生坍塌，全球价值链收缩成区域价值链。与此同时，中国国内生产要素成本急剧飙升、资源环境约束日益增强。在国内外形势不容乐观的情形下，如何充分发挥国内各地区比较优势，培育国内分工合作，进而构建基于内生增长能力的国内价值链显得尤为重要。理论上，国内价值链可以通过错综交织的区际垂直一体化分工网络将各地区经济紧密地联系在一起，使得知识、技术、信息等要素在地区间充分涌流、渗透。位于国内价值链上游的地区以供给者的身份参与到国内价值链分工体系中，具有较强的产品附加值俘获能力，能够获得更多的利益分配，进而有助于实现当地产业结构升级。本书即从外资进入角度考察中国国内价值链地位提升的动力因素，不仅对中国国内价值链地位提升和平衡各地区协调发展提供了一个新的视角，而且为中国由参与全球价值链向构建国内价值链转变提供重要的政策借鉴。在以上背景下，本书利用 2002、2007、2010 和 2012 年 4 年中国 30 个省区区域间投入产出表，在采用普通面板模型回归的基础上，结合探索性空间数据分析方法和静态、动态多种空间权重矩阵，实证检验了外资进入对中国国内价值链地位提升的影响。实证结论主要有以下几个方面。

第一，面板实证模型回归检验结果表明，在采用 OLS（普通最小二乘法）、固定效应以及 GLS 检验方法对省区—行业层面面板数据进行实证检验时，发现各省区—行业外资进入对中国国内价值链地位提升具有显著的促进作用。采用 1995 年《外商投资产业指导目录》测算的工具变量解决内生性问题之后，上述结论仍然成立。

第二，考虑到 NVC 具有很强的空间自相关性，而通过引入空间权重矩阵可以更为准确地捕捉变量之间的空间关联和溢出效应。为此，本书重点采用空间自回归模型（SAR）进行实证回归。其结果表明，无论是采用静态空间权重矩阵，还是动态空间权重矩阵，各省区国内价值链地位之间均存在显著的正相关关系，并且外资进入对中国国内价值链地位提升具有显著的促进作用。其中，省区内 FDI 溢出效应较省区间 FDI 溢出效应更为显著。因此，如果在模型中不考虑空间因素，则会低估外资进入对国内价值链地位提升的真实作用。而在改变计量模型、变量形式等进行一系列稳健性检验后，上述结论仍然稳健。

第三，本书从技术吸收能力、外资进入程度以及地区异质性三个方面考察了外资进入对中国国内价值链地位提升的差异化影响，结果表明，技术水平和外资进入程度较高的地区，外资进入对其国内价值链地位提升的促进作用更强；并且相较于内陆地区，沿海地区外资进入更有利于其国内价值链向上游环节攀升。

第四，外资进入对中国国内价值链地位提升产生了显著的溢出效应,但忽略了市场化程度的作用。本书进一步深入研究了市场化程度对外资进入与国内价值链相关关系的作用。研究发现,市场化程度强化了外资进入对国内价值链升级的促进作用,即市场化程度越高的地区,外资进入更有利于其国内价值链向上游攀升,并且市场化程度对省区内FDI溢出效应的强化作用更强。在采用市场分割程度作为市场化程度的反向替代性指标重新检验后发现,市场分割程度越高的地区,外资进入对其国内价值链地位提升的抑制作用越大,这在一定程度上也表明了市场化程度有利于强化外资进入对国内价值链地位提升的促进作用。

最后,采用空间自回归模型(SAR)进行拓展分析检验,结果表明,各省区产业结构升级之间存在显著的正相关关系,并且外资进入通过提高国内价值链地位对中国产业结构升级具有显著的促进作用。其中,直接效应较间接效应更为显著。在使用SEM模型、中介效应模型、空间滞后以及其他方法进行稳健性检验后,外资进入通过国内价值链对中国产业结构升级具有促进作用这一结论仍然成立。

本书的研究结论具有明显的政策借鉴意义。其一,中国当前吸引外资对国内价值链升级具有显著的促进作用,这意味着,FDI是中国构建国内价值链的重要推动力,中国政府应对外资继续保持开放态度,继续深化"放管服"改革,进一步减少外资准入限制,将"负面清单"等管理制度由自贸区向全国范围推行。其二,本书研究结果显示,地区市场化程度可以强化外资进入对国内价值链的促进作用,因此,地方政府应减少职能干预,营造能够更加公平开展竞争的营商环境,以完善的制度环境助力国内价值链地位攀升。其三,地区政府应通过经济合作来整合国内供应链、完善国内分销网络,形成统一公平、开放的国内市场,促使本土企业依靠国内巨大的市场需求来发挥规模经济效应,促使中国由参与全球价值链向构建国内价值链转变。最后,地方政府应给予本土企业相应的政策优惠或给予一定的研发补贴,鼓励本土企业提高其自身的技术创新水平和生产能力,进而促使其向国内价值链上游环节延伸,推动产业结构升级。

第六章 结论、政策启示与研究展望

　　跨国公司 FDI 行为对东道国经济增长的影响是国际经济学领域研究的核心问题之一。改革开放 40 多年来,特别是加入世贸组织以来,中国积极实施吸引外商直接投资的开放战略,主动嵌入由发达国家跨国公司主导的全球价值链体系,对中国经济增长产生了积极的推动作用。对外开放初期,中国的外资产业政策尚无统一标准。1983 年颁布的《中外合资经营企业法实施条例》,初步规定了允许设立外商投资企业的行业,标志着中国开始对外商投资企业的产业流向进行细化引导。1995 年中国首次颁布了《外商直接投资产业指导目录》,并于 1997、2002、2004、2007、2011、2015、2017 年及 2019 年分别进行修订,特别是党的十八大以后,外资企业设立实现了由"逐案审批"向"负面清单"管理的重大变革。2019 年年初,中国颁布了新的《外商投资法》,建立了外资准入前国民待遇加负面清单的引资模式,并宣布了一系列投资便利化以及市场开放的措施,预示着中国进一步放宽外资行业准入门槛,对外开放迈向新的台阶。外资进入影响到中国经济的诸多方面,尤其是对中国价值链地位的影响直接关系到中国当前引资政策的调整、产业迈向全球价值链中高端战略的实施以及国内价值链的构建。有鉴于此,本书系统考察了外资进入对中国价值链地位提升的影响及作用机理,分别从全球价值链和国内价值链两个方面展开研究。本章主要是对前文的研究进行总结,归纳本书的主要结论,并根据研究结论提出相关的政策建议,最后指出本书研究过程中的不足,并对下一步的研究前景进行展望。

第一节　主要结论及政策建议

一、主要结论

(一) 制造业外资进入与中国制造业企业全球价值链地位提升

作为参与当前全球价值链体系最深的发展中国家之一,全球价值链对中国经济增长所起到的诸多正面效应不容否认。但遗憾的是,中国长期嵌入由发达国家主导的全球价值链分工体系中,位于微笑曲线的低端,处于获利甚微的价值链下游环节,急需升级。基于此,本书采用 2000—2007 年中国工业企业数据库、海关贸易数据库以及进口关税数据的合并数据,利用外资管制放松政策这一准自然实验考察了制造业外资进入对制造业企业全球价值链地位提升的影响,其结论如下。

第一,基准检验结果表明,制造业外资进入对中国制造业企业全球价值链地位提升具有显著的促进作用。在改变计量方法、固定效应形式、聚类方式、指标测算方式、实证样本以及剔除其他政策干扰等一系列稳健性检验之后,该结论依然成立。

第二,异质性检验结果表明,制造业外资进入对大规模、私营、一般贸易、非劳动密集型、技能密集型以及长三角和珠三角城市群企业的促进作用更大;而来自高收入国家的外资和市场导向型外资更能提升中国制造业企业全球价值链地位。外资准入对制造业企业价值链地位提升的效应更多来自政策优惠,而非纯粹的市场准入。

第三,影响渠道结果显示,制造业外资进入通过水平溢出效应和前向关联效应对中国制造业企业全球价值链地位提升的影响有限,但通过后向关联效应显著促进了制造业企业全球价值链地位提升;制造业外资进入还可以通过抑制低生产率企业进入,促使低生产率企业退出来提高行业资源配置效率,进而推动制造业企业迈向全球价值链上游环节。在使用行业内企业全要素生产率分散程度作为资源配置效率的衡量指标时,上述结论依旧成立。

最后,本书考察了制度环境对制造业外资进入与企业全球价值链关系的调节作用,发现完善的制度环境能够强化制造业外资进入对企业全球价值链地位升级的促进作用,并且产权制度发挥的作用大于契约制度。

(二)服务业外资进入与中国制造业企业全球价值链地位提升

改革开放以来,中国一直在推行对外开放政策,加快市场开放进程。但国内服务业开放较为缓慢,关于服务业市场开放对制造业以及中国经济发展的潜在影响一直被低估,为数不多的几篇关于外资进入制造业企业经济效益的研究文章也主要集中在企业生产率和出口两个方面,缺乏服务业外资进入对制造业企业全球价值链地位提升影响的研究。党的十九大报告指出要促进中国产业向全球价值链中高端迈进。2019年中央经济工作会议也提出要推动制造业高质量发展,促进产业迈向全球价值链中高端。服务要素作为制造业重要的中间投入品,其与制造业企业全球价值链紧密相关。为此,本书基于2000—2007年中国工业企业数据库、海关数据库、产品关税数据库的合并数据,利用投入产出关系测度的服务业外资管制放松指标,实证检验了服务业外资进入对制造业企业全球价值链地位提升的影响,其结果如下所示。

第一，基准回归检验结果表明，在控制时间固定效应、企业固定效应之后，逐步加入企业层面和行业层面控制变量的实证结果均显示服务业外资进入估计量的系数显著为负，这表明在控制了其他影响因素之后，服务业部门外商直接投资的限制水平越低，对制造业企业全球价值链地位提升的促进作用越明显。

第二，为验证基准回归检验结果的稳健性及合理性，本书进一步从改变固定效应形式、实证方法、核心指标衡量方式、聚类方式等几个方面进行了稳健性检验。首先，本书在采用不同固定效应形式之后，发现服务业外资进入仍有利于制造业企业全球价值链地位提升。在采用 Heckman 两步法以及替换价值链升级测算方式之后，该结论依然成立。其次，改变聚类方式方面，本书进一步在 2 位码行业、地级市以及省区层面进行了更高层次的聚类，发现其结果仍然稳健。另外，剔除了全资企业和纯进口企业，发现服务业外资进入程度越高，对制造业企业全球价值链地位提升的促进作用越明显。最后，本书控制了国有企业改革和贸易自由化指标，以缓解遗漏此变量带来的实证误差，发现服务业外资进入仍有利于促使制造业企业向全球价值链上游环节攀升。

第三，考虑到模型的建立可能存在内生性问题，本书借鉴 Arnold 等（2016）的方法选择与中国经济发展历史进程相似、产业政策相似的印度服务业管制放松作为工具变量。在控制企业固定效应和时间固定效应之后，逐步加入企业和行业层面的控制变量，发现服务业外资进入估计量的系数均为负数，并且都在 1% 的统计性水平上显著，表明服务业外资管制放松有利于中国制造业企业全球价值链向上游攀升，与基准回归检验结果一致。进一步地，为了验证本书选取印度服务业外资管制指标所得实证结果的稳健性，又采用服务业外资进入的滞后一期和滞后两期指标作为工具变量重新对实证模型进行回归检验,发现服务业外资进入的估计系数同样在1%统计性水平上显著为负,再次验证了基准回归结果的稳健性。

第四,异质性检验结果表明,服务业外资进入对规模较大企业、私营企业、一般贸易类型企业以及非劳动密集型、技能密集型制造业企业全球价值链地位提升的促进作用更为明显;服务业外资进入更有利于服务业发达地区企业、服务业开放程度较高的行业企业、使用服务要素投入更高的企业以及大城市企业全球价值链地位提升。2001年中国加入WTO之后,服务业外资进入更显著促进了中国制造业企业向全球价值链高端延伸。

第五,根据已有文献研究,本书将服务业外资进入对制造业企业全球价值链地位提升的影响渠道归结为技术创新效应和成本效应。相应实证检验结果表明,服务业外资进入可以分别通过技术创新效应和成本效应促使制造业企业全球价值链地位提升,将两种效应纳入同一模型,发现技术创新效应的作用程度较成本效应更大。

最后,本章进一步考察了制度环境对服务业外资进入与企业全球价值链关系的调节作用,发现完善的制度环境能够强化服务业外资进入对制造业企业全球价值链升级的促进作用,并且产权制度的影响大于契约制度。

(三)外资进入与中国国内价值链地位提升:空间溢出效应视角的思考

中国自改革开放以来,通过积极参与全球价值链,提升了资源配置效率,国民经济实现了持续快速发展。2008年国际金融危机之后,外部需求持续疲软,全球贸易发生坍塌,全球价值链收缩为区域价值链。与此同时,中国国内生产要素成本急剧飙升、资源环境约束日益增强。因此,在国内外形势不容乐观的情形下,如何充分发挥国内各地区比较优势,培育国内分工合作,进而构建基于内生增长能力的国内价值链,显得尤为重要。本书从外资进入角度考察中国国内价值链地位提升的动力因素,不仅为中国国内价值链地位提升和平衡各地区协调发展提供了一个新的视角,而且可为中国由参与全球价值链向构建国内价值链转变提供重要的政策借鉴。具体地,本书利用 2002、2007、2010、2012 年 4 年中国 30 个省区区域间投入产出表,在采用普通面板模型回归的基础上,结合探索性空间数据分析方法和静态、动态多种空间权重矩阵,实证检验了外资进入对中国国内价值链地位提升的影响,结果如下。

第一,面板实证模型回归检验结果表明,在采用 OLS(普通最小二乘法)、固定效应以及 GLS 检验方法对省区—行业层面面板数据进行实证检验时,发现各省区—行业外资进入对中国国内价值链地位提升具有显著的促进作用。采用 1995 年《外商投资产业指导目录》测算的工具变量解决内生性问题之后,上述结论仍然成立。

第二,考虑到 NVC 具有很强的空间自相关性,而通过引入空间权重矩阵可以更为准确地捕捉变量之间的空间关联和溢出效应,本书重点采用空间自回归模型(SAR)进行实证回归。其结果表明,无论是采用静态空间权重矩阵,还是动态空间权重矩阵,各省区国内价值链地位之间均存在显著的正相关关系,并且外资进入对中国国内价值链地位提升具有显著的促进作用。其中,省区内 FDI 溢出效应较省区间 FDI 溢出效应更为显著。因此,如果在模型中不考虑空间因素,则会低估外资进入对国内价值链升级的真实作用。而在改变计量模型、变量形式等一系列稳健性检验后,上述结论仍然稳健。

第三,本书从技术吸收能力、外资进入程度以及地区异质性三个方面考察了外资进入对中国国内价值链地位提升的差异化影响。其结果表明,技术水平和外资进入程度较高的地区,外资进入对其国内价值链地位提升的促进作用更强;相较于内陆地区,沿海地区外资进入更有利于其国内价值链向上游环节攀升。

第四,外资进入对中国国内价值链地位提升产生了显著的溢出效应,但相关研究可能忽略了市场化程度的作用。本书进一步深入研究了市场化程度对外资进入与国内价值链相关关系的作用,发现市场化程度强化了外资进入对国内价值链升级的促进作用,即市场化程度越高的地区,其外资进入更有利于国内价值链向上游攀升,并且市场化程度对省区内 FDI 溢出效应的强化作用更强。在采用市场分割程度作为市场化程度的反向替代性指标重新检验后发现,市场分割程度越高的地区,外资进入对中国国内价值链地位提升的抑制作用越大,这在一定程度上也表明了市场化程度有利于强化外资进入对国内价值链地位提升的促进作用。

最后,采用空间自回归模型(SAR)进行拓展分析检验。其结果表明,各省区产业结构升级之间存在显著的正相关关系,并且外资进入通过提升国内价值链地位对中国产业结构升级具有显著的促进作用。其中,直接效应较间接效应更为显著。在使用 SEM 模型、中介效应模型、空间滞后以及其他方法进行稳健性检验后,外资进入通过提升国内价值链地位促进中国产业结构升级这一结论仍然成立。

二、政策启示

本书不仅为外资进入对中国全球价值链和国内价值链地位提升的影响提供了强有力的经验证据,而且对于经济改革与转型具有重要的政策借鉴意义。对外开放是过去 40 多年中国取得瞩目成就的重要原因之一,其中不断扩大对外资开放市场和积极吸引并利用外资发挥了重要引导作用。党的十九大报告也明确指出,要更加主动参与和推动经济全球化进程,发展更高层次的开放经济,进而提升经济发展质量。本书的结论证实了外资进入对中国价值链地位提升的促进作用,同时,本书也发现外资进入在部分领域作用效果并不突出,因而本书的结论也启示中国应该出台更进一步的外资开放措施,促进中国经济更加合理高效开放。本书认为,至少有以下几点值得注意。

第一,应更好地发挥外资在促进中国价值链地位提升中的作用。考虑到外资进入对中国全球价值链和国内价值链升级的促进作用,中国政府应加快外资开放进程,扩大外资市场准入,全面引入负面清单管理模式,扩大服务业开放力度,促使外资由进入制造业向进入服务业转变;同时,简化行政审批程序,进一步改善外资营商环境,坚决杜绝招商引资唯"数量论"等理念,吸引更高质量外资进入。由于本书发现制造业外资准入对制造业企业全球价值链地位提升的效应极有可能是来自政策优惠,而非纯粹的市场准入。按照这一结论,传统的"以市场换技术"的思路可能值得商榷,优惠鼓励政策仍然是吸引高新技术投资、提升价值链地位的重要政策工具。结合中国正在实施的自贸区战略,除了关税等方面消除贸易壁垒外,在投资准入以及开放方面不仅需要消除壁垒,同时需要在某些方面实施进一步的吸引政策,以便中国企业快速实现技术进步和向价值链高端迈进。

第二,本书实证结果表明外资进入更有利于促使技能密集型行业企业向价值链高端攀升,但对非技能密集型行业企业价值链升级的作用效果十分有限,即说明了人力资本水平越高,企业越有可能从事价值链高端环节的活动。这就要求中国在"人口红利"逐渐消失的背景下,更加突出高质量人才的培养目标,不断向"人才红利"转型,从而使人力资本的积极效应得到更有效发挥,以便更好地促进企业向价值链高端攀升和产业结构升级。从依靠大量廉价劳动力的"人口红利",转变为依靠大量高素质创新型人才的"人才红利",关键在于大力发展现代职业教育。通过职业教育培训,实现产业与教育的深度融合,提升劳动力素质,为实施创新驱动发展战略提供智力支撑和人才储备。

第三,从区域分布来看,一方面,中国要扩大中西部地区外资开放力度,鼓励当地对外资企业的招商引资,通过给予相应优惠政策(如降低外商投资企业土地出让价格、企业所得税等)引导外资企业进入该地区,推动形成全方位的区域开放新格局;另一方面,要降低地区之间贸易壁垒,消除市场分割,使得东部沿海地区外资开放红利通过地区间溢出效应惠及中西部地区。同时,应支持中西部地区承接东部沿海地区产业转移,充分发挥西部地区交通大发展、经营成本低、创新驱动潜力大等后发优势,全面加强东西部产业的联动发展、协调发展和一体化发展,积极推动东西部地区创新平台的互动融合,推动东部地区创新红利惠及西部地区发展,从而实现整个经济体的协调发展。

第四,本书研究发现,市场化程度有利于强化外资进入对中国价值链地位提升的促进作用。因此,地方政府应减少干预,营造更加公平竞争的营商环境,以更完善的制度环境助力中国价值链向上游环节攀升。另外,地区政府应通过经济合作来整合国内供应链、完善国内分销网络,形成统一公平、开放的国内市场,促使本土企业依靠国内巨大的国内市场需求来发挥规模经济,促使中国由参与全球价值链向构建国内价值链转变。

第二节　未来可能的研究方向

本书就外资进入与中国价值链地位提升之间的关系进行了比较系统的论述。但是无论是外资进入本身,还是价值链地位提升,都是比较复杂的问题，并且两者之间的联系涉及很多因素，相互之间的影响也是复杂并且不断变化的动态过程。因此，对于这一问题，还存在一系列值得深入挖掘和完善的领域，具体地，在未来也许可以从以下几个方面进行进一步的拓展和深入研究。

首先，在外资进入与制造业企业全球价值链地位提升的实证检验中，本书选择的主要回归样本区间是 2000—2007 年。这主要出于两个方面的原因。其一，由于中国独特的贸易方式，中国企业可以被划分为一般贸易类型企业、加工贸易类型企业和混合贸易类型企业，并且不同贸易类型企业全球价值链上游参与度的测度方式存在较大差别。若将不同类型企业作为一个整体按照同一种方式进行测度，会导致测度结果出现一定的偏差。因此，本书首先使用中国海关数据库中贸易方式指标对不同贸易类型的企业进行划分，然后采用差异化的计算公式来测度价值链上游参与度指标。由于 2007 年之后，海关数据库贸易方式指标数据缺失严重，并且没有统计"一般贸易"类别。若将缺失的数据补全为一般贸易，则会高估一般贸易类型企业全球价值链上游参与度。因此，本书在进行指标测度及实证检验时，剔除了 2007 年之后的样本，仅采用 2000—2007 年样本数据进行实证检验。其二，中国工业企业数据库包含丰富的企业层面的信息，是目前国内可获得的最为大型的微观企业样本数据。但 2007 年之后该数据库重要指标缺失严重，数据质量较差。综上两个方面，本书最终选取的样本区间是 2000—2007 年。该做法不可避免地也存在一定的问题，虽然 2008 年国际金融危机之后，全球 FDI 流入量有所下降，但近两年，随着全球投资治理的改革，各国投资管制政策不断放松，FDI 也强劲复苏，中国 FDI 流入大幅上升，仅采用 2000—2007 年的数据进行回归可能会削弱本书数据的说服力。以后在获得 2007 年之后更高质量的中国工业企业数据库和海关数据库或其他能够解决本书研究主题的数据库数据时,可以进一步进行外资进入对中国制造业企业全球价值链地位提升影响等相关问题的研究。

其次,在外资进入与中国国内价值链地位提升的实证检验中,由于缺乏国内企业之间详细的进出口贸易数据,本书并不能参照构建企业全球价值链指标的方法构建企业国内价值链指标,只能利用中国30个省区区域间非竞争型投入产出表来测度省区层面国内价值链指标,这就导致本书对外资进入与国内价值链地位提升之间关系的研究缺乏企业异质性角度的分析,进而不能就该方面提出合理而详细的政策建议。另外,本书采用的用于测度宏观层面国内价值链指标的数据是2002、2007、2010、2012年4年中国30个省区区域间非竞争型投入产出表,其中2002年由中国科学院虚拟经济与数据科学研究中心编制,2007、2010和2012年由中国科学院区域可持续发展分析与模拟重点实验室编制。由于该数据目前为止仅有2002、2007、2010、2012年4年,因此无法探讨各省区之间投入产出联结的结构性变化及时间趋势特征。为了近似考察外资进入对国内价值链地位提升随时间变化的影响,并扩大观察值的数量,达到渐进性质对大样本的要求,本书参照已有研究的做法,采用年份就近原则,在测度2000—2004年、2005—2007年、2008—2010年以及2011—2013年4个时间段国内价值链地位指标时分别使用了2002、2007、2010和2012年区域间投入产出表,最终回归数据样本区间为2000—2013年。该做法虽然有一定的可取性,但仍有一定的缺陷。因此,在未来,随着数据的逐步完善,在实证上可以进一步对这一问题进行更为详细的数据分析,通过更严谨、准确的数据分析发现问题,进而进行思考和解释,同时提出更详细而全面的政策建议,从而更好地促进中国国内价值链的构建及地位提升。

最后就是在研究内容上,本书分别考察了外资进入对中国制造业企业全球价值链地位提升的影响和对省区层面国内价值链地位提升的影响,但两者并不是独立的。跨国企业在嵌入全球价值链的同时也可能参与了国内生产分工体系,如何利用跨国公司参与全球价值链来带动中国本土企业国内价值链地位提升是一项重要的研究课题。但囿于目前数据的可得性,本书并没有涉及对该问题的讨论。未来随着数据的可获得性提高,可以就该问题进行全面而系统的考察,并在此基础上进行更有针对性的政策设计。

附 录

附表 4-1 改变实证样本的稳健性检验

变量	(1)	(2)	(3)	(4)	(5)	(6)
openservice	−0.043 7*	−0.046 8**	−0.046 5**	−0.052 5**	−0.054 1**	−0.054 1**
	(0.022 4)	(0.021 6)	(0.021 7)	(0.021 9)	(0.021 8)	(0.021 9)
age		−0.094 9***	−0.092 3***	−0.090 8***	−0.092 4***	−0.092 4***
		(0.006 0)	(0.005 9)	(0.005 8)	(0.005 8)	(0.005 8)
agesq		0.017 0***	0.016 2***	0.016 4***	0.016 7***	0.016 7***
		(0.001 4)	(0.001 4)	(0.001 4)	(0.001 4)	(0.001 4)
kl			−0.000 5	0.000 3	0.000 3	0.000 3
			(0.001 8)	(0.001 7)	(0.001 7)	(0.001 7)
tfp				−0.007 1***	−0.007 4***	−0.007 4***
				(0.001 9)	(0.001 8)	(0.001 8)
foreign				−0.028 8***	−0.029 2***	−0.029 2***
				(0.003 9)	(0.003 8)	(0.003 8)

续表

变量	(1)	(2)	(3)	(4)	(5)	(6)
soe				−0.059 8*** (0.003 7)	−0.059 1*** (0.003 8)	−0.059 1*** (0.003 8)
o					−0.029 3*** (0.003 2)	−0.029 3*** (0.003 2)
p					−0.062 2*** (0.004 9)	−0.062 2*** (0.004 9)
hhi						−0.000 2 (0.001 9)
常数项	0.188 7*** (0.051 6)	0.281 1*** (0.050 4)	0.314 2*** (0.052 2)	0.305 1*** (0.052 6)	0.332 5*** (0.052 8)	0.332 8*** (0.051 9)
R^2	0.544 6	0.547 6	0.548 3	0.551 1	0.551 8	0.551 8
样本量	355 213	355 196	352 704	352 704	352 704	352 703

注：***、**、* 分别表示参数的估计值在 1%、5%、10% 的统计水平上显著；括号内为稳健标准误差；标准误差在 2 位码行业—年份层面进行聚类。

附表 5-1 采用外资流量来测度外资进入程度的稳健性检验

变量	W_1 (1)	W_2 (2)	W_3 (3)	W_4 (4)	W_5 (5)	W_6 (6)
Spatial(rho)	0.172 1** (0.083 5)	0.300 6*** (0.051 1)	0.309 4*** (0.053 0)	0.212 8*** (0.078 3)	0.554 4*** (0.078 6)	0.594 2*** (0.067 5)
Direct						
ln fdi	0.113 5** (0.051 5)	0.142 3*** (0.053 6)	0.140 9*** (0.053 6)	0.108 4** (0.054 5)	0.140 7** (0.058 4)	0.135 7** (0.055 5)
ln $struc$	−0.010 7 (0.018 1)	−0.011 2 (0.018 6)	−0.011 2 (0.018 6)	−0.011 1 (0.019 5)	−0.011 1 (0.018 9)	−0.011 5 (0.018 9)
ln $human$	−0.083 7* (0.050 6)	−0.074 5 (0.052 1)	−0.074 1 (0.052 3)	−0.073 3 (0.050 7)	−0.060 7 (0.051 4)	−0.072 6 (0.051 3)
ln $tradeopen$	0.006 6 (0.015 8)	0.002 7 (0.015 3)	0.002 3 (0.015 1)	0.006 3 (0.014 4)	−0.004 2 (0.015 0)	−0.003 4 (0.015 4)
ln $finance$	−0.014 5 (0.015 0)	−0.011 6 (0.014 8)	−0.011 7 (0.014 7)	−0.013 2 (0.015 5)	−0.007 7 (0.014 5)	−0.006 7 (0.014 4)
ln ky	−0.004 5 (0.021 4)	−0.006 4 (0.021 4)	−0.005 4 (0.021 5)	−0.003 6 (0.022 4)	−0.005 3 (0.021 7)	−0.008 0 (0.021 5)
ln kl	−0.001 3 (0.005 4)	0.000 2 (0.005 5)	0.000 1 (0.005 6)	−0.001 2 (0.005 6)	0.001 6 (0.005 7)	0.002 9 (0.005 6)
ln soe	−0.031 1 (0.028 6)	−0.026 1 (0.028 6)	−0.026 6 (0.028 7)	−0.022 6 (0.029 1)	−0.022 4 (0.028 5)	−0.022 9 (0.028 3)

变量	W_1 (1)	W_2 (2)	W_3 (3)	W_4 (4)	W_5 (5)	W_6 (6)
Indirect						
$\ln fdi$	0.024 9 (0.017 8)	0.058 6** (0.026 3)	0.060 6** (0.027 1)	0.029 0* (0.017 5)	0.170 0** (0.082 6)	0.189 2** (0.089 1)
$\ln struc$	−0.002 7 (0.004 3)	−0.005 0 (0.007 9)	−0.005 0 (0.008 2)	−0.002 0 (0.005 6)	−0.013 6 (0.023 8)	−0.016 6 (0.027 3)
$\ln human$	−0.017 9 (0.015 2)	−0.030 3 (0.022 7)	−0.031 9 (0.024 3)	−0.021 3 (0.017 9)	−0.077 3 (0.073 9)	−0.103 4 (0.081 6)
$\ln tradeopen$	0.001 1 (0.003 6)	0.001 2 (0.006 3)	0.001 2 (0.006 5)	0.001 7 (0.004 1)	−0.004 5 (0.018 3)	−0.004 5 (0.021 7)
$\ln finance$	−0.002 9 (0.003 3)	−0.004 9 (0.006 2)	−0.005 2 (0.006 5)	−0.004 1 (0.005 2)	−0.011 2 (0.019 4)	−0.011 3 (0.021 7)
$\ln ky$	−0.001 2 (0.004 6)	−0.002 4 (0.008 7)	−0.002 2 (0.009 0)	−0.000 4 (0.006 7)	−0.006 6 (0.025 9)	−0.011 6 (0.029 6)
$\ln kl$	−0.000 1 (0.001 2)	0.000 2 (0.002 3)	0.000 2 (0.002 4)	−0.000 1 (0.001 5)	0.002 8 (0.007 4)	0.004 7 (0.008 5)
$\ln soe$	−0.006 8 (0.007 4)	−0.010 4 (0.011 5)	−0.010 9 (0.011 9)	−0.005 6 (0.008 5)	−0.026 7 (0.035 1)	−0.031 1 (0.039 3)
Total						
$\ln fdi$	0.138 4** (0.065 3)	0.201 0*** (0.077 5)	0.201 5*** (0.078 3)	0.137 4** (0.068 4)	0.310 7** (0.134 0)	0.324 9** (0.139 3)

续表

变量	W_1 (1)	W_2 (2)	W_3 (3)	W_4 (4)	W_5 (5)	W_6 (6)
$\ln struc$	−0.013 4 (0.022 0)	−0.016 3 (0.026 3)	−0.016 2 (0.026 7)	−0.013 1 (0.024 6)	−0.024 7 (0.042 2)	−0.028 1 (0.045 8)
$\ln human$	−0.101 6 (0.062 6)	−0.104 9 (0.073 7)	−0.106 0 (0.075 4)	−0.094 5 (0.066 2)	−0.138 0 (0.121 8)	−0.176 0 (0.129 6)
$\ln tradeopen$	0.007 8 (0.018 9)	0.003 9 (0.021 5)	0.003 5 (0.021 5)	0.008 0 (0.018 3)	−0.008 6 (0.033 1)	−0.007 9 (0.036 9)
$\ln finance$	−0.017 4 (0.017 7)	−0.016 5 (0.020 8)	−0.017 0 (0.021 0)	−0.017 3 (0.020 3)	−0.018 9 (0.033 5)	−0.018 0 (0.035 8)
$\ln ky$	−0.005 7 (0.025 7)	−0.008 8 (0.029 9)	−0.007 6 (0.030 4)	−0.004 0 (0.028 7)	−0.011 9 (0.047 2)	−0.019 6 (0.050 8)
$\ln kl$	−0.001 4 (0.006 5)	0.000 3 (0.007 7)	0.000 3 (0.008 0)	−0.001 3 (0.007 0)	0.004 4 (0.012 9)	0.007 6 (0.013 9)
$\ln soe$	−0.038 0 (0.034 9)	−0.036 5 (0.039 8)	−0.037 5 (0.040 2)	−0.028 1 (0.036 9)	−0.049 1 (0.062 7)	−0.054 0 (0.066 9)
R^2	0.170 2	0.160 1	0.159 9	0.175 7	0.142 2	0.135 2
Log-likelihood	1 194.037 9	1 200.107 9	1 200.383 8	1 195.463 3	1 208.700 9	1 210.277 0
样本量	420	420	420	420	420	420

注：***，**，* 分别表示参数的估计值在 1%，5%，10% 的统计水平上显著，括号内为稳健标准误差。

附表 5-2　采用 FDI 占资本形成总额的比例取对数值来衡量外资进入的稳健性检验

	W_1 (1)	W_2 (2)	W_3 (3)	W_4 (4)	W_5 (5)	W_6 (6)
Spatial(rho)	0.173 2** (0.082 9)	0.284 8*** (0.050 6)	0.294 8*** (0.052 4)	0.225 4*** (0.079 1)	0.545 7*** (0.078 0)	0.587 4*** (0.067 4)
Direct						
ln fdi	0.070 6** (0.031 9)	0.078 7** (0.032 0)	0.078 5** (0.032 1)	0.073 0** (0.031 7)	0.080 9*** (0.031 2)	0.078 6** (0.031 2)
ln $struc$	−0.006 8 (0.016 9)	−0.006 7 (0.017 3)	−0.006 7 (0.017 3)	−0.007 3 (0.018 3)	−0.006 5 (0.017 4)	−0.007 1 (0.017 4)
ln $human$	−0.089 0* (0.050 4)	−0.082 3 (0.052 2)	−0.081 8 (0.052 4)	−0.077 2 (0.050 7)	−0.068 1 (0.051 3)	−0.079 5 (0.051 3)
ln $tradeopen$	0.000 5 (0.016 4)	−0.003 5 (0.015 6)	−0.003 9 (0.015 4)	−0.000 6 (0.015 3)	−0.010 8 (0.015 6)	−0.010 0 (0.016 0)
ln $finance$	−0.015 2 (0.014 7)	−0.012 9 (0.014 4)	−0.012 9 (0.014 4)	−0.013 7 (0.015 3)	−0.008 8 (0.014 2)	−0.007 8 (0.014 1)
ln ky	−0.002 7 (0.021 5)	−0.003 6 (0.021 6)	−0.002 7 (0.021 7)	−0.002 1 (0.022 6)	−0.002 8 (0.021 7)	−0.005 5 (0.021 6)
ln kl	0.000 3 (0.005 5)	0.001 7 (0.005 5)	0.001 7 (0.005 6)	0.000 5 (0.005 6)	0.003 3 (0.005 7)	0.004 5 (0.005 7)
ln soe	−0.021 6 (0.028 2)	−0.014 8 (0.028 5)	−0.015 4 (0.028 6)	−0.012 8 (0.028 9)	−0.011 1 (0.028 4)	−0.011 9 (0.028 3)

续表

| | W_1 | W_2 | W_3 | W_4 | W_5 | W_6 |
	(1)	(2)	(3)	(4)	(5)	(6)
Indirect						
ln fdi	0.015 8	0.029 9**	0.031 3**	0.021 6*	0.094 2**	0.106 8**
	(0.010 9)	(0.013 4)	(0.014 0)	(0.012 0)	(0.042 7)	(0.048 2)
ln $struc$	−0.001 8	−0.002 8	−0.002 8	−0.001 2	−0.007 4	−0.009 7
	(0.003 9)	(0.006 7)	(0.007 1)	(0.005 7)	(0.021 0)	(0.024 3)
ln $human$	−0.019 8	−0.031 7	−0.033 4	−0.024 1	−0.085 1	−0.112 1
	(0.016 0)	(0.022 1)	(0.023 8)	(0.019 3)	(0.073 8)	(0.082 7)
ln $tradeopen$	−0.000 2	−0.001 1	−0.001 2	−0.000 3	−0.011 8	−0.012 9
	(0.003 8)	(0.005 8)	(0.006 0)	(0.004 7)	(0.017 9)	(0.021 5)
ln $finance$	−0.003 0	−0.005 0	−0.005 3	−0.004 5	−0.011 8	−0.012 1
	(0.003 3)	(0.005 7)	(0.005 9)	(0.005 4)	(0.018 3)	(0.020 6)
ln ky	−0.000 8	−0.001 2	−0.001 0	−0.000 1	−0.003 8	−0.008 3
	(0.004 8)	(0.008 1)	(0.008 4)	(0.007 3)	(0.025 1)	(0.028 8)
ln kl	0.000 2	0.000 8	0.000 8	0.000 4	0.004 7	0.006 9
	(0.001 3)	(0.002 2)	(0.002 4)	(0.001 7)	(0.007 5)	(0.008 6)
ln soe	−0.004 9	−0.005 4	−0.005 7	−0.003 2	−0.012 7	−0.015 6
	(0.007 1)	(0.010 6)	(0.011 1)	(0.009 2)	(0.033 7)	(0.038 3)
Total						
ln fdi	0.086 4**	0.108 6**	0.109 7**	0.094 7**	0.175 1**	0.185 4**
	(0.040 4)	(0.044 1)	(0.044 8)	(0.041 3)	(0.069 5)	(0.076 3)

续表

	W_1 (1)	W_2 (2)	W_3 (3)	W_4 (4)	W_5 (5)	W_6 (6)
$\ln struc$	−0.008 7 (0.020 5)	−0.009 5 (0.023 9)	−0.009 4 (0.024 3)	−0.008 5 (0.023 6)	−0.013 9 (0.038 1)	−0.016 8 (0.041 4)
$\ln human$	−0.108 8* (0.063 2)	−0.114 0 (0.073 1)	−0.115 2 (0.075 0)	−0.101 3 (0.067 6)	−0.153 2 (0.121 7)	−0.191 7 (0.130 7)
$\ln tradeopen$	0.000 3 (0.019 8)	−0.004 6 (0.021 3)	−0.005 1 (0.021 3)	−0.000 8 (0.019 8)	−0.022 6 (0.033 2)	−0.022 9 (0.037 3)
$\ln finance$	−0.018 3 (0.017 4)	−0.017 9 (0.019 9)	−0.018 3 (0.020 2)	−0.018 2 (0.020 2)	−0.020 6 (0.032 1)	−0.019 9 (0.034 5)
$\ln ky$	−0.003 5 (0.025 9)	−0.004 9 (0.029 5)	−0.003 8 (0.030 0)	−0.002 2 (0.029 4)	−0.006 5 (0.046 4)	−0.013 8 (0.050 1)
$\ln kl$	0.000 6 (0.006 7)	0.002 5 (0.007 7)	0.002 5 (0.007 9)	0.000 9 (0.007 2)	0.008 0 (0.013 1)	0.011 4 (0.014 1)
$\ln soe$	−0.026 5 (0.034 5)	−0.020 3 (0.038 9)	−0.021 1 (0.039 4)	−0.016 1 (0.037 6)	−0.023 8 (0.061 5)	−0.027 5 (0.066 1)
R^2	0.170 0	0.168 2	0.166 8	0.174 3	0.154 7	0.146 8
Log-likelihood	1 194.563 5	1 199.744 4	1 200.077 9	1 196.555 7	1 208.635 4	1 210.290 4
样本量	420	420	420	420	420	420

注：***，**，* 分别表示参数的估计值在 1%，5%，10% 的统计水平上显著，括号内为稳健标准误差。

附表 5-3　中介效应回归结果

变量	W_2 ln IU (1)	W_2 mcupgrate (2)	W_2 ln IU (3)	W_4 ln IU (4)	W_4 mcupgrate (5)	W_4 ln IU (6)	W_6 ln IU (7)	W_6 mcupgrate (8)	W_6 ln IU (9)
Spatial(rho)	0.295 0*** (0.069 0)	0.350 7*** (0.064 8)	0.294 2*** (0.068 5)	0.098 4* (0.053 8)	0.175 6*** (0.063 5)	0.094 4* (0.053 4)	0.423 2*** (0.095 2)	0.542 5*** (0.075 5)	0.411 1*** (0.095 4)
Direct									
ln fdi	0.173 0*** (0.059 5)	0.210 9*** (0.072 1)	0.134 5* (0.078 0)	0.136 9** (0.060 1)	0.164 1** (0.072 3)	0.097 6 (0.079 2)	0.149 4** (0.059 1)	0.230 0*** (0.071 2)	0.111 3 (0.077 8)
mcupgrate			0.000 9*** (0.000 2)			0.000 9*** (0.000 2)			0.000 8*** (0.000 2)
inflation	−0.000 8** (0.000 3)	0.005 4 (0.063 2)	−0.000 9*** (0.000 3)	−0.001 0*** (0.000 3)	0.003 8 (0.064 0)	−0.001 0*** (0.000 3)	−0.000 7** (0.000 3)	−0.001 8 (0.062 4)	−0.000 8** (0.000 3)
ln infra	0.006 3 (0.008 1)	0.816 4 (0.563 3)	0.005 4 (0.007 0)	0.003 2 (0.007 9)	0.614 0 (0.569 8)	0.002 4 (0.006 8)	0.006 3 (0.008 1)	0.856 0 (0.556 3)	0.005 4 (0.006 9)
ln dmp	0.008 9* (0.004 7)	−1.031 3* (0.582 9)	0.010 3** (0.004 8)	0.011 8** (0.004 7)	−1.119 8* (0.591 2)	0.013 3*** (0.004 8)	0.008 1* (0.004 8)	−0.333 7 (0.587 2)	0.009 7** (0.004 8)
ln fiscal	−0.198 7*** (0.042 7)	−2.962 1 (4.588 9)	−0.180 3*** (0.042 8)	−0.184 0*** (0.042 8)	−5.447 4 (4.630 8)	−0.164 9*** (0.043 0)	−0.216 0*** (0.043 6)	−1.545 3 (4.525 8)	−0.196 2*** (0.043 7)
ln rgdp	0.526 5*** (0.020 3)	−14.529 1*** (3.774 5)	0.534 0*** (0.020 6)	0.518 3*** (0.020 0)	−14.722 4*** (3.827 4)	0.526 1*** (0.020 6)	0.521 5*** (0.020 1)	−13.475 7*** (3.721 6)	0.528 1*** (0.020 4)

续表

变量	W_2 ln IU (1)	W_2 rvcupgrate (2)	W_2 ln IU (3)	W_4 ln IU (4)	W_4 rvcupgrate (5)	W_4 ln IU (6)	W_6 ln IU (7)	W_6 rvcupgrate (8)	W_6 ln IU (9)
$\ln human$	0.057 5 (0.051 8)	−3.071 1 (5.162 8)	0.076 7* (0.046 2)	0.067 6 (0.051 8)	−2.157 8 (5.226 9)	0.087 5* (0.045 8)	0.044 7 (0.052 3)	−1.606 7 (5.101 6)	0.064 9 (0.046 2)
$\ln open$	0.039 1*** (0.013 2)	0.124 1 (1.062 9)	0.039 5*** (0.013 3)	0.043 4*** (0.013 0)	0.953 4 (1.060 9)	0.044 1*** (0.013 2)	0.042 2*** (0.013 2)	−0.084 0 (1.051 0)	0.042 8*** (0.013 3)
$\ln ky$	0.584 5*** (0.024 5)	−15.246 4*** (4.205 8)	0.597 2*** (0.025 7)	0.578 9*** (0.024 4)	−15.428 3*** (4.267 3)	0.592 2*** (0.025 8)	0.575 1*** (0.024 1)	−13.685 2*** (4.150 1)	0.587 2*** (0.025 6)
$\ln kl$	−0.462 8*** (0.017 3)	12.765 7*** (3.233 7)	−0.470 8*** (0.018 6)	−0.456 5*** (0.017 1)	12.504 6*** (3.279 8)	−0.464 9*** (0.018 7)	−0.458 3*** (0.017 0)	11.733 9*** (3.182 9)	−0.465 6*** (0.018 5)
$\ln soeratio$	−0.065 1*** (0.019 9)	−4.189 3 (2.841 8)	−0.054 9*** (0.020 2)	−0.059 4*** (0.020 1)	−5.951 0** (2.852 0)	−0.049 0** (0.020 5)	−0.072 5*** (0.020 0)	−2.864 4 (2.813 6)	−0.062 0*** (0.020 4)
Indirect									
$\ln fdi$	0.072 6** (0.036 2)	0.113 6** (0.052 3)	0.052 6 (0.036 2)	0.015 7 (0.011 7)	0.036 8 (0.023 2)	0.008 9 (0.010 4)	0.115 9* (0.069 4)	0.286 7** (0.133 9)	0.074 3 (0.061 9)
rvcupgrate			0.000 3** (0.000 1)			0.000 1 (0.000 1)			0.000 6** (0.000 3)
inflation	−0.000 3** (0.000 1)	0.003 0 (0.035 4)	−0.000 3** (0.000 2)	−0.000 1 (0.000 1)	0.001 0 (0.015 6)	−0.000 1 (0.000 1)	−0.000 5 (0.000 3)	−0.002 9 (0.081 0)	−0.000 5 (0.000 3)

续表

变量	W_2 ln IU (1)	W_2 rwcupgrate (2)	ln IU (3)	W_4 ln IU (4)	W_4 rwcupgrate (5)	ln IU (6)	W_6 ln IU (7)	W_6 rwcupgrate (8)	ln IU (9)
ln infra	0.002 8 (0.003 8)	0.433 1 (0.337 7)	0.002 3 (0.003 0)	0.000 4 (0.001 1)	0.129 5 (0.148 6)	0.000 3 (0.000 8)	0.005 4 (0.007 6)	1.048 5 (0.804 8)	0.004 0* (0.005 4)
ln dmp	0.003 5* (0.002 0)	−0.545 2 (0.362 3)	0.003 9* (0.002 2)	0.001 3 (0.000 8)	−0.248 8 (0.176 5)	0.001 3 (0.001 0)	0.005 9 (0.003 8)	−0.372 1 (0.762 4)	0.006 3 (0.004 0)
ln fiscal	−0.082 8** (0.034 6)	−1.489 9 (2.588 5)	−0.072 2** (0.032 4)	−0.021 2 (0.014 3)	−1.153 5 (1.223 5)	−0.017 0 (0.013 1)	−0.169 1* (0.088 9)	−1.733 9 (5.836 2)	−0.139 8* (0.074 8)
ln rgdp	0.218 9*** (0.073 7)	−7.662 2*** (2.809 9)	0.211 6*** (0.076 6)	0.059 2* (0.034 8)	−3.215 7** (1.586 8)	0.053 2 (0.037 5)	0.403 8** (0.174 5)	−16.363 5** (6.367 6)	0.369 0** (0.164 1)
ln human	0.022 3 (0.022 3)	−1.591 0 (2.975 4)	0.029 5 (0.019 2)	0.007 0 (0.007 5)	−0.411 3 (1.326 7)	0.008 2 (0.007 1)	0.029 9 (0.041 8)	−1.694 4 (7.071 8)	0.043 5 (0.035 1)
ln open	0.016 4** (0.008 2)	0.039 0 (0.635 8)	0.015 5* (0.008 0)	0.005 1 (0.003 7)	0.200 1 (0.287 8)	0.004 5 (0.003 8)	0.033 3* (0.019 0)	−0.179 6 (1.505 5)	0.030 0* (0.018 2)
ln ky	0.242 8*** (0.081 4)	−8.006 8*** (2.945 4)	0.236 5*** (0.085 8)	0.066 1* (0.038 7)	−3.341 9** (1.628 6)	0.059 8 (0.042 3)	0.444 5** (0.189 4)	−16.517 4** (6.574 7)	0.409 8** (0.182 6)
ln kl	−0.192 3*** (0.064 3)	6.739 3*** (2.457 3)	−0.186 5*** (0.067 2)	−0.052 1* (0.030 4)	2.727 2** (1.344 5)	−0.047 0 (0.033 0)	−0.354 6** (0.152 1)	14.245 9*** (5.451 4)	−0.325 1** (0.144 1)
ln soeratio	−0.027 1** (0.012 3)	−2.183 6 (1.682 7)	−0.021 6** (0.011 1)	−0.006 8 (0.004 6)	−1.304 8 (0.913 7)	−0.004 8 (0.004 1)	−0.056 6* (0.030 5)	−3.436 8 (3.992 7)	−0.043 4* (0.024 2)

续表

变量	W_2			W_4			W_6		
	ln IU	mxcupgrate	ln IU	ln IU	mxcupgrate	ln IU	ln IU	mxcupgrate	ln IU
	(1)	(2)	(3)	(4)	(5)	(6)	(7)	(8)	(9)
Total									
ln fdi	0.245 6***	0.324 6***	0.187 1*	0.152 6**	0.200 9**	0.106 5	0.265 3**	0.516 6***	0.185 5
	(0.090 0)	(0.117 5)	(0.109 2)	(0.067 7)	(0.089 8)	(0.085 7)	(0.118 2)	(0.191 2)	(0.131 6)
mxcupgrate			0.001 2***			0.001 0***			0.001 4***
			(0.000 3)			(0.000 2)			(0.000 4)
inflation	−0.001 2***	0.008 3	−0.001 2***	−0.001 1***	0.004 8	−0.001 1***	−0.001 2**	−0.004 7	−0.001 3**
	(0.000 4)	(0.097 8)	(0.000 4)	(0.000 4)	(0.078 6)	(0.000 3)	(0.000 6)	(0.142 0)	(0.000 5)
ln infra	0.009 1	1.249 5	0.007 7	0.003 7	0.743 5	0.002 6	0.011 8	1.904 5	0.009 4
	(0.011 7)	(0.881 4)	(0.009 8)	(0.008 8)	(0.700 6)	(0.007 4)	(0.015 2)	(1.320 0)	(0.012 1)
ln dmp	0.012 4*	−1.576 4*	0.014 3**	0.013 1**	−1.362 6*	0.014 6***	0.014 0*	−0.705 7	0.016 0**
	(0.006 5)	(0.914 5)	(0.006 5)	(0.005 2)	(0.727 9)	(0.005 1)	(0.008 1)	(1.330 7)	(0.008 0)
ln fiscal	−0.281 5***	−4.452 0	−0.252 5***	−0.205 2***	−6.600 9	−0.182 0***	−0.385 0***	−3.279 2	−0.336 0***
	(0.069 3)	(7.117 8)	(0.067 4)	(0.050 8)	(5.708 9)	(0.049 5)	(0.118 6)	(10.284 7)	(0.105 3)
ln rgdp	0.745 3***	−22.191 2***	0.745 6***	0.577 5***	−17.938 1***	0.579 4***	0.925 3***	−29.839 2***	0.897 1***
	(0.083 5)	(6.012 2)	(0.085 1)	(0.043 3)	(4.789 1)	(0.044 1)	(0.181 7)	(9.153 2)	(0.169 8)
ln human	0.079 8	−4.662 0	0.106 2*	0.074 6	−2.569 1	0.095 7**	0.074 7	−3.301 1	0.108 4
	(0.072 7)	(8.040 1)	(0.062 6)	(0.057 2)	(6.437 4)	(0.048 7)	(0.091 8)	(11.951 9)	(0.076 7)

续表

变量	W_2 ln IU (1)	W_2 mxcupgrate (2)	ln IU (3)	W_4 ln IU (4)	W_4 mxcupgrate (5)	ln IU (6)	ln IU (7)	W_6 mxcupgrate (8)	ln IU (9)
ln open	0.055 5*** (0.020 0)	0.163 1 (1.684 7)	0.055 0*** (0.019 5)	0.048 6*** (0.015 5)	1.153 5 (1.323 3)	0.048 6*** (0.015 3)	0.075 5** (0.029 6)	−0.263 5 (2.526 7)	0.072 8*** (0.028 1)
ln ky	0.827 3*** (0.092 4)	−23.253 3*** (6.551 7)	0.833 7*** (0.095 6)	0.645 0*** (0.048 8)	−18.770 2*** (5.224 7)	0.652 0*** (0.049 9)	1.019 6*** (0.195 9)	−30.202 6*** (9.773 9)	0.997 0*** (0.188 7)
ln kl	−0.655 1*** (0.072 1)	19.505 1*** (5.186 9)	−0.657 3*** (0.074 4)	−0.508 7*** (0.037 1)	15.231 8*** (4.088 2)	−0.511 9*** (0.038 3)	−0.812 9*** (0.157 5)	25.979 8*** (7.824 5)	−0.790 7*** (0.148 7)
ln soeratio	−0.092 2*** (0.029 8)	−6.372 9 (4.391 0)	−0.076 6*** (0.029 1)	−0.066 2*** (0.022 7)	−7.255 9** (3.535 4)	−0.053 8** (0.022 5)	−0.129 2*** (0.045 4)	−6.301 2 (6.591 9)	−0.105 4*** (0.040 1)
R^2	0.591 8	0.252 0	0.644 5	0.653 5	0.252 9	0.702 8	0.591 7	0.249 1	0.649 0
Log-likelihood	1 097.887 5	−1 083.155 5	1 104.177 0	1 090.983 3	−1 092.674 9	1 097.063 4	1 097.751 3	−1 076.005 9	1 103.516 2
样本量	420	420	420	420	420	420	420	420	420

注：***、**、* 分别表示参数的估计值在 1%、5%、10% 的统计水平上显著，括号内为稳健标准误差。

附表 5-4　其他方法的稳健性检验结果

变量	W_2 nvcupgrate (1)	W_2 ln IU (2)	W_4 nvcupgrate (3)	W_4 nvcupgrate (4)	W_6 ln IU (5)	W_6 nvcupgrate (6)
Spatial(rho)	0.350 7*** (0.064 8)	0.284 5*** (0.067 5)	0.175 6*** (0.063 5)	0.094 3* (0.053 0)	0.542 5*** (0.075 5)	0.414 2*** (0.094 6)
Direct						
ln fdi	0.210 9*** (0.072 1)		0.164 1** (0.072 3)		0.230 0*** (0.071 2)	
ln fdi × nvcupgrate		0.001 2*** (0.000 3)		0.001 1*** (0.000 3)		0.001 2*** (0.000 3)
nvcupgrate		0.000 6** (0.000 3)		0.000 6** (0.000 3)		0.000 6** (0.000 3)
$inflation$	0.005 4 (0.063 2)	−0.000 9*** (0.000 3)	0.003 8 (0.064 0)	−0.001 0*** (0.000 3)	−0.001 8 (0.062 4)	−0.000 8** (0.000 3)
ln $infra$	0.816 4 (0.563 3)	0.007 4 (0.006 7)	0.614 0 (0.569 8)	0.004 0 (0.006 6)	0.856 0 (0.556 6)	0.007 2 (0.006 8)
ln dmp	−1.031 3* (0.582 9)	0.009 8** (0.004 5)	−1.119 8* (0.591 2)	0.013 2*** (0.004 4)	−0.333 7 (0.587 2)	0.009 3** (0.004 5)

续表

变量	W_2 nvcupgrate (1)	W_2 ln IU (2)	W_4 nvcupgrate (3)	W_4 nvcupgrate (4)	W_6 ln IU (5)	W_6 nvcupgrate (6)
$\ln fiscal$	−2.962 1 (4.588 9)	−0.186 1*** (0.041 9)	−5.447 4 (4.630 8)	−0.173 8*** (0.042 0)	−1.545 3 (4.525 8)	−0.204 9*** (0.042 9)
$\ln rgdp$	−14.529 1*** (3.774 5)	0.535 5*** (0.020 6)	−14.722 4*** (3.827 4)	0.528 9*** (0.020 6)	−13.475 7*** (3.721 6)	0.530 8*** (0.020 4)
$\ln human$	−3.071 1 (5.162 8)	0.077 9* (0.046 1)	−2.157 8 (5.226 9)	0.084 8* (0.046 0)	−1.606 7 (5.101 6)	0.062 8 (0.046 6)
$\ln open$	0.124 1 (1.062 9)	0.044 4*** (0.012 4)	0.953 4 (1.060 9)	0.047 6*** (0.012 2)	−0.084 0 (1.051 0)	0.046 6*** (0.012 4)
$\ln ky$	−15.246 4*** (4.205 8)	0.597 0*** (0.025 7)	−15.428 3*** (4.267 3)	0.592 1*** (0.025 9)	−13.685 2*** (4.150 1)	0.587 1*** (0.025 6)
$\ln kl$	12.765 7*** (3.233 7)	−0.470 0*** (0.018 7)	12.504 6*** (3.279 8)	−0.465 0*** (0.018 9)	11.733 9*** (3.182 9)	−0.465 6*** (0.018 6)
$\ln soeratio$	−4.189 3 (2.841 8)	−0.053 4*** (0.020 4)	−5.951 0*** (2.852 0)	−0.049 1** (0.020 7)	−2.864 4 (2.813 6)	−0.061 8*** (0.020 7)

续表

变量	W_2		W_4		W_6	
	nvcupgrate (1)	$\ln IU$ (2)	nvcupgrate (3)	nvcupgrate (4)	$\ln IU$ (5)	nvcupgrate (6)
Indirect						
$\ln fdi$	0.113 6** (0.052 3)		0.036 8 (0.023 2)		0.286 7** (0.133 9)	
$\ln fdi \times nvcupgrate$		0.000 4** (0.000 2)		0.000 1 (0.000 1)		0.000 8* (0.000 4)
nvcupgrate		0.000 2* (0.000 1)		0.000 1 (0.000 1)		0.000 4 (0.000 2)
inflation	0.003 0 (0.035 4)	−0.000 3** (0.000 1)	0.001 0 (0.015 6)	−0.000 1 (0.000 1)	−0.002 9 (0.081 0)	−0.000 5* (0.000 3)
$\ln infra$	0.433 1 (0.337 7)	0.002 9 (0.002 9)	0.129 5 (0.148 6)	0.000 4 (0.000 8)	1.048 5 (0.804 8)	0.005 3 (0.005 6)
$\ln dmp$	−0.545 2 (0.362 3)	0.003 5* (0.001 9)	−0.242 8 (0.176 5)	0.001 3 (0.001 0)	−0.372 1 (0.762 4)	0.006 2 (0.003 8)
$\ln fiscal$	−1.489 9 (2.588 5)	−0.071 2** (0.032 9)	−1.153 5 (1.223 5)	−0.018 0 (0.013 9)	−1.733 9 (5.836 2)	−0.148 2* (0.080 5)

续表

变量	W_2 nvcupgrate (1)	W_2 $\ln IU$ (2)	W_2 nvcupgrate (3)	W_4 nvcupgrate (4)	W_6 $\ln IU$ (5)	W_6 nvcupgrate (6)
$\ln rgdp$	−7.662 2*** (2.809 9)	0.202 2*** (0.075 4)	−3.215 7** (1.586 8)	0.053 3 (0.037 7)	−16.363 5** (6.367 6)	0.374 8** (0.166 9)
$\ln human$	−1.591 0 (2.975 4)	0.028 3 (0.018 3)	−0.411 3 (1.326 7)	0.007 7 (0.006 9)	−1.694 4 (7.071 8)	0.041 7 (0.034 5)
$\ln open$	0.039 0 (0.635 8)	0.016 6** (0.008 0)	0.200 1 (0.287 8)	0.004 8 (0.004 0)	−0.179 6 (1.505 5)	0.032 9* (0.018 6)
$\ln ky$	−8.006 8*** (2.945 4)	0.225 2*** (0.084 1)	−3.341 9** (1.628 6)	0.059 5 (0.042 3)	−16.517 4** (6.574 7)	0.414 0** (0.184 4)
$\ln kl$	6.739 3*** (2.457 3)	−0.177 3*** (0.065 8)	2.727 2** (1.344 5)	−0.046 8 (0.033 1)	14.245 9*** (5.451 4)	−0.328 4** (0.145 7)
$\ln soeratio$	−2.183 6 (1.682 7)	−0.020 2* (0.010 8)	−1.304 8 (0.913 7)	−0.004 9 (0.004 2)	−3.436 8 (3.992 7)	−0.044 1* (0.025 4)
Total						
$\ln fdi$	0.324 6*** (0.117 5)		0.200 9** (0.089 8)		0.516 6*** (0.191 2)	

续表

变量	W_2		W_4		W_6	
	nvcupgrate (1)	ln IU (2)	nvcupgrate (3)	nvcupgrate (4)	ln IU (5)	nvcupgrate (6)
$\ln fdi \times nvcupgrate$		0.0016*** (0.0004)		0.0013*** (0.0003)		0.0020*** (0.0006)
nvcupgrate		0.0009** (0.0004)		0.0007** (0.0003)		0.0010** (0.0005)
inflation	0.0083 (0.0978)	−0.0012*** (0.0004)	0.0048 (0.0786)	−0.0011*** (0.0003)	−0.0047 (0.1420)	−0.0013** (0.0005)
$\ln infra$	1.2495 (0.8814)	0.0103 (0.0094)	0.7435 (0.7006)	0.0045 (0.0072)	1.9045 (1.3200)	0.0126 (0.0120)
$\ln dmp$	−1.5764* (0.9145)	0.0133** (0.0059)	−1.3626* (0.7279)	0.0145*** (0.0047)	−0.7057 (1.3307)	0.0155** (0.0075)
$\ln fiscal$	−4.4520 (7.1178)	−0.2573*** (0.0671)	−6.6009 (5.7089)	−0.1917*** (0.0496)	−3.2792 (10.2847)	−0.3531*** (0.1113)
$\ln rgdp$	−22.1912*** (6.0122)	0.7377*** (0.0833)	−17.9381*** (4.7891)	0.5821*** (0.0440)	−29.8392*** (9.1532)	0.9056*** (0.1722)
$\ln human$	−4.6620 (8.0401)	0.1062* (0.0614)	−2.5691 (6.4374)	0.0925*** (0.0487)	−3.3011 (11.9519)	0.1046 (0.0765)

续表

变量	W_2		W_4		W_6	
	nvcupgrate (1)	ln IU (2)	nvcupgrate (3)	nvcupgrate (4)	ln IU (5)	nvcupgrate (6)
ln open	0.163 1 (1.684 7)	0.061 0*** (0.018 2)	1.153 5 (1.323 3)	0.052 4*** (0.014 2)	−0.263 5 (2.526 7)	0.079 5*** (0.027 1)
ln ky	−23.253 3*** (6.551 7)	0.822 3*** (0.093 2)	−18.770 2*** (5.224 7)	0.651 6*** (0.049 2)	−30.202 6*** (9.773 9)	1.001 1*** (0.189 6)
ln kl	19.505 1*** (5.186 9)	−0.647 3*** (0.072 4)	15.231 8*** (4.088 2)	−0.511 8*** (0.038 0)	25.979 8*** (7.824 5)	−0.794 0*** (0.149 8)
ln soeratio	−6.372 9 (4.391 0)	−0.073 6** (0.029 2)	−7.255 9** (3.535 4)	−0.054 0** (0.022 9)	−6.301 2 (6.591 9)	−0.105 9** (0.041 9)
R^2	0.252 0	0.728 2	0.252 9	0.746 7	0.249 1	0.709 6
Log-likelihood	−1 083.155 5	1 108.283 9	−1 092.674 9	1 101.447 2	−1 076.005 9	1 108.143 5
样本量	420	420	420	420	420	420

注：***、**、* 分别表示参数的估计值在1%、5%、10%的统计水平上显著，括号内为稳健标准误差。

参 考 文 献

一、中文文献

安苑、王珺:《财政行为波动影响产业结构升级了吗?——基于产业技术复杂度的考察》,《管理世界》2012年第9期。

白光裕、庄芮:《全球价值链与国际投资关系研究——中国的视角》,《国际贸易》2015年第6期。

包群、叶宁华、王艳灵:《外资竞争,产业关联与中国本土企业的市场存活》,《经济研究》2015年第7期。

蔡昉、王美艳:《中国面对的收入差距现实与中等收入陷阱风险》,《中国人民大学学报》2014年第3期。

岑丽君:《中国在全球生产网络中的分工与贸易地位——基于TiVA数据与GVC指数的研究》,《国际贸易问题》2015年第1期。

柴敏:《外商直接投资对中国内资企业出口绩效的影响——基于省际面板数据的实证分析》,《管理世界》2006年第7期。

陈丰龙、徐康宁:《经济转型是否促进FDI技术溢出:来自23个国家的证据》,《世界经济》2014年第3期。

陈林、朱卫平:《创新、市场结构与行政进入壁垒——基于中国工业企业数据的熊彼特假说实证检验》,《经济学(季刊)》2011年第2期。

陈敏、桂琦寒、陆铭、陈钊:《中国经济增长如何持续发挥规模效应?——经济开放与国内商品市场分割的实证研究》,《经济学(季刊)》2008年第1期。

陈涛涛、狄瑞鹏:《中国FDI行业内溢出效应阶段性特征的实证研究》,《金融研究》2008年第6期。

陈旭、邱斌、刘修岩、李松林:《多中心结构与全球价值链地位攀升:来自中国企业的证据》,《世界经济》2019年第8期。

陈甬军、杨振:《制造业外资进入与市场势力波动:竞争还是垄断》,《中国工业经济》2012年第10期。

戴翔、金碚:《产品内分工、制度质量与出口技术复杂度》,《经济研究》2014年第7期。

戴翔、郑岚:《制度质量如何影响中国攀升全球价值链》,《国际贸易问题》2015年第12期。

邓子梁、陈岩:《外商直接投资对国有企业生存的影响:基于企业异质性的研究》,《世界经济》2013年第12期。

杜传忠、郭树龙:《中国服务业进入退出影响因素的实证分析》,《中国工业经济》2010年第10期。

樊纲、王小鲁、马光荣:《中国市场化进程对经济增长的贡献》,《经济研究》2011年第9期。

樊纲、王小鲁、朱恒鹏:《中国市场化指数——各地区市场化相对进程2011年报告》,北京:经济科学出版社2011年版。

樊茂清、黄薇:《基于全球价值链分解的中国贸易产业结构演进研究》,《世界经济》2014年第2期。

范爱军、李真、刘小勇:《国内市场分割及其影响因素的实证分析——以中国商品市场为例》,《南开经济研究》2007年第5期。

范承泽、胡一帆、郑红亮:《FDI对国内企业技术创新影响的理论与实证研究》,《经济研究》2008年第1期。

方颖、赵扬:《寻找制度的工具变量:估计产权保护对中国经济增长的贡献》,《经济研究》2011年第5期。

龚关、胡关亮:《中国制造业资源配置效率与全要素生产率》,《经济研究》2013年第4期。

郭娟娟、冼国明、房帅:《外资自由化、制度环境与制造业企业全球价值链地位提升——基于溢出效应理论的研究》,《产业经济研究》2020年第6期。

韩超、朱鹏洲:《改革开放以来外资准入政策演进及对制造业产品质量的影响》,《管理世界》2018年第2期。

洪世勤、刘厚俊:《出口技术结构变迁与内生经济增长:基于行业数据的研究》,《世界经济》2013年第6期。

侯欣裕、孙浦阳、杨光:《服务业外资管制、定价策略与下游生产率》,《世界经济》2018年第9期。

黄玖立、李坤望:《对外贸易、地方保护和中国的产业布局》,《经济学(季刊)》2006年第2期。

黄玖立、冼国明:《金融发展、FDI与中国地区的制造业出口》,《管理世界》2010年第7期。

剑飞:《流通活动、市场分割与国内价值链分工深度》,《财贸经济》2018年第9期。

江静、刘志彪、于明超:《生产者服务业发展与制造业效率提升:基于地区和行业面板数据的经验分析》,《世界经济》2007年第8期。

江小涓、李辉:《服务业与中国经济:相关性和加快增长的潜力》,《经济研究》2004年第1期。

蒋殿春、张宇:《经济转型与外商直接投资技术溢出效应》,《经济研究》2008年第7期。

蒋灵多、陆毅、陈勇兵:《市场机制是否有利于僵尸企业处置:以外资管制放松为例》,《世界经济》2018年第9期。

黎峰:《进口贸易、本土关联与国内价值链重塑》,《中国工业经济》2017年第9期(2017a)。

黎峰:《外资进入如何影响了中国国内价值链分工?》,《财经研究》2017年第11期(2017b)。

黎峰:《双重价值链嵌入下的中国省级区域角色——一个综合理论分析框架》,《中国工业经济》2020年第1期。

黎峰:《中国国内价值链是怎样形成的?》,《数量经济技术经济研究》2016年第9期。

李跟强、潘文卿:《国内价值链如何嵌入全球价值链:增加值的视角》,《管理世界》2016年第7期。

李坤望、陈维涛、王永进:《对外贸易、劳动力市场分割与中国人力资本投资》,《世界经济》2014年第3期。

李坤望、蒋为、宋立刚:《中国出口产品品质变动之谜:基于市场进入的微观解释》,《中国社会科学》2014年第3期。

李磊、王小洁、蒋殿春:《外资进入对中国服务业性别就业及工资差距的影响》,《世界经济》2015年第10期。

李平、郭娟娟:《外商直接投资、资本偏向型技术进步与劳动收入份额》,《中国科技论坛》2017年第6期。

李平、许家云:《国际智力回流的技术扩散效应研究——基于中国地区差异及门槛回归的实证分析》,《经济学(季刊)》2011年第3期。

李善同、侯永志、刘云中、陈波:《中国国内地方保护问题的调查与分析》,《经济研究》2004年第11期。

李文贵、余明桂:《所有权性质、市场化进程与企业风险承担》,《中国工业经济》2012年第12期。

林僖、鲍晓华:《区域服务贸易协定如何影响服务贸易流量?——基于增加值贸易的研究视角》,《经济研究》2018年第1期。

刘斌、王杰、魏倩:《对外直接投资与价值链参与:分工地位与升级模式》,《数量经济技术经济研究》2015年第12期。

刘斌、王乃嘉:《制造业投入服务化与企业出口的二元边际——基于中国微观企业数据的经验研究》,《中国工业经济》2016年第9期(2016a)。

刘斌、魏倩、吕越、祝坤福:《制造业服务化与价值链升级》,《经济研究》2016年第3期(2016b)。

刘海云、毛海欧:《制造业OFDI对出口增加值的影响》,《中国工业经济》2016年第7期。

刘维林、李兰冰、刘玉海:《全球价值链嵌入对中国出口技术复杂度的影响》,《中国工业经济》2014年第6期。

刘小勇、李真:《财政分权与地区市场分割实证研究》,《财经研究》2008年第2期。

刘修岩、易博杰、邵军:《示范还是挤出? FDI对中国本土制造业企业出口溢出的实证研究》,《世界经济文汇》2011年第5期。

刘志彪、张少军:《中国地区差距及其纠偏:全球价值链和国内价值链的视角》,《学术月刊》2008年第5期。

陆铭、陈钊:《分割市场的经济增长——为什么经济开放可能加剧地方保护?》,《经济研究》2009年第3期。

吕越、包雅楠:《国内价值链长度与制造业企业创新——兼论中国制造的"低端锁定"破局》,《中南财经政法大学学报》2019年第3期。

吕越、黄艳希、陈勇兵:《全球价值链嵌入的生产率效应:影响与机制分析》,《世界经济》2017年第7期。

吕越、罗伟、刘斌:《异质性企业与全球价值链嵌入:基于效率和融资的视角》,《世界经济》2015年第8期。

吕越、盛斌、吕云龙:《中国的市场分割会导致企业出口国内附加值率下降吗?》,《中国工业经济》2018年第5期(2018a)。

吕越、陈帅、盛斌:《嵌入全球价值链会导致中国制造的"低端锁定"吗?》,《管理世界》2018年第8期(2018b)。

吕政、刘勇、王钦:《中国生产性服务业发展的战略选择——基于产业互动的研究视角》,《中国工业经济》2006年第8期。

罗伟、吕越:《外商直接投资对中国参与全球价值链分工的影响》,《世界经济》2019年第5期。

马弘、乔雪、徐嫄:《中国制造业的就业创造与就业消失》,《经济研究》2013年第12期。

马述忠、张洪胜:《集群商业信用与企业出口——对中国出口扩张奇迹的一种解释》,《经济研究》2017年第1期(2017a)。

马述忠、张洪胜、王笑笑:《融资约束与全球价值链地位提升——来自中国加工贸易企业的理论与证据》,《中国社会科学》2017年第1期(2017b)。

马盈盈:《服务贸易自由化与全球价值链:参与度及分工地位》,《国际贸易问题》2019年第7期。

毛其淋、方森辉:《外资进入自由化如何影响中国制造业生产率》,《世界经济》2020年第1期。

毛其淋、盛斌:《中国制造业企业的进入退出与生产率动态演化》,《经济研究》2013年第4期。

毛其淋、许家云:《跨国公司进入与中国本土企业成本加成——基于水平溢出与产业关联的实证研究》,《管理世界》2016年第9期。

毛其淋、许家云:《外资进入如何影响了本土企业出口国内附加值?》,《经济学(季刊)》2018年第4期。

毛其淋、许家云:《中间品贸易自由化提高了企业加成率吗?——来自中国的证据》,《经济学(季刊)》2017年第2期。

裴长洪:《进口贸易结构与经济增长:规律与启示》,《经济研究》2013年第7期。

邵朝对、李坤望、苏丹妮:《国内价值链与区域经济周期协同:来自中国的经验证据》,《经济研究》2018年第3期。

邵朝对、苏丹妮:《产业集聚与企业出口国内附加值:GVC升级的本地化路径》,《管理世界》2019年第8期。

邵朝对、苏丹妮:《全球价值链生产率效应的空间溢出》,《中国工业经济》2017年第4期。

邵敏、包群:《外资进入是否加剧中国国内工资扭曲:以国有工业企业为例》,《世界经济》2012年第10期。

盛斌、陈帅:《全球价值链如何改变了贸易政策:对产业升级的影响和启示》,《国际经济评论》2015年第1期。

盛斌、毛其淋:《贸易开放、国内市场一体化与中国省际经济增长:1985—2008年》,《世界经济》2011年第11期。

盛丹:《外资进入是否提高了劳动者的讨价还价能力》,《世界经济》2013年第10期。

施炳展、邵文波:《中国企业出口产品质量测算及其决定因素——培育出口竞争新优势的微观视角》,《管理世界》2014年第9期。

史宇鹏、周黎安:《地区放权与经济效率:以计划单列为例》,《经济研究》2007年第1期。

苏丹妮、盛斌、邵朝对、陈帅:《全球价值链、本地化产业集聚与企业生产率的互动效应》,《经济研究》2020年第3期。

苏庆义:《中国省级出口的增加值分解及其应用》,《经济研究》2016年第1期。

苏桅芳、胡日东:《中国FDI区域分布决定因素的动态演变与地理溢出程度——基于空间面板数据的实证研究》,《经济地理》2008年第1期。

孙浦阳、侯欣裕、盛斌:《服务业开放、管理效率与企业出口》,《经济研究》2018年第7期。

孙浦阳、蒋为、陈惟:《外资自由化、技术距离与中国企业出口——基于上下游产业关联视角》,《管理世界》2015年第11期。

唐海燕、张会清:《产品内国际分工与发展中国家的价值链提升》,《经济研究》2009年第9期。

唐宜红、张鹏杨:《FDI、全球价值链嵌入与出口国内附加值》,《统计研究》2017年第4期。

王剑:《外国直接投资区域分布的决定因素——基于空间计量学的实证研究》,《经济科学》2004年第5期。

王小鲁:《中国经济增长的可持续性与制度变革》,《经济研究》2000年第7期。

王小鲁、樊纲、余静文:《中国分省区市场化指数报告(2016)》,北京:社会科学文献出版社2017年版。

王直、魏尚进、祝坤福:《总贸易核算法:官方贸易统计与全球价值链的度量》,《中国社会科学》2015年第9期。

魏福成、邹薇、马文涛、刘勇:《税收、价格操控与产业升级的障碍——兼论中国式财政分权的代价》,《经济学(季刊)》2013年第4期。

温忠麟、张雷、侯杰泰、刘红云:《中介效应检验程序及其应用》,《心理学报》2004年第5期。

巫强、刘志彪:《中国沿海地区出口奇迹的发生机制分析》,《经济研究》2009年第6期。

吴福象、沈浩平:《新型城镇化、基础设施空间溢出与地区产业结构升级——基于长三角城市群16个核心城市的实证分析》,《财经科学》2013年第7期。

武力超、张馨月、侯欣裕:《生产性服务业自由化对微观企业出口的机制研究与实证考察》,《财贸经济》2016年第4期。

席强敏、陈曦、李国平:《中国城市生产性服务业模式选择研究——以工业效率提升为导向》,《中国工业经济》2015年第2期。

谢申祥、王孝松、高琼:《环境损害与战略性研发政策》,《世界经济》2014年第11期。

谢申祥、王祯、胡凯:《部分私营化国有企业中的外资份额、贸易政策与污染物排放》,《世界经济》2015年第6期。

徐保昌、谢建国:《市场分割与企业生产率:来自中国制造业企业的证据》,《世界经济》2016年第1期。

徐敏、姜勇:《中国产业结构升级能缩小城乡消费差距吗?》,《数量经济技术经济研究》2015年第3期。

许和连、成丽红、孙天阳:《制造业投入服务化对企业出口国内增加值的提升效应——基于中国制造业微观企业的经验研究》,《中国工业经济》2017年第10期。

许和连、魏颖绮、赖明勇、王晨刚:《外商直接投资的后向链接溢出效应研究》,《管理世界》2007年第4期。

鄢萍:《资本误配置的影响因素初探》,《经济学(季刊)》2012年第2期。

杨光、孙浦阳:《外资自由化能否缓解企业产能过剩?》,《数量经济技术经济研究》2017年第6期。

杨红丽、陈钊:《外商直接投资水平溢出的间接机制:基于上游供应商的研究》,《世界经济》2015年第3期。

杨连星、罗玉辉:《中国对外直接投资与全球价值链升级》,《数量经济技术经济研究》2017年第6期。

杨汝岱:《中国制造业企业全要素生产率研究》,《经济研究》2015年第2期。

杨瑞龙、章逸然、杨继东:《制度能缓解社会冲突对企业风险承担的冲击吗?》,《经济研究》2017年第8期。

杨天宇、张蕾:《中国制造业企业进入和退出行为的影响因素分析》,《管理世界》2009年第6期。

于蔚、汪淼军、金祥荣:《政治关联和融资约束:信息效应与资源效应》,《经济研究》2012年第9期。

余淼杰:《加工贸易、企业生产率和关税减免——来自中国产品面的证据》,《经济学(季刊)》2011年第4期。

袁凯华、彭水军、陈泓文:《国内价值链推动中国制造业出口价值攀升的事实与解释》,《经济学家》2019年第9期。

张杰、陈志远、刘元春:《中国出口国内附加值的测算与变化机制》,《经济研究》2013年第10期。

张杰、李勇、刘志彪:《制度对中国地区间出口差异的影响:来自中国省际层面4位码行业的经验证据》,《世界经济》2010年第2期。

张杰、郑文平、翟福昕:《中国出口产品质量得到提升了么?》,《经济研究》2014年第10期。

张鹏杨、唐宜红:《FDI如何提高我国出口企业国内附加值?——基于全球价值链升级的视角》,《数量经济技术经济研究》2018年第7期。

赵放、曾国屏:《全球价值链与国内价值链并行条件下产业升级的联动效应——以深圳产业升级为案例》,《中国软科学》2014 年第 11 期。

赵奇伟:《东道国制度安排、市场分割与 FDI 溢出效应:来自中国的证据》,《经济学(季刊)》2009 年第 3 期。

郑毓盛、李崇高:《中国地方分割的效率损失》,《中国社会科学》2003 年第 1 期。

周升起、兰珍先、付华:《中国制造业在全球价值链国际分工地位再考察——基于 Koopman 等的"GVC 地位指数"》,《国际贸易问题》2014 年第 2 期。

祝树金、戢璇、傅晓岚:《出口品技术水平的决定性因素:来自跨国面板数据的证据》,《世界经济》2010 年第 4 期。

二、英文文献

Acemoglu, D., Johnson, S., "Unbundling Institutions", *Journal of Political Economy*, Vol.113, No.5, 2005.

Aghion, P., Blundell, R., Griffith, R., et al., "The Effects of Entry on Incumbent Innovation and Productivity", *The Review of Economics and Statistics*, Vol.91, No.1, 2009.

Ahsan, R. N., "Input Tariffs, Speed of Contract Enforcement, and the Productivity of Firms in India", *Journal of International Economics*, Vol.90, No.1, 2013.

Aitken, Brian, J., Ann, E. Harrison., "Do Domestic Firms Benefit from Direct Foreign Investment? Evidence from Venezuela", *American Economic Review*, Vol.89, No.3, 1999.

Alfaro, L., Chen, M. X., "Market Reallocation and Knowledge Spillover: The Gains from Multinational Production", Harvard Business School, 2013.

Alfaro, Laura., Chanda, Areendam., Kalemli-Ozcan, Sebnem., Sayek, Selin., "FDI and Economic Growth: The Role of Local Financial Markets", *Journal of International Economics*, Vol.64, No.1, 2004.

Amiti, M., Itskhoki, O., Konings, J., "Importers, Exporters, and Exchange Rate Disconnect", *American Economic Review*, Vol.104, No.7, 2012.

Amiti, M., Weinstein, D. E., "Exports and Financial Shocks", *The Quarterly Journal of Economics*, Vol.126, No.4, 2011.

Anselin, L., Florax, R. J. G. M., "Small Sample Properties of Tests for Spatial Dependence in Regression Models: Some Further Results", *New Directions in Spatial Econometrics*, Springer, Berlin, Heidelberg, 1995.

Anselin, L., Le, Gallo, J., Jayet, H., "Spatial Panel Econometrics", *The Econometrics of Panel Data*, Springer, Berlin, Heidelberg, 2008.

Anselin, L., "Lagrange Multiplier Test Diagnostics for Spatial Dependence and Spatial Heterogeneity", *Geographical Analysis*, Vol.20, No.1, 1988.

Antweiler, W., Copeland, B. R., Taylor, M. S., "Is Free Trade Good For the Environment?", *American Economic Review*, Vol.91, No.4, 2001.

Arnold, J. M., Javorcik, B. S., Mattoo, A., "Does Services Liberalization Benefit Manufacturing Firms: Evidence from the

Czech Republic", *Journal of International Economics*, Vol. 85, No.1, 2011.

Arnold, J. M., Javorcik, B., Lipscomb, M., Mattoo, A., "Services Reform and Manufacturing Performance: Evidence from India", *The Economic Journal*, Vol.126, No.590, 2016.

Backer, K. D., Miroudot, S., "Mapping Global Value Chains", *OECD Trade Policy Papers*, No.159, 2013.

Bai, C. E., Du, Y. J., Tao, Z. G., Tong S. Y., "Local Protectionism and Regional Specialization: Evidence from China's Industries", *Journal of International Economics*, Vol.63, No.2, 2004.

Bai, X., Chatterjee, A., Krishna, K., et al., "Trade and Minimum Wages in General Equilibrium: Theory and Evidence", National Bureau of Economic Research, 2018.

Baldwin, R. E., Lopez-Gonzalez, J., "Supply-Chain Trade: A Portrait of Global Patterns and Several Testable Hypotheses", *NBER Working Paper*, No.18957, 2013.

Baltabaev, B., "Foreign Direct Investment and Total Factor Productivity Growth: New Macro-Evidence", *The World Economy*, Vol.37, No.2, 2014.

Barseghyan, L., "Entry Costs and Cross-country Differences in Productivity and Output", *Journal of Economic Growth*, Vol.13, No.2, 2008.

Bas, M., "Does Services Liberalization Affect Manufacturing Firms' Export Performance? Evidence from India", *Journal of Comparative Economics*, Vol.42, No.3, 2014.

Bems, R., Johnson, R., Yi, K. M., "The Role of Vertical

Linkages in the Propagation of the Global Downturn of 2008", *IMF Economic Review*, Vol.58, No.2, 2010.

Bertrand, M., Duflo, E., Mullainathan, S., "How Much Should We Trust Differences-in-Differences Estimates?", *The Quarterly Journal of Economics*, Vol.119, No.1, 2004.

Biryukova, O., Vorobjeva, T., "The Impact of Service Liberalization on the Participation of BRICS Countries in Global Value Chains", *International Organisations Research Journal*, Vol.12, No.3, 2017.

Blalock, G., Gertler, P. J., "Welfare Gains from Foreign Direct Investment through Technology Transfer to Local Suppliers", *Journal of International Economics*, Vol.74, No.2, 2008.

Blomström, M., Kokko, A., "Multinational Corporations and Spillovers", *Journal of Economic Surveys*, Vol.12, No.3, 2010.

Botirjan, Baltabaev., "Foreign Direct Investment and Total Factor Productivity Growth: New Macro-Evidence", *World Economy*, Vol.37, No.2, 2014.

Brandt, L., Van Biesebroeck, J., Zhang, Y., "Creative Accounting or Creative Destruction? Firm-Level Productivity Growth in Chinese Manufacturing", *Journal of Development Economics*, Vol.97, No.2, 2012.

Branstetter, L. G., "Are Knowledge Spillovers International or Intranational in Scope?: Microeconometric Evidence from the US and Japan", *Journal of International Economics*, Vol.53, No.1, 2001.

Buckley, J. P., Wang, C., Clegg, J., "The Impact of Foreign

Ownership, Local Ownership and Industry Characteristics on Spillover Benefits from Foreign Direct Investment in China", *International Business Review*, Vol.16, No.2, 2007.

Bussière, M., Callegari, G., Ghironi, F., et al., "Estimating Trade Elasticities: Demand Composition and the Trade Collapse of 2008—2009", *American Economic Journal: Macroeconomics*, Vol.5, No.3, 2013.

Caselli, F., Coleman, I. I., John, W., "The World Technology Frontier", *American Economic Review*, Vol.96, No.3, 2006.

Caves, R. E., Porter, M., "Barriers to Entry", *Essays on Industrial Organization in Honour of Joe Bain*, Ballinger, 1976.

Caves, R. E., "Multinational firms, competition, and productivity in host-country markets", *Economica*, Vol. 162. No. 41, 1974.

Chor, D., Manova, K., Yu, Z., "The Global Production Line Position of Chinese Firms", *Industrial Upgrading and Urbanization Conference*, Stockholm, 2014.

Coughlin, C. C., Segev, E., "Foreign Direct Investment in China: a Spatial Econometric Study", *World Economy*, Vol.23, No.1, 2000.

Cramer, C., " Can Africa Industrialize by Processing Primary Commodities? The Case of Mozambican Cashew Nuts", *World Development*, Vol.27, No.7, 1999.

De, Backer, K., Miroudot, S., " Mapping Global Value Chains", *OECD Trade Policy Papers*, No.159, 2013.

De, Backer, K., Sleuwaegen, L., "Does Foreign Direct Investment Crowd out Domestic Entrepreneurship?", *Review of Industrial Organization*, Vol.22, No.1, 2003.

Dean, J. M., Fung, K. C., Wang, Z., "Measuring Vertical Specialization: The Case of China", *Review of International Economics*, Vol.19, No.4, 2011.

Djankov, S., La, Porta, R., Lopez-de-Silanes, F., et al., "The Regulation of Entry", *The Quarterly Journal of Economics*, Vol.117, No.1, 2002.

Dries, L., Swinnen, J. F. M., "Foreign Direct Investment, Vertical Integration, and Local Suppliers: Evidence from the Polish Dairy Sector", *World Development*, Vol.32, 2004.

Driffield, N., "Inward Investment and Host Country Market Structure: the Case of the UK", *Review of Industrial Organization*, Vol.18, No.4, 2001.

Du, L., Harrison, A., Jefferson, G., "FDI Spillovers and Industrial Policy: The Role of Tariffs and Tax Holidays", *World Development*, Vol.64, No.12, 2014.

Du, L., Harrison, A., Jefferson, G., "FDI Spillovers and Industrial Policy: The Role of Tariffs and Tax Holidays", *World Development*, Vol.64.

Duggan, V., Rahardja, S., Varela, G. J., "Service Sector Reform and Manufacturing Productivity: Evidence from Indonesia", *World Bank Working Paper*, No.6349, 2013.

Epstein, G., Braunstein, E., "Bargaining Power and Foreign Direct Investment in China: Can 1.3 Billion Consumers Tame the Multinationals?", *PERI Working Paper*, No.45, 2002.

Erik Van Der Marel, Sebastian, S., "Servicification, Regulation and Economic Performance in GVCs", *Working Paper*, 2017.

Feenstra, R. C., Li, Z., Yu, M., "Exports and Credit Constraints under Incomplete Information: Theory and Evidence from China", *Review of Economics and Statistics*, Vol. 96, No. 4, 2014.

Feng, L., Li, Z., Swenson, D. L., "The Connection between Imported Intermediate Inputs and Exports: Evidence from Chinese Firms", *Journal of International Economics*, Vol.101, 2016.

Fernandes, A. M., Paunov, C., "Foreign Direct Investment in Services and Manufacturing Productivity: Evidence for Chile", *Journal of Development Economics*, Vol.97, No.2, 2012.

Garrick, Blalock., Paul, J. Gertler., "Welfare Gains from Foreign Direct Investment through Technology Transfer to Local Suppliers", *Journal of International Economics*, 2008.

Gereffi, G., Humphrey, J., Sturgeon, T., "The Governance of Global Value Chains", *Review of International Political Economy*, Vol.12, No.1, 2005.

Gereffi, G., "Export-oriented Growth and Industrial Upgrading: Lessons from the Mexican Apparel Case: a Case Study of Global Value Chains Analysis", Available From the Author, 2005.

Gereffi, G., "International Trade and Industrial Upgrading in the Apparel Commodity Chain", *Journal of International Economics*, Vol.48, No.1, 1999.

Gereffi, Gary., Lee, Joonkoo., "Economic and Social Upgrading in Global Value Chains and Industrial Clusters: Why Governance Matters", *Journal of Business Ethics*, Vol.133, No.1, 2012.

Glass, Amy, Jocelyn., Kamal, Saggi., "Innovation and Wage Effects of International Outsourcing", *European Economic Review*, 2001, 45, 67—86.

Goldsmith, "A Perpetual Inventory of National Wealth", *NBER Studies in Income and Wealth*, New York: National Bureau of Economic Research, Vol.14, 1951.

Gregorio, J. D., Lee, J. W., Borensztein, E. R., "How Does Foreign Investment Affect Growth?", *IMF Working Papers*, Vol.45, No.1, 1998.

Griffith, R., Redding, S., Reenen, J. V., "Mapping the Two faces of R&D: Productivity Growth in a Panel of OECD Industries", *Review of Economics and Statistics*, Vol.86, No.4, 2004.

Grossman, G. M., Rossi-Hansberg, E., "Trading Tasks: A Simple Theory of Offshoring", *American Economic Review*, Vol.98, No.5, 2008.

Guariglia, A., Poncet, S., "Could Financial Distortions Be No Impediment to Economic Growth After All? Evidence from China", *Journal of Comparative Economics*, Vol.36, No.4, 2008.

Halpern, L., Koren, M., Szeidl, A., "Import Input and Productivity", *The American Economic Review*, Vol. 105, No. 12, 2015.

Harding, T., Javorcik, B. S., "Foreign Direct Investment and Export Upgrading", *Review of Economics and Statistics*, Vol.94, No.4, 2012.

Helpman, E., Krugman, P., "Market Structure and Foreign

Trade: Increasing Returns, Imperfect Competition, and the International Economy", Cambridge, Mass: MIT Press, 1985.

Helpman, E., Melitz, M. J., Yeaple, S. R., "Export Versus FDI with Heterogeneous Firms", *American Economic Review*, Vol.94, No.1, 2004.

Helpman, Elhanan., "A Simple Theory of International Trade with Multinational Corporations", *Journal of Political Economy*, Vol.92, No.3, 1984.

Helpman, Elhanan., "Multinational Corporations and Trade Structure", *The Review of Economic Studies*, No.3, 1985.

Hoi, L. Q., Pomfret, R., "Foreign Direct Investment and Wage Spillovers in Vietnam", *Asean Economic Bulletin*, Vol.27, No.2, 2010.

Hsieh, C. T., Klenow, P. J., "Misallocation and Manufacturing TFP in China and India", *The Quarterly Journal of Economics*, Vol.124, No.4, 2009.

Hummels, D., Ishii, J., Yi, K. M., "The Nature and Growth of Vertical Specialization in World Trade", *Journal of International Economics*, Vol.54, No.1, 2001.

Humphrey, J., Schmitz, H., "How Does Insertion in Global Value Chains Affect Upgrading in Industrial Clusters?", *Regional Studies*, Vol.36, No.9, 2002.

Héricourt, J., Poncet S., "FDI and credit constraints: Firm-level evidence from China", *Economic Systems*, Vol.33, No.1, 2009.

Jabbour, L., Mucchielli, J. L., "Technology Transfer through

Vertical Linkages: the Case of the Spanish Manufacturing Industry", *Journal of Applied Economics*, Vol.10, No.1, 2007.

Javorcik, B. S., Spatareanu, M., "To Share or Not to Share: Does Local Participation Matter for Spillovers from Foreign Direct Investment?", *Journal of Development Economics*, Vol. 85, No.(1—2), 2008.

Javorcik, B.S., "Does Foreign Direct Investment Increase the Productivity of Domestic Firms? In Search of Spillovers through Backward Linkages", *American Economic Review*, Vol.94, No.3, 2004.

Kafouros, M., Wang, C., Piperopoulos, P., Zhang, M., "Academic Collaborations and Firm Innovation Performance in China: The Role of Region-Specific Institutions", *Research Policy*, Vol.44, No.3, 2015.

Kee, H. L., Tang, H., "Domestic Value Added in Exports: Theory and Firm Evidence from China", *The American Economic Review*, Vol.106, 2016.

Keller, W., Yeaple, S. R., "Global Production and Trade in the Knowledge Economy", *SSRN Electronic Journal*, 2009.

Keller, W., Yeaple, S. R., "Multinational Enterprises, International Trade, and Productivity Growth: Firm-Level Evidence from the United States", *The Review of Economics and Statistics*, Vol.91, No.4, 2009.

Keller, W., "Geographic Localization of International Technology Diffusion", *American Economic Review*, Vol. 92, No. 1, 2002.

Koopman, R., Powers, W., Wang, Z., et al., "Give Credit Where Credit is Due: Tracing Value Added in Global Production Chains", *National Bureau of Economic Research*, 2010.

Koopman, R., Wang, Z., Wei, S. J., "Estimating Domestic Content in Exports When Processing Trade is Pervasive", *Journal of Development Economics*, Vol.99, No.1, 2012.

Koopman, R., Wang, Z., Wei, S. J., "Tracing Value-added and Double Counting in Gross Exports", *American Economic Review*, Vol.104, No.2, 2014.

Kosová, Renáta., "Do Foreign Firms Crowd out Domestic Firms? Evidence from the Czech Republic", *Review of Economics and Statistics*, Vol.92, 2010.

Kowalski, P., Lopez-Gonzalez, J., "Global Value Chains and Developing Countries: Drawing on Foreign Factors to Enhance Domestic Performance", Paris, France: Work in Progress, 2019.

Kugler, M., Verhoogen, E., "Prices, Plant Size, and Product Quality", *The Review of Economic Studies*, Vol.79, No.1, 2012.

Lall, S., "The Technological Structure and Performance of Developing Country Manufactured Exports, 1985—1998", *Oxford Development Studies*, Vol.28, No.3, 2000.

Li, K., Griffin, D., Yue, H., Zhao, L., "National Culture and Capital Structure Decisions: Evidence from Foreign Direct Investment in China", *Journal of International Business Studies*, Vol.42, 2013.

Liza, Jabbour., Jean, Louis, Mucchielli., "Technology Transfer through Vertical Linkages: The Case of the Spanish Manufacturing Industry", *Journal of Applied Economics*, Vol.10, No.5, 2007.

Long, C., Yang, J., Zhang, J., "Institutional Impact of Foreign Direct Investment in China", *World Development*, Vol.66, No.2, 2015.

Lu, Y., Tao, Z., Zhu, L., "Identifying FDI Spillovers", *Journal of International Economics*, Vol.107, 2017.

Lu, Y., Yu, L., "Trade Liberalization and Markup Dispersion: Evidence from China's WTO Accession", *American Economic Journal Applied Economics*, Vol.7, 2015.

Ma, H., Wang, Z., Zhu, K. F., "Domestic Value-added in China's Exports and Its Distribution by Firm Ownership", *Journal of Comparative Economics*, Vol.43, No.1, 2015.

Ma, H., Wang, Z., Zhu, K., "Domestic Content in China's Exports and Its Distribution by Firm Ownership", *Journal of Comparative Economics*, 2015.

Manova, K., Yu, Z., "Firms and Credit Constraints along the Global Value Chain: Processing Trade in China", *NBER Working Paper*, 2012.

Mcdonald, I. M., Solow, R. M., "Wage Bargaining and Employment", *American Economic Review*, Vol.71, No.5, 1981.

Miroudot, S., Cadestin, C., "Services in Global Value Chains: From Inputs to Value-Creating Activities", *OECD Trade Policy Papers*, Vol.197, 2017.

Naughton, B., "How Much Can Regional Integration Do to Unify China's Markets", Hope, N., Y. Dennis, L. Mu., *How Far*

Across the River?: *Chinese Policy Reform at the Millennium*, Redwood: Stanford University Press, 2003.

Neumayer, E., Soysa, I. D., "Globalization and the Right to Free Association and Collective Bargaining: An Empirical Analysis", *World Development*, Vol.34, No.1, 2006.

Ng, T., Yu, L., "Which Types of Institutions Hinder Productivity among Private Manufacturing Firms in China?", *China Economic Review*, Vol.31, 2014.

Nicolini, M., Resmini, L., "The Impact of MNEs on Domestic Firms in CEECs: A Micro-econometric Approach", *ERSA conference papers*, European Regional Science Association, 2006.

Nigel, L., Driffield., "The Impact on Domestic Productivity of Inward Investment in the UK", *Manchester School*, Vol.69, No.1, 2001.

North, D. C., "Institutions", *Journal of Economic Perspectives*, Vol.5, No.1, 1991.

Ohno, K., "Avoiding the Middle-income Trap-renovating Industrial Policy Formulation in Vietnam", *ASEAN Economic Bulletin*, Vol.26, No.1, 2009.

Olley, G. S., Pakes, A., "The Dynamics of Productivity in the Telecommunications Equipment Industry", *Econometrica*, Vol.64, No.6, 1996.

Orr, D., "The Determinants of Entry: A Study of the Canadian Manufacturing Industries", *The Review of Economics and Statistics*, 1974.

Ouyang, P., Fu, S., "Economic Growth, Local Industrial Development and Inter-regional Spillovers from Foreign Direct Investment: Evidence from China", *China Economic Review*, Vol. 23, No. 2, 2012.

Parsley, D. C., Wei, S. J., "Limiting Currency Volatility to Stimulate Goods Market Integration: A Price Based Approach", *NBER Working Paper*, 2001.

Peter J. Buckley, Mark Casson, "A Long-run Theory of the Multinational Enterprise", Palgrave Macmillan UK, 1976.

Pomfret, R., "Foreign Direct Investment and Wage Spillovers in Vietnam: Evidence from Firm Level Data", *Asean Economic Bulletin*, 2010.

Rodríguez-Clare, A., "The Division of Labor and Economic Development", John Wiley & Sons, Ltd, 1996.

Rumelt, R. P., "Strategy, Structure, and Economic Performance", Boston, Division of Research, Graduate School of Business Administration, Harvard University, 1974.

Rumelt, R. P., "Strategy, Structure, and Economic Performance", *Journal of Behavioral Economics*, 1975.

Sadayuki, T., "Productivity Spillovers and Characteristics of Foreign Multinational Plants in Indonesian Manufacturing 1990～1995", *Journal of Development Economics*, Vol.76, No.2, 2005.

Saito, H., "Foreign Multinationals, Selection of Local Firms, and Regional Productivity in Indonesia", *Mpra Paper*, 2018.

Schmitz, H., "Local Upgrading in Global Chains: Recent Findings", *Paper to Be Presented at the DRUID Summer Conference*, 2004.

Schumpeter, J. A., "Cost and Demand Functions of the Individual firm", *The American Economic Review*, Vol. 32, No. 1, 1942.

Sinani, E., Meyer, K. E., "Spillovers of Technology Transfer from FDI: the Case of Estonia", *Journal of Comparative Economics*, Vol.32, No.3, 2004.

Sinkovics, N., Sinkovics, R. R., Yamin, M., "The Role of Social Value Creation in Business Model Formulation at the Bottom of the Pyramid-implications for MNEs?", *International Business Review*, Vol.23, No.4, 2014.

Slaughter, M. J., "International Trade and Labour-demand Elasticities", *Journal of International Economics*, Vol.54, No.1, 2001.

Smarzynska, Javorcik, B., "Does Foreign Direct Investment Increase the Productivity of Domestic Firms? In Search of Spillovers through Backward Linkages", *American Economic Review*, Vol.94, No.3, 2004.

Syverson, Chad., "Market Structure and Productivity: A Concrete Example", *Journal of Political Economy*, Vol.112, 2004.

Taglioni, D., Winkler, D., "Making Global Value Chains Work for Development", *The World Bank*, 2016.

Takii, S., "Productivity Spillovers and Characteristics of Foreign Multinational Plants in Indonesian Manufacturing 1990—1995", *Journal of Development Economics*, Vol.76, No.2, 2005.

UNIDO, "Breaking in and Moving Up: New Industrial Challenges from the Bottom Billion and the Middle Income Countries",

Industrial Development Report, Vienna: United Nations Industrial Development Organization, 2009.

Upward, R., Wang, Z., Zheng, J., "Weighing China's Export Basket: The Domestic Content and Technology Intensity of Chinese Exports", *Journal of Comparative Economics*, Vol. 41, No. 2, 2013.

Wang, Y., "Exposure to FDI and New Plant Survival: Evidence in Canada", *Canadian Journal of Economics/Revue Canadienne D'économique*, Vol.46, No.1, 2013.

Wang, Z., Wei, S. J., Zhu, K., "Quantifying International Production Sharing at the Bilateral and Sector Levels", *National Bureau of Economic Research*, No.19677, 2013.

Waxman A., Liang Y., Li S., et al., "Tightening Belts to Buy a Home: Consumption Responses to Rising Housing Prices in Urban China", *Journal of Urban Economics*, Vol.115, 2020.

Wrenn D H., Yi J., Zhang B., "House Prices and Marriage Entry in China", *Regional Science and Urban Economics*, Vol.74, 2019.

Wright, Jr. G. C., "Linear Models for Evaluating Conditional Relationships", *American Journal of Political Science*, 1976.

Xu, B., Lu, J., "Foreign Direct Investment, Processing Trade, and the Sophistication of China's Exports", *China Economic Review*, Vol.20, 2009.

Xu, X. "Have the Chinese Provinces Become Integrated Under Reform?", *China Economic Review*, Vol.13, No.2, 2002.

Xu, X., Sheng, Y., "Productivity Spillovers from Foreign Direct Investment: Firm-Level Evidence from China", *World Development*, Vol.40, No.1, 2012.

Young, A., "The Razor's Edge: Distortion and Incremental Reform in the People's Republic of China", *NBER Working Paper*, 2000.

Yu, M., "Processing Trade, Tariff Reductions and Firm Productivity: Evidence from Chinese Firms", *The Economic Journal*, Vol.125, No.585, 2015.

Zipf, G. K., "The P1 P2/D Hypothesis: on the Intercity Movement of Persons", *American Sociological Review*, Vol.11, No.6, 1946.

后 记

本书源自我博士毕业论文的最后一部分。回想当初,行文至此,我在南开大学三年的博士研究生生涯已接近尾声。回顾这三年的博士生生活以及最近世界各地发生的事情,内心百感交集,在此,我想认认真真、真情实感地表达一下我的心声。

在那个长而又长的 2020 年鼠年春节里,疫情全面爆发,面对灾难,各行各业的共产党员们成立临时党支部,医生、护士、民警纷纷递交"请战书",以"国有战,召必回,战必胜"的信念挺身而出、冲锋在前,为我们守护住了生活的安宁。在此,我想感谢这些最美的"逆行者"们,感谢每一个冲锋在前、坚守一线的英雄。感谢您们的无私奉献以及舍小家为大家的伟大情怀。同时,我也很庆幸自己出生在这个和平时代,无论面对洪水、地震、SARS,还是遭遇金融危机、贸易摩擦,甚至是这次疫情,我们党始终带领全国人民,一往无前,以最快的速度做全面的部署,让我感受到了国家之强大,生为中国人,无比自豪。

当时严重的疫情让全国各地的高校推迟了开学,驶往学校的火车票在多次被改签之后最终退掉。作为毕业生的我们,整日精神高度紧张,压力源源不断。回顾这段时光,我首先要感谢我的母亲,感谢她一直以来对我学习上的支持,从上幼儿园到攻读博士研究生,从申报学校到专业选择,母亲无私的爱陪伴了我生命中的每一个重要阶段。在家撰写毕业论文的这段日子里,她也竭尽全力为我营造了一个安静的学习氛围,并为我做好后勤支援,照顾好我的一日三餐。未来的路还很长、舞台很大、风雨也会不期而至,但有了母亲无私的爱和谆谆教诲,我将更加坚定我追求人生理想的信念。

其次,我要感谢我的导师——冼国明教授。他对我的教导如今仍历历在目:导师教我严谨,说细粒之沙不能小觑,积载过多亦足以沉船;导师教我治学,说文如其人,人如其文;导师教我勤奋,说宝剑不磨要生锈,人不学习要落后。导师虽然已过耳顺之年,但认真负责的工作态度和务实严谨的治学精神却从未改变。无论是毕业论文还是小论文,无论是研究点的选取、文献综述的书写,还是论文的写作和课题的研究,导师都给予了我极大的支持和帮助。从初稿到终稿,每一篇成形文章中都有导师多次的修改,框架、逻辑乃至语言,每一版修改稿中都有导师批注的痕迹。感谢老师对我的悉心指导,我将以此为标准,继续前行,争取早日也能成为一名优秀的人民教师。我要感谢严兵教授、毛其淋副教授以及许家云副研究员,是他们在我论文写作遇到瓶颈时给予帮助,帮助我顺利渡过难关。我还要感谢我同门的师兄、师姐、师弟、师妹对我的关心和支持。因为他们的存在,让我的博士研究生学习生活充满了温馨的回忆;因为他们的存在,我不再孤军奋战;因为他们的存在,让我感受到团队的力量,时刻鞭策自己努力前进。

我还要感谢我的两位好朋友——杨俊和李宜航。杨俊与我本科相识,博士期间生活在同一宿舍,和她在学习和研究上的交流,是我研究能力得以进步的重要原因之一。即使后来她去英国留学,我们仍经常通话交流,分享彼此的观点和见闻。李宜航是我的另一位挚友,感谢她在我最困难的时候给予的支持和陪伴。在我毕业论文写作遭遇困难的时候,她时常从自身的角度帮我缕清思路,并给予建议。在找工作的过程中,感谢她把每一份适合我的招聘信息发送给我,并督促我做好面试准备。

最后,我还要感谢百忙之中为我评阅论文以及答辩委员会的各位专家们,您们辛苦了,在此衷心地感谢您们!

2020 年 3 月

图书在版编目(CIP)数据

外资进入与中国价值链地位提升 / 郭娟娟著 .— 上海：上海社会科学院出版社，2022
ISBN 978-7-5520-3895-8

Ⅰ.①外… Ⅱ.①郭… Ⅲ.①外资引进—研究—中国 Ⅳ.①F832.6

中国版本图书馆CIP数据核字(2022)第113215号

外资进入与中国价值链地位提升

著　　者：郭娟娟
责任编辑：曹艾达
封面设计：黄婧昉
出版发行：上海社会科学院出版社
　　　　　上海顺昌路622号　邮编200025
　　　　　电话总机021-63315947　销售热线021-53063735
　　　　　http://www.sassp.cn　E-mail:sassp@sassp.cn
照　　排：南京理工出版信息技术有限公司
印　　刷：上海颛辉印刷厂有限公司
开　　本：890毫米×1240毫米　1/32
印　　张：10.875
字　　数：269千
版　　次：2022年9月第1版　2022年9月第1次印刷

ISBN 978-7-5520-3895-8/F·700　　　　　　　定价：79.00元

版权所有　翻印必究